教育部人文社会科学研究青年基金项目“新时代中国式现代化话语体系建构的逻辑理路与实践路径研究”(23YJC710121)成果
山东大学人文社科研究项目“中国共产党百年奋斗中宣传思想工作历史经验研究”(22RWZX04)成果

大学生社会主义核心价值观仪式教育研究

张琪如 著

山东大学出版社
SHANDONG UNIVERSITY PRESS
·济南·

图书在版编目(CIP)数据

大学生社会主义核心价值观仪式教育研究 / 张琪如著. -- 济南 : 山东大学出版社, 2024.5
ISBN 978-7-5607-8213-3

Ⅰ. ①大… Ⅱ. ①张… Ⅲ. ①大学生-社会主义核心价值观-教学研究-中国 Ⅳ. ①G641

中国国家版本馆CIP数据核字(2024)第083189号

责任编辑　李艳玲
封面设计　王秋忆

大学生社会主义核心价值观仪式教育研究
DAXUESHENG SHEHUI ZHUYI HEXIN JIAZHIGUAN YISHI JIAOYU YANJIU

出版发行	山东大学出版社
社　　址	山东省济南市山大南路20号
邮政编码	250100
发行热线	(0531)88363008
经　　销	新华书店
印　　刷	济南乾丰云印刷科技有限公司
规　　格	720毫米×1000毫米　1/16
	13.25印张　210千字
版　　次	2024年5月第1版
印　　次	2024年5月第1次印刷
定　　价	52.00元

前　言

如何培育和践行大学生社会主义核心价值观，这是我们当前面临的重要任务，也是新时代新征程中国特色社会主义文化建设的重要内容。仪式教育是培育和践行社会主义核心价值观的重要途径。面对当前多种社会思潮的交织碰撞、多元价值观的激烈交锋、算法推荐时代的网络意识形态风险、社会主义核心价值观“入脑入心”难等教育困境，我们需要从源头上省思并转变教育方式。习近平总书记指出：“要建立和规范一些礼仪制度，组织开展形式多样的纪念庆典活动，传播主流价值，增强人们的认同感和归属感。”[①]对大学生进行社会主义核心价值观教育，除了理论灌输、政策调控、思想政治教育、舆论引导、正面宣传等传统教育方式外，还应针对大学生特点，思考如何能够使社会主义核心价值观“入脑入心”，积极探索社会主义核心价值观的仪式教育，提高大学生对社会主义核心价值观的理论认知和情感认同。近年来，学界对社会主义核心价值观的研究热情不断提高，研究成果丰硕，但在社会主义核心价值观研究的系统性、理论性、方法创新性上还有待进一步拓展。因此，加强对大学生社会主义核心价值观仪式教育的研究，既是深化社会主义核心价值观相关学术研究的需要，也是推动培育和践行社会主义核心价值观深入人心、促进社会主义文化自信自强的现实要求。

本书以大学生社会主义核心价值观仪式教育为切入点，从整体、宏

① 《习近平在中共中央政治局第十三次集体学习时强调：把培育和弘扬社会主义核心价值观作为凝魂聚气强基固本的基础工程》，《人民日报》2014年2月26日。

观角度阐述了大学生社会主义核心价值观仪式教育的内涵、特征与类型，从理论、历史、文化、比较逻辑探究社会主义核心价值观仪式教育的主要依据，深入分析当前大学生社会主义核心价值观仪式教育的思想凝聚、文化传承、情感升华、行为规范功能，深刻揭露当前多种社会思潮的交织碰撞、多元化价值观的激烈交锋、算法推荐时代的网络意识形态风险带来的仪式教育的问题，探究大学生社会主义核心价值观仪式教育的优化方案和实践路径。

明确大学生社会主义核心价值观仪式教育的内涵、特征及类型，是研究的基础环节。大学生社会主义核心价值观仪式教育是大学生通过直接或间接参与高校围绕特定主题、按照拟定程序所开展的仪式活动，自觉、自发、自主地产生对社会主义核心价值观的思想、理论、观念、情感的认知、认同。仪式教育作为引导大学生培育和践行社会主义核心价值观的一种方式，具有内涵表述象征性、主体参与集体性、场域渲染神圣性、程序开展规范性的特点，与大学生的获得感、归属感、体认感、参与感相统一。在类型上，大学生社会主义核心价值观仪式教育包括通过型仪式、节日型仪式、纪念型仪式、竞争型仪式，有助于引导大学生在学习核心价值观中注重价值回归、继承传统文化、提高情感认同、规范言行举止，这为解决在大学生社会主义核心价值观教育中存在的问题、推进大学生社会主义核心价值观教育的发展提供了可能。

大学生社会主义核心价值观仪式教育不是自发形成的，而是理论与实践、历史与现实、“洋为”与“中用”共同作用的产物。从大学生社会主义核心价值观仪式教育的理论渊源来看，可以追溯到马克思主义经典作家的核心价值观仪式思想，内含马克思主义意识形态理论、马克思主义认识论、马克思主义人学理论等。从中国共产党人的核心价值观仪式理念的历史演变来看，历经新民主主义革命时期党的群众鼓动工作的仪式教育传统、社会主义革命和建设时期党对国家政治仪式的全面领导、改革开放和社会主义现代化建设新时期党对仪式教育形式的多样化拓展、中国特色社会主义新时代党对社会主义核心价值观仪式教育的创新发展。从中国传统文化中的核心价值观仪式教育积淀来看，内含儒家“礼治”思想教育和道德教化、中国传统礼仪文化的深厚历史底蕴、中国古代学校仪式教育制度规范。从国外核心价值观仪式教育思想的借鉴来看，包括社会认同理论、互动仪式链理论、仪式传播理论、仪式功能理论。这为研究提供了深厚的理论依据。

当前，大学生社会主义核心价值观仪式教育显示出思想凝聚、文化传承、情感升华、行为规范的功能表达，凝聚了社会主义核心价值观的思想共识、呈现了社会主义核心价值观的主要内容、创设了社会主义核心价值观的教育情境、强化了社会主义核心价值观的践行效果，充分体现出培育和践行大学生社会主义核心价值观的方法论优势。但与此同时，也存在思想认识层面主观认识不足、策划实施层面形式化严重、组织参与层面周知度不高、管理机制层面保障机制不健全、社会环境层面受多种社会思潮的影响等阶段性问题。大学生自我教育意识不够强、仪式教育的文化意义认识不充足、宣传力度和组织参与不到位、高校对保障机制投入不够多、仪式教育的外部环境不稳定是这些问题产生的根源。

从理论与实践的相互作用来看，大学生社会主义核心价值观仪式教育的优化方案，包括战略目标、主要内容、关键环节，科学回答“为什么培育和践行社会主义核心价值观”“社会主义核心价值观培育和践行什么”“如何培育和践行社会主义核心价值观”等系列重大问题，构建新时代大学生社会主义核心价值观仪式教育的理论体系，赋予新时代大学生社会主义核心价值观仪式教育新的遵循，为探究大学生社会主义核心价值观仪式教育的实践路径指明方向。如今，在新时代新征程上，要持续不断地推进社会主义核心价值观仪式教育深入人心，充分认识仪式教育价值，有效整合仪式教育资源；精心策划仪式教育程序，创设良好的仪式情境；加强仪式宣传和组织参与，提高大学生参与度；健全相关保障机制，确保仪式教育长期开展；营造健康社会氛围，构建稳定的仪式教育环境，使仪式教育的社会主义核心价值观教育功能得到有效发挥，为引领中国特色社会主义文化建设作出重要贡献。

张琪如

2024年3月

目 录

导　论

自党的十八大报告明确提出培育与践行社会主义核心价值观起，习近平总书记围绕着培育与践行社会主义核心价值观的内涵、特征、要求、意义、路径等发表了一系列新思想、新观点、新论断。2014年5月，习近平总书记指出："要注意把社会主义核心价值观日常化、具体化、形象化、生活化，使每个人都能感知它、领悟它，内化为精神追求，外化为实际行动……要面向全社会做好这项工作。"①大学生社会主义核心价值观教育是培育和践行社会主义核心价值观的核心内容，而仪式作为凝聚思想认识共识和表达主流价值追求的程序化活动，是落实核心价值观"日常化、具体化、形象化、生活化"的重要载体和有效手段。可见，探究大学生社会主义核心价值观仪式教育问题，既是理论研究的需要，也是现实育人的需要。

一、选题缘由及研究意义

社会主义核心价值观是当代中国精神的集中体现，正如习近平总书记在全国高校思想政治工作会议上强调的："要坚持不懈培育和弘扬社会主义核心价值观，引导广大师生做社会主义核心价值观的坚定信仰

---

① 中共中央文献研究室编：《习近平关于社会主义文化建设论述摘编》，中央文献出版社2017年版，第118页。

者、积极传播者、模范践行者。”[①]党的十八大以来，党中央重视大学生社会主义核心价值观教育。习近平总书记强调：“要建立和规范一些礼仪制度，组织开展形式多样的纪念庆典活动，传播主流价值，增强人们的认同感和归属感。”[②]这就向我们提出了大学生社会主义核心价值观仪式教育的新课题，即在培育和践行社会主义核心价值观的过程中，除了通过理论灌输、政策调控、思想政治教育、舆论引导等传统教育方式外，还应针对大学生特点，积极探索价值观仪式教育的新理念和新思路，以进一步提升大学生对社会主义核心价值观的认知和认同度。这既是丰富社会主义核心价值观相关研究的理论需要，也是新时代培育和践行社会主义核心价值观的现实要求，更是培育担当民族复兴大任时代新人的时代指向。

（一）选题缘由

党的十八大以来，党中央重视大学生社会主义核心价值观教育，将其看作是中国特色社会主义文化建设的重要引领。自2013年12月中共中央办公厅印发《关于培育和践行社会主义核心价值观的意见》（中办发〔2013〕24号）以来，社会主义核心价值观经历了内涵凝练到成熟定型、价值理念到制度构建、大力弘扬到培育践行，党中央以一种更为宏阔的视野看待社会主义核心价值观的培育和践行，将其作为推动建设具有强大引领力和凝聚力的社会主义意识形态，推进中华优秀传统文化与现代社会相协调，推进引领中国特色社会主义文化建设，推进新时代思想政治教育具体开展的战略任务。习近平总书记在党的十九大报告中强调对社会主义核心价值观进行全员全过程全方位的宣传教育和实践引导，指出“社会主义核心价值观是当代中国精神的集中体现，凝结着全体人民共同的价值追求。要以培养担当民族复兴大任的时代新人为着眼点，强化教育引导、实践养成、制度保障，发挥社会主义核心价值观对国民教育、精神文明创建、精神文化产品创作生产传播的引领作用，把社会主义核心价值观融入社会发展各方面，转化为人们的情感认同和行为习

① 《习近平谈治国理政》第2卷，外文出版社2017年版，第377页。

② 《习近平谈治国理政》第1卷，外文出版社2018年版，第165页。

惯”[①]。党的二十大报告立足新时代新征程的开局关头，从培育时代新人、保障中国式现代化发展人才支撑根本大计的高度提出“社会主义核心价值观是凝聚人心、汇聚民力的强大力量……深入开展社会主义核心价值观宣传教育，深化爱国主义、集体主义、社会主义教育，着力培养担当民族复兴大任的时代新人……用社会主义核心价值观铸魂育人，完善思想政治工作体系，推进大中小学思想政治教育一体化建设”[②]。而培育和践行社会主义核心价值观的形式是多种多样的，仪式教育是其中的重要组成部分。

党和政府历来重视仪式，尤其是国家仪式如升旗仪式、入党宣誓、国庆阅兵等在公民教育中的重要作用。1994年颁布的《爱国主义教育实施纲要》明确指出，要在各地组织年满十八周岁公民的成人宣誓仪式。2001年颁发的《公民道德建设实施纲要》提出要挖掘各类节日、纪念日、重大历史事件的道德教育资源，让公民在参与仪式活动过程中增强对国家、社会、家庭的责任感和归属感。2004年，《中共中央、国务院关于进一步加强和改进大学生思想政治教育的意见》指出，在大学生入学、毕业等人生的重要日子，都要开展主题仪式教育活动，以此拓展新形势下大学生思想政治教育的有效途径，并要求各级各类学校“要善于结合传统节庆日、重大事件和开学典礼、毕业典礼等，开展特色鲜明、吸引力强的主题教育活动”[③]，努力提高思想政治教育的实效性和感染力。2010年共青团中央颁布的《大学生思想引导大纲》指出，仪式具有强烈的象征意义和巨大的心理暗示作用，高校要从突出主题、规范程序、营造氛围、升华意蕴等方面入手，精心设计和组织开展仪式教育活动，让大学生在活动中受到思想引领和情感归属。2013年中共中央出台《关于培育和践行社会主义核心价值观的意见》，强调发挥重要节庆日传播社会主流价值的独特优势，“挖掘各种重要节庆日、纪念日蕴藏的丰富教育资源，利用五四、

---

① 习近平：《决胜全面建成小康社会　夺取新时代中国特色社会主义伟大胜利——在中国共产党第十九次全国代表大会上的报告》，人民出版社2017年版，第42页。

② 习近平：《高举中国特色社会主义伟大旗帜　为全面建设社会主义现代化国家而团结奋斗——在中国共产党第二十次全国代表大会上的报告》，人民出版社2022年版，第44页。

③ 教育部思想政治工作司组编：《加强和改进大学生思想政治教育重要文献选编：1978—2014》，知识产权出版社2015年版，第267页。

七一、八一、十一等政治性节日，三八、五一、六一等国际性节日，党史国史上重大事件、重要人物纪念日等，举办庄严庄重、内涵丰富的群众性庆祝和纪念活动。利用党和国家成功举办大事、妥善应对难事的时机，因势利导地开展各类教育活动”①。“建立和规范礼仪制度”“开展礼节礼仪教育”“使之成为培育社会主流价值的重要方式”的要求，对我国现有仪式教育改革和整个思想政治工作发展提出了明确目标和更高标准。2014年，教育部党组、共青团中央联合出台的《关于在各级各类学校推动培育和践行社会主义核心价值观长效机制建设的意见》提出，建立和规范学校礼仪制度，丰富仪式教育活动的文化内涵，强化仪式神圣感和教育意义。这些文件的出台表明，仪式教育已经成为党和政府进行思想传播和理论教育的重要手段，认真分析仪式教育面临的挑战，努力探寻仪式教育路径也成为理论界、学术界的一个共识。

新时代、新征程，社会主义核心价值观的培育和践行是火热而具体的，中共中央系列专题会议的召开、系列重要讲话的发表、系列规章制度的印发、系列法律法规的融合、系列宣传思想文化工作的开展，实现了社会主义核心价值观的广泛传播，推动社会主义核心价值观无论在理论研究还是实践方面都取得了显著成效。然而，我们也要看到，在世界百年未有之大变局和中华民族伟大复兴的战略全局“两个大局”的背景下，多种社会思潮、多元价值观的交织碰撞，算法推荐时代网络意识形态的多重风险考验，都深刻影响着青年的思想观念和价值判断。在传统教学观念的支配下，尽管我们使用各种新兴多媒体技术与方式进行核心价值观教育，但多停留于信息传递的水平，教育效果并不理想，大学生对社会主义核心价值观内涵认同度低。为此，习近平总书记站在新时代新征程全面建设社会主义现代化强国的战略高度指出：“青年的价值取向决定了未来整个社会的价值取向，而青年又处在价值观形成和确立的时期，抓好这一时期的价值观养成十分重要。这就像穿衣服扣扣子一样，如果第一粒扣子扣错了，剩余的扣子都会扣错。人生的扣子从一开始就要扣好。”②学校作为学生价值观教育的主阵地，在当前的教育工作中，落实立

---

① 中共中央文献研究室编：《十八大以来重要文献选编》(上)，中央文献出版社2014年版，第586页。

② 《习近平谈治国理政》第1卷，外文出版社2018年版，第172页。

德树人根本任务就是坚持不懈地培育和践行大学生社会主义核心价值观,而对大学生进行社会主义核心价值观教育,除了通过理论灌输、政策调控、思想政治教育、舆论引导等传统教育方式外,还应针对大学生群体的基本特征,思考如何能够使社会主义核心价值观"入脑入心",积极探索价值观的仪式教育,通过仪式活动进行社会主义核心价值观教育,以仪式激发大学生的公共情感,形成大学生共同体,提高大学生社会主义核心价值观教育的实效性和大学生对社会主义核心价值观的认同度。然而,目前大学生存在仪式缺失的现象,仪式在高校没有得到应有的重视,现有的仪式教育也大多流于形式,大学生参与度低,相关保障机制不健全,仪式教育没有达到应有的效果。因此,探索大学生社会主义核心价值观仪式教育的路径,成为当前重要而现实的课题,这也是本书探究的关键问题所在。

(二)研究意义

中国特色社会主义新时代,是我国经济社会发展新的历史方位,是我们党团结带领人民进行社会主义建设伟大实践的历史坐标,是党和国家制定方针政策、进行战略决策的历史依据,也是凝聚社会共识、动员社会力量的历史基础。加强对社会主义核心价值观仪式教育的研究,从某种意义上说是对思想政治教育基础理论研究和社会主义核心价值观方法论研究的深化,也为推动中国特色社会主义文化建设、高校社会主义核心价值观教育的开展、社会主义核心价值观的广泛传播提供可资借鉴的经验,具有一定的理论意义和实践意义。

1.理论意义

(1)丰富和发展思想政治教育基础理论问题

从思想政治教育的学科角度看,"价值是研究思想政治教育价值的逻辑起点,要回答什么是思想政治教育价值的问题,必须准确地把握'价值'的历史发展和内在规定性"[①]。大学生社会主义核心价值观仪式教育研究本身就是思想政治教育关注的问题。其一,社会主义核心价值观教育作为传播思想观念、政治观点和道德规范的重要载体和支撑,与思想政治教育本质上具有相同的属性。将大学生社会主义核心价值观仪式

① 张耀灿、郑永廷、吴潜涛等:《现代思想政治教育学》,人民出版社2006年版,第160页。

教育研究纳入思想政治教育学科研究范畴，拓展了新时代思想政治教育的研究视野和研究方法，同时也提出了思想政治教育的新任务和新要求。其二，大学生社会主义核心价值观仪式教育的内容，涉及思想政治教育的框架内容、理论资源、教育理念和传播实效，是对思想政治教育理论体系的构建和完善。其三，探究社会主义核心价值观仪式教育外源性和内源性挑战，分析总结社会主义核心价值观仪式教育问题及原因，探究大学生社会主义核心价值观仪式教育的实践路径，这些问题同样也是思想政治教育研究需要关注的问题。社会主义核心价值观仪式教育有利于增强思想政治教育的针对性和实效性、亲和力和感染力，是落实立德树人根本任务的有效形式。

(2)深化培育和践行社会主义核心价值观的方法论研究

培育和践行大学生社会主义核心价值观需要有效的教育，在传统教育观念的支配下，社会主义核心价值观教育效果欠佳。加强仪式教育的研究，将仪式教育引入社会主义核心价值观教育之中，通过探索社会主义核心价值观教育从“信息”到“仪式”的转换，使教育效果由“入眼入耳”到“入脑入心”，让大学生不仅“听得懂”而且“听得进”，从“外来信息”转化为“内在信念”，增强大学生对社会主义核心价值观的认同，进一步实现对社会主义核心价值观教育方法和载体的创新。作为一种新的社会主义核心价值观培育方式，仪式教育不再局限于特定领域、部门或特殊人群，而是通过节日仪式、纪念日仪式、典型性仪式等方式，将沉浸式活动体验、多样性文化浸润、全方位环境营造纳入实践过程，在宣传思想领域、社会生活领域、网络虚拟空间等更为广泛的领域延展，其渠道也从思想政治理论课拓展到全部教育渠道，实现了理论与实践、显性与隐性、国内与国际、内容与形式的统一。

2.实践意义

(1)有助于推动中国特色社会主义文化建设

以社会主义核心价值观引领中国特色社会主义文化建设，是推进文化自信自强，铸就社会主义文化新辉煌的内在要求。“以社会主义核心价值观研究促进文化强国建设，既是社会主义核心价值观的本质规定性要求，又是直面社会价值多元、化解精神信仰危机、促进文化繁荣发展、提升文化软实力的现实性要求。”[1]其一，社会主义核心价值观在中国特色社会主义文化建设中具有凝聚人心、汇聚民力的强大力量。新时代新征程继续推动文化繁荣、建设文化强国、建设中华民族现代文明这一新的文化使命，决定了要着力培育和践行社会主义核心价值观，充分彰显社会主义核心价值观的价值先导作用。其二，培育和践行社会主义核心价值观是中国特色社会主义文化建设的重要组成部分。其在中国特色社会主义文化建设中具有“头雁”效应，要坚持“下好先手棋”，打好中国特色社会主义文化建设的“主动战”。其三，加强社会主义核心价值观仪式教育研究，有利于优秀传统文化的传承。社会主义核心价值观植根于中华民族的血脉里，是经过历史长河的冲刷与积淀得以形成的。仪式教育源于古代，在春秋战国时期，儒家逐渐形成以“仁”为核心的思想脉络，并将儒家所蕴含的政治理想和道德观念融于礼乐、祭祀等仪式之中，从而形成了富有多样性、实效性的仪式教育。仪式教育承载着中华民族传统文化精神和民族情感，通过仪式活动的开展，可以起到传承优秀传统文化的作用。

(2)有助于指导高校社会主义核心价值观教育的开展

加强社会主义核心价值观仪式教育研究，有利于指导高校社会主义核心价值观教育的开展。当前，多种社会思潮激烈交锋、价值观多元挑战、算法推荐时代网络意识形态风险、大学生主体性意识增强等内外源性挑战层出不穷。高校在培育和践行大学生社会主义核心价值观的过程中，应更加注意大学生的主观体验和情感需求。仪式教育作为社会主义核心价值观教育的有效形式，却没有得到高校足够的重视，致使大学生对仪式教育认识不足、参与度低，仪式教育流于形式、保障机制不健全，达不到良好的教育效果。因而加强仪式教育研究，可以有效指导高校开展仪式教育，巩固培育和践行大学生社会主义核心价值观的主阵地。

(3)有助于推动社会主义核心价值观深入人心

中共中央通过的《关于制定国民经济和社会发展第十四个五年规划和二〇三五年远景目标的建议》提出，到2035年实现“社会主义核心价值

① 王学俭：《思想政治教育理论与实践问题的研究视角》，中国人民大学出版社2017年版，第299页。

观深入人心”的目标任务。深化社会主义核心价值观仪式教育研究，推动社会主义核心价值观深入人心，成为凝聚全党全国各族人民思想认识共识、坚持正确舆论引导、保证国家长治久安的重要任务。加之，在思想政治理论课教学、中华优秀传统文化“两创”、传统新兴媒体融合、法律法规保障健全的协同推进下，社会主义核心价值观的传播力、影响力都得到了很大程度的提升。当前，以习近平文化思想的提出为契机，抓住培育和践行社会主义核心价值观这一重点，从仪式教育方法论角度拓展社会主义核心价值观研究论域，对于推动大学生社会主义核心价值观深入人心具有重要意义。其一，仪式教育可以通过创设庄严的场域，构建具有特定情境的空间，营造与价值理念相呼应的氛围，形成教育者、教育对象、教育环境相互作用的反应场，让大学生在参与仪式的过程中，或萌生对历史的敬意，或获得心灵的触动，或加深集体的归属感，以此提高对社会主义核心价值观理念的理解与认同。其二，仪式教育具有榜样示范作用，通过颁奖典礼、表彰大会、名人讲坛等仪式活动表彰具有崇高精神和价值追求的先进模范，释放榜样力量，使大学生在观礼的同时受到心灵的启迪，模仿、学习并完善自身的言行。仪式教育研究有助于推进社会主义核心价值观深化发展、深入人心。

二、国内外研究现状

国内关于社会主义核心价值观的研究较多，但关于大学生社会主义核心价值观仪式教育研究起步较晚。国外学者缺乏对社会主义核心价值观仪式教育的专题研究，主要从西方的宗教学、人类学、文化学等学科领域对仪式进行研究。因此，在这一领域研究方兴未艾之时，探究学界研究的基本历程和聚焦主题，揭示目前研究存在的不足之处和有待于扩展的研究空间，为本书提供研究背景和理论资源。

（一）学术史研究

学界关于仪式教育的研究，大致可分为三个阶段：仪式的描述研究阶段、仪式的功能主义研究阶段以及现代科学仪式学说阶段。

一是仪式的描述研究阶段。这一阶段主要指早期人类学者开展的异文化研究,偏向于对仪式的过程与形成的描述。信仰与仪式向来是人类学者主要的观察焦点和论题,他们认为“神灵信仰和仪式构成了文化的基本特质,也构成了社会形态的象征展示方式”①。彭兆荣在对人类学研究的评述中指出,早期的人类学家对仪式的研究主要集中在“神话—仪式”的领域,“古典进化论学派与神话研究交叉重叠的学术关系直接推导出这样一个学理规范,即将仪式研究视为人类学学术传统和知识系统的一个重要部分”②。简·艾伦·哈里森在《古代艺术与仪式》中对古代各民族的宗教、道德、艺术、仪式以及戏剧等进行了论述,“她认为所有神话都源于对民俗仪式的叙述和解释,所有原始仪式,都包括两个层面,即作为表演的行事层面和作为叙事的话语层面”③。这一阶段的仪式研究主要是一种西方中心主义的异文化比较研究,主要偏向于描述性的研究,旨在向西方世界展示世界不同地区的异域文化。

二是仪式的功能主义研究阶段。随着人类学和社会学研究的不断深入,对于仪式的研究,也慢慢转向了仪式的功能、符号和意义等更深层次和更广阔的领域,可以概括为仪式研究的功能主义研究阶段。这一阶段主要关注对宗教仪式的结构与功能的研究。例如,涂尔干通过研究宗教仪式的起源,进而考察仪式在整个社会结构中的地位、作用和功能,研究仪式对社会行为的影响和意义。他撰写了《宗教生活的基本形式》一书,提出“仪式可以实现神圣与凡俗的分离”,“仪式是社会群体定期重新巩固自身的手段”。涂尔干通过对宗教仪式的解读揭露了社会存在的本质及原因,指出了宗教仪式对社会系统的积极作用。这一发现完成了仪式研究的“祛魅”过程,使仪式可以脱离宗教和神话,成为一个全新的研究对象。涂尔干关于“神圣”“世俗”的著名命题,把宗教从内容上分为信仰和仪式两个基本范畴:信仰的实质是主张与见解,而仪式是对信仰的

① 王铭铭:《想象的异邦:社会与文化人类学散论》,上海人民出版社1998年版,第144页。

② 彭兆荣:《人类学仪式研究评述》,《民族研究》2002年第2期。

③ [英]哈里森:《古代艺术与仪式》,刘宗迪译,生活·读书·新知三联书店2008年版,第2页。

行为模式和物质形式。[①]马林诺夫斯基强调仪式都是满足人们基本需要的手段，通过参与仪式活动，人们可以实现在现实中难以达到的目标。这一发现开启了研究仪式功能微观机理的大门，将对仪式的研究深入参与仪式活动的对象身上，来探讨人们参与仪式的内在心理过程。涂尔干与马林诺夫斯基的研究可以说奠定了仪式研究的基础，并为进一步探讨仪式提供了广阔的空间。随后，诸如玛丽·道格拉斯、维克多·特纳、拉德克利夫-布朗、列维-斯特劳斯以及克利福德·格尔茨等，都从或宏观或微观的视角对仪式的功能进行了解析。例如，道格拉斯强调，所有能够带来秩序的行为活动都可以看作一种社会性的仪式，社会控制的需要就是仪式存在的根本原因。特纳通过对恩登布人社会的分析指出，象征性仪式是与社会固有的价值观念和道德规范密切相连的，定期的仪式能够遏制社会内部的矛盾和冲突。

国内学界关于仪式功能的研究主要侧重宗教仪式方面。刘路和陈晓华对传播学视域下宗教仪式活动的媒介利用与调度进行探究，认为"宗教仪式是媒介调度的景观实践，为实现传受平权的传播目标而构建了媒介召唤的象征符号机制与螺旋上升的仪式影响机制，并从媒介呈现与仪式展演、情感表现与思想涵化、精神交往与心理调适、文化认同与组织凝聚四方面阐释了宗教仪式中媒介的传播效果及强化功能"[②]。钟玉英和陈昌文从宗教仪式行为角度透视了宗教与藏民族特性的关系，发现在宗教仪式行为与藏民族特性的双向互动关系中，藏族宗教仪式对藏民族特性产生了很大的影响。[③]

三是现代科学仪式学说阶段。在后期的许多研究中，学界对仪式的研究侧重微观层面，也可以称之为现代科学仪式学说阶段。在此阶段，仪式研究的对象超越了宗教学的研究范围，作为现代人类学、社会学研究的强势话语，研究过程更为科学，广泛涉及各个领域的学术研究，其研究的结果也更多地体现仪式的微观过程。列维-斯特劳斯通过文化与

① 参见[法]涂尔干：《宗教生活的基本形式》，渠敬东、汲喆译，商务印书馆2017年版，第395—507页。

② 刘路、陈晓华：《传播学视野下的宗教仪式与媒介利用》，《宗教学研究》2009年第2期。

③ 参见钟玉英、陈昌文：《论宗教仪式行为对藏民族特性的形塑作用》，《宗教学研究》2005年第1期。

符号这条主线，运用语言符号学理论，构建了能指与所指、语言与言语、历时性与共时性等框架，进一步分析和抽象拓展了从社会行为到形式分类与符号语言的关系。以维克多·特纳为代表的象征主义论，着重研究仪式的过程和仪式的象征。他在《象征之林——恩登布人仪式散论》和《仪式过程：结构与反结构》等著作中，借助于“前阈限—阈限—后阈限”和“分离—过渡—整合”等概念，初步确立了仪式分析过程的基本工具，“阈限”和“过渡”的概念所具有的“工具性操作价值使得仪式理论还具备了‘模型’化的分析原则”。特纳指出，仪式中的象征包含了两极：一极是浓缩了该社会的意识、秩序与价值体系的理念极；另一极是能够有效激起仪式参与者的情绪等的感觉极。[①]汪媛通过审视现代社会消费群体的行为，“将现代仪式性消费行为升华为一种‘共享信仰的仪式’，并以自身的影响力参与到社会结构转型的重建中，最终达到社会整合的功能”[②]。

近年来，学界对仪式的研究成果日益增多，研究内容与领域也不断拓展。若是对仪式的概念不进行一定的框限，就难以确认它的边界。“它可以是一个普通的概念，一个学科领域的所指，一个涂染了艺术色彩的实践，一个特定的宗教程序，一个被规定的意识形态，一种人类心理上的诉求形式，一种生活经验的记事习惯，一种具有制定性功能的行为，一种政治场域内的谋略，一个族群的族性认同，一系列的节日庆典，一种人生礼仪的表演，等等，不一而足。”[③]现如今，对于仪式的研究已经融入日常生活之中，在仪式的形成和变化过程中人发挥了主动性作用。仪式可以进行创造和设计，仪式的创造和设计既可以限定在一定的领域和范围，也可以遍及整个国家；既可以增强对人们情感的安慰，也可以增强对社会的控制。也有学者关注到从日常生活中发展出来的家庭仪式，认为这是一套帮助家庭成员完成自我认知、融入社会，达到对族群认同的行为模式，需要家庭成员的共同参与。家庭生活仪式是形成中的家庭历史和

① 参见［英］维克多·特纳：《仪式过程：结构与反结构》，黄剑波、柳博赟译，中国人民大学出版社2006年版，第41—42页。

② 汪媛：《现代仪式性消费行为研究——从传播的仪式观视角》，《法制与经济》2015年第11期。

③ 彭兆荣：《人类学仪式研究评述》，《民族研究》2002年第2期。

记忆的内容载体,家庭生活仪式化使得个体更易于表达对家庭与家族信仰的真诚。对日常行为仪式的关注,以及仪式可以建构的结论,为仪式的教育功能提供了可能的理论研究空间。越来越多的研究开始关注仪式的教育功能,并试图建构积极的仪式教育方式,以提升教育过程中的参与度和影响力。本书所提出的大学生社会主义核心价值观仪式教育,也体现了对仪式过程尤其是对仪式微观机理的研究,是在现代科学仪式相关理论基础上展开的更加深入的探索,旨在通过对仪式教育的研究,寻找提升社会主义核心价值观培育力和践行力的理论依据和实践路径。

（二）国内研究现状

国内学界关于社会主义核心价值观仪式教育的研究成果较少,而且多为仪式教育的路径研究,侧重实践性和可操作性,仅仅将仪式作为传播社会主义核心价值观的一种载体,而很少对社会主义核心价值观仪式教育作出理论性和专门性研究。从文献数量上来看,截至2023年12月31日,以"仪式教育"为名在读秀图书资源库中进行索引,检索到相关图书22本,其中比较有代表性的有《高校思想政治教育仪式感染性研究》(王爱祥,2023年)、《我国传统道德教育仪式及其对青少年的影响研究》(丛文君、梅艳玲,2021年)、《思想政治教育仪式》(刘煜昊,2020年)、《学校仪式的教育价值及其实现路径研究》(董树梅,2019年)、《仪式与教育——以中国共产党思想政治教育史为中心的考察》(杨巧,2019年)、《思想政治教育仪式研究》(司忠华,2019年)、《仪式中的教育——摩梭人成年礼的教育人类学研究》(吴晓蓉,2019年)、《党内教育中的政治仪式研究》(付红盾等,2017年)、《成人仪式思想道德教育研究》(王洁敏,2017年)等。以中国学术期刊网络出版总库为数据源,以"社会主义核心价值观仪式教育"为检索词,检测到相关文献仅有51篇,且年份主要集中于2013年之后,而分别以"仪式教育""大学生社会主义核心价值观"为检索词,则呈现出较多文献。为了全面深刻地认识学界关于大学生社会主义核心价值观仪式教育的研究现状,故本书将凡是与"仪式教育""社会主义核心价值观"相关的文献资料都作为参考依据。目前,国内学界主要围绕仪式教育的"内涵""特征""类型""功能""问题""路径"六个方面进行研究,并形成一定存量的研究成果。

1.关于仪式教育内涵的研究

学界侧重从仪式教育的特征或功能的角度对其内涵进行探讨。一方面,从仪式教育的本质特性来看,杨巧认为仪式是“在时间节点上举行的沟通世俗与神圣两个世界的人类活动。承启性、神圣性是仪式的两个基本特征”①。杨艳红认为:“传统仪式本身的‘仪’,是有形的仪式行为和程式,具有体验式等特点,可以成为思想政治教育的有效载体;传统仪式背后的‘礼’,承载着社会价值系统和观念形态,蕴涵着非常丰富的教育功能与教育意义,是以文化人、以文育人的重要体现。”②万婷认为:“仪式是被一个群体内的人们普遍接受的通过专门设计的按某种既定程序进行的身体活动与行为。它经常固定地和重复地在某个时间或某一特定的情况下举行,并且承载着某种象征意义。”③通过揭示仪式主体参与的集体性、程序演进的规范性、仪式进行的可重复性、仪式表达的象征性等特点,对仪式的内涵作出进一步阐释。另一方面,从仪式教育的功能属性来看,陈文娟、陈希认为:“仪式作为一种人类活动,在进行道德教育、实现社会教化、推动社会和谐、培养共同体意识、强化政治认同等方面发挥重要功能。”④张志坤从广义的角度指出,仪式的教育包括文化教育、社会教育、伦理教育、思想政治教育。⑤李育红、杨永燕从微观的角度指出,发挥仪式在思想政治教育中的文化传承、价值观践行、思想整合等功能,培育社会主义核心价值观,就能实现教育目标。⑥胡宝国进一步提出,在当前思想政治工作中,“仪式教育是一种有效的思想政治教育工作方式。由仪式所塑造或唤起的情感体验能够长期凝结在群体和个体的内心深处,既能让参加者反复回味和再体验,也能延续而作为一种源动力固定

① 杨巧:《试论社会主义核心价值观教育中的仪式建构》,《教学与研究》2014年第8期。

② 杨艳红:《中华优秀传统仪式的育人功能及有效性探析》,《思想政治课研究》2018年第6期。

③ 万婷:《大型活动仪式教育的作用及启示》,《当代教育理论与实践》2012年第6期。

④ 陈文娟、陈希:《高校爱国主义仪式教育的优化创新研究》,《思想政治教育研究》2021年第7期。

⑤ 参见张志坤:《仪式教育审视:教育人类学仪式研究视角》,《中国教育学刊》2011年第12期。

⑥ 参见李育红、杨永燕:《文化独特的外现形式——仪式》,《广西社会科学》2008年第5期。

下来”[①]。张家军、陈玲认为，高校仪式教育的价值功能体现在“价值渗透、行为规约、凝聚情感和展现学校风貌等方面”[②]。由此阐明了仪式教育在高校中的育人功能，进而阐释了仪式教育的内涵。

2.关于仪式教育特征的研究

学界对仪式教育特征的探讨主要集中在象征性、神圣性、表演性、程序性、教育性等层面。

一是象征性。学界普遍认为，仪式活动中声音、动作、道具、事物等符号是仪式教育存在的依托，同时这些符号是承载意义、表达意义的媒介，具有象征性的特点。正如唐蓓芳所说，“象征符是仪式构成的最基本单位，仪式便是一个巨大的象征系统。仪式中的行为、语言、器物、场所、时间等都可成为象征符号，并且它们超越了生活中认知的范畴，在仪式的氛围中被赋予了特殊的意义”[③]。倪辉通过举例证明仪式作为一种借助符号建构的象征文化，具有象征性特点。如国旗是升旗仪式的象征，举手握拳是宣誓仪式的象征，“拨穗礼”是学位授予仪式的象征等。仪式教育通过将抽象的观念转化为具体的象征符号，完成对国家观念、教育理想、人文精神、伦理道德等的传递。[④]

二是神圣性。学界普遍认为，仪式的神圣性一方面体现在仪式活动崇高、庄严、肃穆的气氛，另一方面体现在仪式活动中对人崇敬的态度。正如郭于华所说，仪式“可以是特殊场合情境下庄严神圣的典礼，也可以是世俗功利性的礼仪、做法。或者亦可将其理解为被传统所规范的一套约定俗成的生存技术或由国家意识形态所运用的一套权力技术”[⑤]。程晗认为：“学校仪式教育具有正面性、文明性和公开性等基本性质；具有议题的针对性和议程的程序性、年龄的层次性和对象的集体性、气氛的庄严性和频率的重复性等特征。”[⑥]

---

① 胡宝国：《仪式教育在高校思想政治教育中的运用》，《思想理论教育》2009年第9期。

② 张家军、陈玲：《学校仪式教育的价值迷失与回归》，《中国教育学刊》2016年第2期。

③ 唐蓓芳：《“互联网+”时代的高校仪式教育》，《教育现代化》2016年第33期。

④ 参见倪辉：《职业院校仪式教育的形态、特点及功能——基于道德教育的视角》，《江苏教育研究》2013年第4期。

⑤ 郭于华主编：《仪式与社会变迁》，社会科学文献出版社2000年版，第3页。

⑥ 程晗：《读懂仪式教育》，《中国德育》2012年第15期。

三是表演性。学界普遍认为,仪式在操作过程的各项程序上都是一系列的表演项目,让人们在参与活动中潜移默化地获得理论认知、增强情感认同。薛艺兵从人类学角度对仪式的表演性特征作出解释,认为“仪式行为是非实用的、非常态的表现性行为,而与这种表现性特征相应的,则是仪式行为的表演性特征”[①]。

四是程序性。学界普遍认为,仪式具有三个突出性特点:鲜明的主体、规范的程序和特殊的形式、隆重热烈的氛围。张琪如指出,中国共产党几代领导人立足世情、国情、党情,对社会主义核心价值观仪式教育进行了有益探索,实现了由权威性、强制性向参与性、程序性转变,由单一性、意识形态性向多样性、日常性转变,由单向性、统一性向交互性、引导性转变。[②]仪式是具有专门规范化程序的活动,可以使学生在参与活动中受到思想和情感上的感染。但是,当前仪式教育活动一般有明确的规定和冗长的程序,青年学生一般对其缺乏兴趣,加之时间和场地的限制,仪式环节不断被压缩、简化,缺乏完整性,震撼和感动效果减弱。

五是教育性。学界将仪式的教育性看作仪式的显著特点,认为当仪式进入学校这个场域当中,仪式就成为教育的一种手段,从基础教育一直到高等教育,仪式教育更是贯穿学校教育的始终。学校通过由一系列象征符号聚合而成的具有表演性、正式性、稳定性和整体性的行为系统来对学生进行有目的、有计划的教育,使学生在认知上掌握各类仪式中的规范和社会价值观,情感上得到激发和丰富,最终使学生在潜移默化中得到规范、导向、凝聚和激励。正如高晓林、骆良虎所指出的,仪式教育在中国传统社会政治生活中形成了丰富的实践资源、积淀了宝贵的文化育人财富,能够增强“大思政课”建设的文化底蕴。一方面,中国具有悠久的仪式教育文化传统,传统仪式教育融伦理道德塑造与社会文明教化于一体,在仪式的开展过程中实现对仪式参与者润物无声的文化浸润;另一方面,传统仪式教育所蕴含的优秀文化精神是“大思政课”课程内容建设的有机养料,仪式教育作为传递特定价值观念的教育活动,传

① 薛艺兵:《对仪式现象的人类学解释》(上),《广西民族研究》2003年第2期。

② 参见张琪如:《大学生社会主义核心价值观之仪式教育培育路径》,《中学政治教学参考》2021年第2期。

播符合社会运行规范的文化精神是其重要目标。[①]

3.关于仪式教育类型的研究

学界主要从三个角度对仪式教育的类型进行划分。一是从仪式内容及其特性角度。唐蓓芳将仪式教育划分为传统仪式教育与网络仪式教育。其中,传统仪式教育由于成本、时空等的限制,分为会议形式的典礼仪式、宣誓或庆祝的节日仪式、特定时期的纪念仪式等,仪式教育内容与形式相对单一与重复,流于形式;网络仪式教育实现了仪式跨时空、常态化、高频率、多形式开展,让本身常态化的仪式活动通过网络互动与网络宣传实现参与程度的最大化,依托互联网,通过校校联动、校际互动、院系共享等方式实现仪式活动效果的最大化。[②]二是从教育人类学角度。徐艳玲、张琪如认为仪式的类型必须从教育主体参与的视角设定,按照主体划分包括个人与个人、个人与集体、集体与集体的关系,认为大学生可以参与的仪式有三种:纪念仪式、节日仪式、媒体仪式。纪念仪式是借助具有纪念意义的符号把人们聚集在一起的神圣典礼,以形成集体性的历史记忆和文明追求;节日仪式是选取特定时间以特定主题开展的风俗性、延续性的社会活动,承载着一个民族的风俗习惯和价值观念;媒体仪式是由大众传媒组织开展的一系列丰富多彩的活动,是新时期大学生喜闻乐见的仪式形式。[③]三是从仪式教育功能角度。梁家峰、蒋雪莲认为,日常生活仪式是在社会生活中广泛运用的价值观教育载体,涵盖日常政治教育仪式、民俗节庆仪式和人生礼仪。其中,日常政治教育仪式比较突出的是升国旗仪式、会议仪式和党内教育仪式;民俗节庆仪式凝聚着中华民族的情感与思想,是将社会主义核心价值观融于民众生活的重要方式;人生礼仪在赋予个体以社会属性,使之获得新的社会角色认可的同时,也将社会主义核心价值观内化于其思想当中。[④]梁家峰等

---

① 参见高晓林、骆良虎:《仪式教育融入“大思政课”建设的内在逻辑、价值意蕴与实践理路》,《思想教育研究》2023年第1期。

② 参见唐蓓芳:《“互联网+”时代的高校仪式教育》,《教育现代化》2016年第33期。

③ 参见徐艳玲、张琪如:《大学生社会主义核心价值观的仪式教育初探》,《思想理论教育导刊》2017年第7期。

④ 参见梁家峰、蒋雪莲:《日常生活仪式涵养社会主义核心价值观教育的路径探析》,《思想理论教育导刊》2017年第2期。

学者按照激励爱国热情的功能，将仪式教育划分为传统仪式教育和仪式符号教育；按照增强敬业意识的功能，将仪式教育划分为职业体验型仪式教育和模仿型仪式教育；按照规范诚信行为的功能，将仪式教育划分为禁止型仪式教育和引导型仪式教育；按照培养友善品质的功能，将仪式教育划分为情感型仪式教育和日常礼仪教育。[①]

4.关于仪式教育功能的研究

学界对于仪式教育功能的探讨主要集中在思想引领、情感认同、文化传承、行为规范四个层面。一是思想引领。胡文靖、陶漫认为大学仪式具有思想导向功能，尤其是“在引导学生认识何谓大学、何谓大学精神等方面起到重要的导向功能”[②]。王荣进一步指出，仪式的操演者通过感官的触动，在一系列富含教育意义的进程和程序中不断升华，迸发出心灵上的归属感，达到思想政治教化的目的。[③]二是情感认同。邱叶认为，“仪式活动借助特殊的场域环境催化了参与者的情感，具有极强的感染力和导向性”[④]。王爱祥、王阳认为，通过仪式教育可以达到价值识别的效果，也就是爱国情感的识别。一些主体通过网络互动，会产生共同情感的“无意识”感染，进而达到主体共鸣引发行动的感染。仪式参与者通过模仿活动，会产生积极的情绪反馈，仪式互动中的友好氛围可以激发参与者更积极地体验仪式所蕴含的爱国情感，进而达到情绪强化。当个体参与的仪式行动在网络上广泛传播并成为群体行动时，个体会在其中产生归属感，通过交互感染和群体间的循环传递，增强仪式情感的感染力，进而达到价值内化，表现为主体主动认同仪式的流程、规范及其价值，以及主体主动参与和传播仪式所包含的程序及其价

① 参见梁家峰、张杰、杨克：《以仪式教育促进高职学生价值观的养成》，《北京教育(德育)》2015年第12期。

② 胡文靖、陶漫：《高校思想政治教育中仪式活动的价值及其作用路径研究》，《长春理工大学学报(社会科学版)》2013年第5期。

③ 参见王荣：《论仪式教育在高校思想政治教育中的运用》，《学校党建与思想教育》2014年第18期。

④ 邱叶：《高校校园文化中的仪式教育研究》，《教育探索》2014年第1期。

值观念。[①]三是文化传承。学界普遍认为仪式是一种社会生活里的意识形态和文化现象,在传承仪式活动的过程中,可以整合人们的文化观念,使人们对主流文化产生共鸣,营造统一的认同性文化环境。正如杨艳红所指出的,“传统仪式是中华传统文化的具体表现形式,本身就承载着民族精神和传统美德的丰富内涵;作为传承中华传统文化价值的重要载体,传统仪式将凝结了先民的文化诉求和情感想象的价值、观念,代代相传”[②]。四是行为规范。杨巧指出,仪式具有特殊的时间节点意义,能够提供价值观教育的契机;仪式能将抽象的价值理念具象化,推动价值观入脑入心;仪式是日常礼仪行为的重要来源,能促进人们道德行为的养成。[③]

5.关于仪式教育问题挑战的研究

学界对仪式教育存在问题的研究,聚焦于主体缺位、形式主义严重、重视程度低、西化仪式影响四个方面。

一是主体缺位。张家军、陈玲认为,当前仪式教育往往以教师为主导,对于仪式活动的设计、规划、实施、评价总结,学生大多处于被动的旁观者的地位,而不是主体性地位,导致学生对仪式教育缺乏参与感和兴趣,从而降低了仪式教育的实效性。[④]赵虹元进一步指出,教师缺席的学校仪式教育制约师生共同成长。表面上,学校仪式教育的程式可谓五花八门,从常规性典型仪式到创新性特色仪式,从学校整体性仪式到班级个性化仪式,但是,教师缺席的学校仪式认知与实践偏差,致使教师伦理自律缺失,仪式行为失范;公平正义的学校教育价值理念受到学生质疑,进而制约了其仪式行为的自觉规约。[⑤]

二是形式主义严重。当前仪式教育存在形式化、功利化的现象,使

① 参见王爱祥、王阳:《网络空间思想政治教育仪式的理论建构及其实践》,《思想教育研究》2018年第7期。

② 杨艳红:《中华优秀传统仪式的育人功能及有效性探析》,《思想政治课研究》2018年第6期。

③ 参见杨巧:《试论社会主义核心价值观教育中的仪式建构》,《教学与研究》2014年第8期。

④ 参见张家军、陈玲:《学校仪式教育的价值迷失与回归》,《中国教育学刊》2016年第2期。

⑤ 参见赵虹元:《教师缺席:学校仪式教育的固化与蜕变》,《中国教育学刊》2018年第4期。

仪式背后蕴藏的思想、文化教育功能减弱。黄岩、穆佳伟认为,高校爱国主义教育仪式活动无论在观念认识还是实践操作中,仍存在形式化、空洞化、虚假化的现象,极大地制约了其教育功能的发挥:符号意义的隐匿化,消解了仪式“价值传递”功能;学生主体的他者化,弱化了仪式“情感入境”功能;组织程序的结构化,淡化了仪式“信念萌生”功能。[①]杜敏菊进一步指出了仪式活动形式主义的表征,认为在多元文化冲击、利己主义挤压之下,仪式教育遭遇现实困境:师生表面上来到了仪式的现场,但却没有情感的投入,难以对仪式所要求的动作流程、行为规范产生认同,甚至对其所蕴含的价值观念产生质疑,即表现为参与者身体的“在场”和心灵的“缺席”;学生对某些机械重复的仪式缺乏认同及理解,表现为阻抗、拒绝参与仪式,或者即使能够身体“出席”仪式现场,却基于抵抗情绪而没有真正进入仪式设计的环节当中,从而无法产生内心共鸣,形成心灵的实际不在场。[②]

三是重视程度低。王宇指出高校仪式教育不足的问题,一方面表现为仪式教育内容往往是出于各个高校自身条件和教育观念的考虑,没有形成统一规范的教材,另一方面体现在大学生在思想认识上对仪式教育的重视程度不足。[③]胡文靖、陶漫认为,仪式的主办者对仪式教育意义重视程度不够。很多仪式的主办者往往重形式而轻内容,难以引起参与者的共鸣,导致教育作用的缺失。[④]

四是西化仪式盛行的影响。学界普遍认为,伴随经济全球化、文化多样化、利益多元化的社会背景、时代背景,人们对于社会中的各种文化思潮缺乏理性关注和批判精神。“淡化意识形态”“解构正统意识形态”“国家消解”等言论伴随着非理性主义、后现代主义思潮的涌入对大学生造成一定的影响,使大学生出现了对意识形态问题、现实问题、前途信

① 参见黄岩、穆佳伟:《高校仪式活动的爱国主义教育功能及其实现》,《思想政治教育研究》2021年第6期。

② 参见杜敏菊:《身份唤醒与行为统合:仪式教育的文化控制机制》,《高教探索》2021年第1期。

③ 参见王宇:《仪式教育与大学生国家观念塑造探赜》,《学校党建与思想教育》2009年第11期。

④ 参见胡文靖、陶漫:《高校思想政治教育中仪式活动的价值及其作用路径研究》,《长春理工大学学报(社会科学版)》2013年第5期。

念、价值选择认识的混乱，间接影响了仪式教育的开展。正如徐益亮所指出的，全球化尤其是文化的全球化带来了世界各国、各民族之间文化的交流和碰撞，形成了一个多元文化互渗交融的时代，外来文化对我国学校仪式产生了重大影响，其中以大学毕业典礼和学位授予仪式最为突出，缺乏自身特色和中国风范的照搬照抄，建构不起毕业典礼和学位授予仪式应有的功能与价值。[①]

6.关于仪式教育路径方法的研究

学界主要从改进整合仪式教育资源、精心设计仪式教育内容、优化仪式活动形式、全面落实仪式教育各环节管理四个方面展开研究。一是改进整合仪式教育资源。王爱祥指出，要树立仪式思维，从传统文化中汲取营养，使其发挥出礼仪教育的功效；重视仪式符号，从时空元素上重视仪式。仪式作为思想政治教育的有效载体，必然也适用于社会主义核心价值观教育；构建仪式模式，从教育行为中构建体系，要建立和规范一些礼仪制度，组织开展形式多样的纪念庆典活动，传播主流价值，增强人们的认同感和归属感。[②]二是精心设计仪式教育内容。陈文娟、陈希指出，要正确使用仪式符号，把握仪式教育承载意义、传递价值与提升信仰的关键因素；合理营造仪式情境，创设发挥仪式教育功能、实现社会价值认同、引起爱国情感共鸣的特定场域；有效延伸仪式宣传，延长仪式互动中产生的即时性、短期性集体兴奋效应。[③]三是优化仪式活动形式。殷素梅、单新涛、关香丽指出，仪式教育活动应强调仪式的操演性质，通过仪式操演，一些特定的言说、动作、姿态、位移等仪式编排方式，经由个体的身体实践成为具有权威的、可供辨认和解读的隐喻，复杂的、模糊的意象编码成为有限的身体姿态和言说，交流阐释过程中可能产生的疑惑和误读变得明确、可见、无误，更容易成为习惯性的记忆，取得更好的教育

---

① 参见徐益亮：《学校仪式的思想政治教育价值之失落与实现》，《山西大同大学学报（社会科学版）》2014年第5期。

② 参见王爱祥：《论仪式在高校社会主义核心价值观教育中的运用》，《学校党建与思想教育》2015年第11期。

③ 参见陈文娟、陈希：《高校爱国主义仪式教育的优化创新研究》，《思想政治教育研究》2021年第7期。

效果。[①]四是全面落实仪式教育各环节管理。学界针对仪式教育出现的问题，普遍认为要通过凸显主体地位、重复强化、规范流程、完善管理体制等，优化完善仪式教育各环节、各方面。冯帮、陈娇娣针对仪式教育中出现的问题，具体指明了实现仪式教育功能的四个路径：提高认识，转变观念，重视仪式教育；面向学生，加大宣传，激发参与兴趣；精心设计，形式多样，丰富创新内容；成立机构，培养师资，提高组织能力。[②]

（三）国外研究现状

国外对仪式的研究主要是从西方的宗教学、人类学、文化学等学科领域，对仪式的内涵、特征、类型、功能等四个方面展开论述。

1.关于仪式内涵的研究

对于"仪式"的内涵界定，国外学者从不同的视角、用不同的研究方法对"仪式"的界定是不同的。比较早期的社会理论学家涂尔干和功能主义社会学家拉德克利夫-布朗将仪式视为"具有增强作用的集体情绪和社会整合现象"。维克多·特纳力图以象征本质和喜剧论来理解仪式，他将仪式的定义执着于宗教行为的范畴，但其分析理论已经超越了其上述定义。象征人类学代表克利福德·格尔茨认为："正是通过圣化了的行动——仪式，才产生出'宗教观念是真实的'这样的信念；通过某种仪式形式，动机与情绪及关于存在秩序的一般观念才是相互满足和补充的。"[③]在人类研究视野和意义范畴内，仪式首先是被界定在人类的"社会行为"这一基本表述之上，但人类学家对"仪式"的界定则是多样的，认为"那些包含着世俗的行为，其目的是为了国王和部落祈福的，人们称作为仪式"；"仪式视为基本的社会行为"；"仪式是纯净的行为，没有意义或目的"；"仪式是关于重大性事务的形态，而不是人类社会劳动的平常形态"；"仪式就像一场令人心旷神怡的游戏"；"在仪式里面，世界是活生生

① 参见殷素梅、单新涛、关香丽：《基于记忆重构的仪式教育活动设计新视角》，《教学与管理》2020年第3期。

② 参见冯帮、陈娇娣：《素质教育背景下仪式教育实施的阻抗因素及实践对策》，《教学与管理》2013年第7期。

③ 郭于华主编：《仪式与社会变迁》，社会科学文献出版社2000年版，第2页。

的，同时世界又是想象的……然而，它展演的却是同一个世界”。[①]

2.关于仪式特征的研究

一是仪式的文化传承性。哈布瓦赫认为，仪式的文化传承性体现在它可以保存民族精神的集体记忆。社会思想本质上必然是一种记忆，它的全部内容仅由集体回忆或记忆构成。[②]二是仪式的表演性。格尔茨认为仪式涉及生活准则及世界观，“完全公开的仪式”可称为“文化表演”。[③]三是仪式的象征性。格兰姆斯所说的“仪式化”，“是指某种类型化的、重复的姿势和姿态，是包括人类在内的一切动物所共有的、具有表现性的行为方式”[④]。特纳曾在《象征之林——恩登布人仪式散论》中提道：“象征符号是仪式中保留着仪式行为独特属性的最小单元，它也是仪式语境中的独特结构的基本单元……我在田野调查中观察到的象征符号，从经验的意义上说，指的是仪式语境中的物体、行动、关系、事件、体态和空间单元。”[⑤]四是仪式的重复性。利奇把仪式看作“人类基本生存技术”，认为仪式行为的持久重复性意义在于可以将知识与信息多次重复地发出去。[⑥]

3.关于仪式类型的研究

一是通过性仪式。通过性仪式是“伴随着每一次地点、状况、社会地位，以及年龄的改变而举行的仪式”[⑦]。二是庆典性仪式。特纳认为，庆典性仪式创造出一个理想的社会学世界，在这一世界中，每个个人的欢乐与其他人的欢乐紧紧地联系在一起，“在庆典仪式中，人们常以丰富多彩的表演和式样繁多的装璜艺术手法，来表达内心的喜悦和富有创造性

① 参见彭兆荣：《人类学仪式研究述评》，《民族研究》2002年第2期。

② 参见[法]莫里斯·哈布瓦赫：《论集体记忆》，毕然、郭金华译，上海人民出版社2002年版，第313—314页。

③ 参见[美]克利福德·格尔茨：《文化的解释》，韩莉译，译林出版社2014年版，第175页。

④ 转引自薛艺兵：《对仪式现象的人类学解释》(上)，《广西民族研究》2003年第2期。

⑤ [英]维克多·特纳：《象征之林——恩登布人仪式散论》，赵玉燕、欧阳敏、徐洪峰译，商务印书馆2006年版，第19页。

⑥ 参见郭于华主编：《仪式与社会变迁》，社会科学文献出版社2000年版，第4页。

⑦ [英]维克多·特纳：《仪式过程：结构与反结构》，黄剑波、柳博赟译，中国人民大学出版社2006年版，第94页。

的想象力”[①]。三是纪念性仪式。拉德克利夫-布朗认为,“当一个社会强迫其成员对某一物体具有某种态度,而在这种态度中,包含着对那一物体表现出的传统行为模式的某种崇敬感,就会形成一种仪式关系”[②]。

4.关于仪式功能的研究

国外学者对仪式的功能进行了广泛而热烈的探讨,这些探讨主要集中在身份认同、道德教化、文化传承、情感升华等四个方面。一是身份认同功能。范·根纳普认为:“在任何社会中,个体的生命都是从一个年龄阶段到另一个年龄阶段、从一种职业群体到另一种职业群体的系列通过……这些事件中的每一个都有典礼,典礼的基本目的就是使个体能够从一个明确的社会地位到达另一个界定同样十分明确的社会地位。”[③]二是道德教化功能。博尔诺夫认为,人是一种需要外力推动的屡教不改的有惰性的生物,这种外力可以是唤醒,可以是告诫,还可以是号召,仪式作为道德教育的手段,可以唤醒沉睡在学生心灵深处的道德意识,可以通过告诫进行道德纠偏,可以通过号召产生道德激励的效果。[④]三是文化传承功能。克拉克·克尔指出,高等教育不能回避历史,社会的历史也不能回避高等教育。[⑤]美国人类学家马文·哈里斯认为,仪式是文化的一个组成部分,它的过程表达着丰富的文化内涵,同时,也是某种文化内容的浓缩。[⑥]四是情感升华功能。“本尼迪克特·安德森把民族国家看成‘想象的共同体’,其实仪式也可以被视为一个临时性的想象的共同体。说它是想象的,那是因为其成员之间互相并不了解,甚至并不相识,然而在每个人的心灵深处都有一种团体归属与身份认同的意识。”[⑦]特纳认为,仪

① [美]维克多·特纳编:《庆典》,方永德等译,上海文艺出版社1993年版,第32页。

② [英]A·R.拉德克利夫-布朗:《原始社会结构与功能》,丁国勇译,九州出版社2006年版,第259页。

③ [法]范·根纳普、岳永逸:《〈通过仪礼〉第一章:仪式的类型》,《民俗研究》2008年第1期。

④ 参见倪辉:《职业院校仪式教育的形态、特点及功能——基于道德教育的视角》,《江苏教育研究》2013年第12期。

⑤ 参见[美]克拉克·克尔:《高等教育不能回避历史:21世纪的问题》,王承绪译,浙江教育出版社2001年版,第5页。

⑥ 参见丁钢主编:《中国教育:研究与评论》,教育科学出版社2001年版,第182—183页。

⑦ 倪辉:《大学仪式的形态、特点及功能:道德教育的视角》,《华东师范大学学报(教育科学版)》2012年第3期。

式“能够唤醒、引导和控制各种强烈的情感，比如仇恨、恐惧、爱慕，以及忧伤”①。

（四）研究现状简评

可以看出，目前学界对大学生社会主义核心价值观教育的研究热情不断高涨，从多种视角、采取多种研究方法对培育和践行社会主义核心价值观进行研究和讨论，并在多个领域和主题研究中获得一定的理论成果。同时，学界对仪式教育的研究也有了一定的“存量”，对仪式教育的具体内涵、特征、类型、功能、问题、路径等进行了初步研究。但是，学界对社会主义核心价值观仪式教育的核心概念认识较为模糊，理论层面的研究不够充分，研究成果涉及的学科、类型、方法、视角还不够丰富，关于大学生社会主义核心价值观仪式教育的研究还有较大发展空间。

一是现实层面的研究成果较多，而探讨“大学生社会主义核心价值观仪式教育”概念本身的成果较少。学界大多对习近平总书记关于社会主义核心价值观的重要论述及中共中央颁布与社会主义核心价值观相关的意见、决议等进行研究，而忽视了“仪式教育”本身这一理论层面的基础性变量和现实问题的方法，将“仪式教育”作为一个约定俗成的概念，对大学生社会主义核心价值观仪式教育的内涵与外延认识不清，导致目前关于大学生社会主义核心价值观仪式教育的研究都缺乏应有的广度与深度。为此，研究社会主义核心价值观仪式教育，要把握在形成社会主义核心价值观仪式教育之前存在的主要仪式形态，如宗教仪式、祭祀仪式、人生仪式等因素，也要研究社会主义核心价值观仪式教育形成以后仪式活动开展过程中的方式方法，从而将研究聚焦到社会主义核心价值观仪式教育这一独立系统本身的内涵、特征、类型、内容、问题、对策上，进一步深化大学生社会主义核心价值观仪式教育研究。

二是实践层面的理论成果较多，对党的宣传工作制度的历史和理论层面研究成果较少。学界研究聚焦于社会主义核心价值观教育的意义、原则、对策、措施等方面，研究成果多为宣传阐释类，历史分析类和文献梳理类成果较少，以至于不能准确认识社会主义核心价值观教育过程所

① [英]维克多·特纳：《仪式过程：结构与反结构》，黄剑波、柳博赟译，中国人民大学出版社2006年版，第41页。

处的历史方位和社会环境因素，缺乏对社会主义核心价值观教育规律的研究。新时代以来，社会主义核心价值观经历了由凝练提出到培育践行再到价值引领的动态发展过程，研究总结其自身发展脉络与规律，取得的历史性成就与变革，形成的基本经验和现实启示，为新时代新征程上推进大学生社会主义核心价值观仪式教育提供了理论渊源和历史镜鉴。此外，目前学界关于社会主义核心价值观的研究成果，大多基于学者尤其是思想政治工作者的实践经验和主观判断，而不是基于对社会主义核心价值观教育的内涵外延、历史脉络、发展规律等的研究，从而难以对社会主义核心价值观教育的优化方案和路径方法作出科学判断，甚至反过来影响实践层面社会主义核心价值观的培育和践行。因此，要对社会主义核心价值观的形成发展过程有清醒认识，将研究置于历史和理论层面，进一步思考探究当前大学生社会主义核心价值观仪式教育的理论渊源、时代背景、问题挑战、优化方案等。

三是专题性研究成果较多，现实性分析总结研究较少，特别是仪式的社会主义核心价值观教育仍有巨大的研究空间。虽然目前人类学、社会学关于仪式的研究已经非常深刻，并且在教育学领域已经有了较为丰富的研究成果，但就大学生社会主义核心价值观仪式教育的研究成果而言，仍然具有非常大的探索空间。特别是作为一种潜入日常生活的教育方式，仪式的作用与意义往往因为其隐蔽性而容易被忽视。在教育场域中，仪式并不仅仅指具有宏大场面的集体行动，只要是重复出现的、相似的，并且具有一定凸显意义的行为，都可以视为教育的仪式。日常行为仪式即日常仪式化行为，它不同于传统的、集体性的或者宗教性质的仪式，在表达和实践上多是以小团体或者个体的形式出现和完成。它规模较小，且具有日常性，仪式本身以及实践都较为具体，较为细节化。从仪式功能层面看，日常行为仪式更加注重个体内心的平衡以及秩序的建立，使个体能够更加积极地参与到社会中，具有较强的教育功能。当前，高校日常行为仪式被大部分人忽视，有弱化的趋势和倾向，因而在大学生社会主义核心价值观仪式教育研究过程中，更需要加强对日常行为仪式的研究，系统发掘和总结大学生社会主义核心价值观仪式教育的现状、规律，提升其在社会主义核心价值观教育中的功效。

四是一般叙述性研究较多，而纵向比较性、批判性、系统性研究较少。目前，国内学界关于大学生社会主义核心价值观仪式教育的直接文献量较少，研究主要采用理论阐释和逻辑演绎等方法，研究成果多为宣传阐释类和学习体会类的文章，研究大多聚焦于仪式教育本身的讨论，以及对其社会主义核心价值观教育功能应然状态的论述，热衷于通过理论的思考辨析讨论现实问题，而且应然想象的意味明显，对仪式的实然状态则缺乏系统的比较分析和客观的实证研究。相比之下，国外学界十分重视运用实证研究和比较研究方法，中外对比、民意测试和舆论调查在仪式研究中居于基础性地位，部分学者已经通过一定的田野调查、定性与定量分析来揭示仪式教育的功能与困境。为此，要对社会主义核心价值观仪式教育进行系统性研究，把大学生社会主义核心价值观仪式教育作为一个整体，探究当前仪式教育存在的现实问题和实际效果，批判地分析仪式在社会主义核心价值观教育中的功能效度等，从观照现实的视角出发，以推进社会主义核心价值观的广泛传播和价值引领，从而推进新时代中国特色社会主义文化建设进程。

五是学科之间对仪式教育的研究发展不平衡。国外学界对仪式教育的研究涉及人类学、社会学、教育学、心理学、哲学等学科，仪式教育不再是单一学科的研究主题，而是多学科、跨学科研究的对象。人类学家试图讨论宗教信念如何在仪式中获得确证，人们的认知、心理与生理如何在仪式中产生改变等问题。心理学的研究虽然不再关注宗教仪式，但对人类的心灵与思维的研究却有了长足的发展，情绪感染成了心理学的一个专门研究主题，学界对情绪传递的微观机制进行了深刻剖析。虽然心理学依然关注人的心灵世界，但日益专业化的发展使其研究视域也慢慢脱离了仪式本身。同时，我们也要清楚地看到，国外学界对仪式教育的研究，不乏渗透西方意识形态理念和价值判断，企图抢占中国舆论引导的高地。为此，本书试图将仪式与社会主义核心价值观教育问题串联起来，从思想政治教育的视角出发，强化社会主义核心价值观仪式教育的意识形态性，同时运用系统研究方法，延续人类学家对仪式效力的研究，借助心理学的研究成果，进一步探讨仪式对于大学生社会主义核心价值观教育的意义，推动学科之间的协同研究。

三、小结

本书吸收和借鉴已有研究成果，阐述社会主义核心价值观仪式教育的内涵、特征及类型。同时，以马克思主义经典作家仪式思想、中国共产党人的仪式理念、中华优秀传统文化仪式教育积淀、国外仪式教育思想为基本理论依据，以习近平总书记关于社会主义核心价值观的重要论述为基本遵循，系统探讨大学生社会主义核心价值观仪式教育的功能，深刻揭示大学生社会主义核心价值观仪式教育存在的问题挑战及背后的根源，总结提出大学生社会主义核心价值观仪式教育的优化方案和实现路径。

本书围绕“仪式教育的理论依据”“仪式教育功能发挥的困境”“仪式教育有效发挥的对策”三条主线而展开，旨在挖掘仪式对社会主义核心价值观的教育功能，以更好地利用仪式教育这种形式提高大学生社会主义核心价值观教育的实效性。全书可以从四个层面概括：第一层面是大学生社会主义核心价值观仪式教育的内涵、特征与类型，这是本书的研究对象和出发点。第二层面是对大学生社会主义核心价值观仪式教育的理论依据进行溯源，从马克思主义经典作家的核心价值观仪式思想、中国共产党人的核心价值观仪式理念、中国优秀传统文化中的核心价值观仪式教育积淀、国外价值观仪式教育思想的有关镜鉴四个方面进行探讨，共同构成本书的理论渊源。第三层面是对大学生社会主义核心价值观仪式教育的优势与不足进行评价，分析总结仪式教育拥有的社会主义核心价值观教育功能的依据及具体功能表现，并从思想认识、策划实施、组织参与、管理机制、社会环境五个层面揭露分析当前大学生社会主义核心价值观仪式教育面临的困境挑战，并对问题背后的原因进行深入剖析。第四层面是以解决问题为导向，根据大学生社会主义核心价值观仪式教育存在的问题有针对性地提出路径方案，以更好地发挥仪式的社会主义核心价值观教育功能，提高大学生社会主义核心价值观教育的实效性。

本书的创新点主要体现在三个方面。一是视角新。用仪式教育的视角看待大学生社会主义核心价值观教育的实效性问题，这是一个新的角度。社会主义核心价值观教育的目的是立德树人，引导大学生树立正确的世界观、人生观、价值观，通过对社会主义核心价值观的内涵认知上升为理想信念的树立。而传统的教育方式侧重让学生理解社会主义核心价值观的内涵，难以产生情感上的共鸣，仪式教育则能够让大学生通过仪式活动过程中的参与、互动、共享乃至达成共识，使社会主义核心价值观成为大学生共享的主流价值观。二是方法新。主要采用了文献研究、比较研究、实证研究、交叉研究等方法，既有助于反映大学生社会主义核心价值观仪式教育的全貌，也有助于针对当代大学生的性格、行为特点，提高社会主义核心价值观仪式教育程序设计的系统性和针对性。三是观点新。以问题为导向，敢于直面现实境遇与挑战，根据大学生社会主义核心价值观仪式教育存在的问题提出有效对策，从仪式教育的资源、程序、宣传、组织、机制、环境等六个维度设计了大学生社会主义核心价值观仪式教育的路径方案，以推进常态长效为基本要求，深化宣传教育为有效路径，引导实践养成为价值旨归，完善体制机制为根本保障，从而提高大学生社会主义核心价值观教育的实效性。

第一章　大学生社会主义核心价值观仪式教育的内涵阐释

明确大学生社会主义核心价值观仪式教育的内涵、特征及类型，是社会主义核心价值观研究的基础环节。仪式是指典礼或大会的进行程序和形式。仪式教育，是行为主体处于庄严神圣又极具感染力的场域，通过富有生命力、凝聚力、感召力的程序和形式，直接体验并接受其价值理念的过程。因此，对社会主义核心价值观仪式教育的研究，要根据新时代党对社会主义核心价值观的新要求，从仪式、仪式教育、大学生社会主义核心价值观仪式教育的内涵这三个方面入手，为我们深入探究和理解大学生社会主义核心价值观仪式教育的特征和类型提供基础理论依据。

一、大学生社会主义核心价值观仪式教育的内涵

大学生社会主义核心价值观仪式教育的内涵阐释，是大学生社会主义核心价值观仪式教育研究的前提。对“社会主义核心价值观仪式教育”的界定难以有公认的、统一的定义，但我们可以通过梳理不同学科对“仪式”的理解、字源学的探究、相关概念的比较、仪式教育要素构成的分析，对大学生社会主义核心价值观仪式教育的概念作出界定，这样才能为我们深入探讨大学生社会主义核心价值观仪式教育的特征和类型提供学理基础。

(一)仪式的内涵

无论是在理论研究还是实践探索中,“仪式”的内涵和外延都较为复杂,与相关概念存在通用、混用的情况。为此,从字源学探究“仪式”的释义,阐述仪式的内涵,理清仪式的外延,是进行大学生社会主义核心价值观仪式教育研究的首要任务。

1.仪式的字源学解释

从字源上来看,中国古代早期对“仪式”二字很少组合联用,仪式内涵的记载多从词语释义和礼仪行为的角度出发。“仪”是由“義”字演变而来,在甲骨文中“羊”字预示着吉祥之意,下半部分“我”字意指象征权力的兵器,是提醒军队冲锋抗敌的标识,当“人”出现则代表着统领军队者的至高权力。《说文解字》将“仪”定义为人的外表行为,强调仪式的分寸度。如汉张衡《同声歌》:“素女为我师,仪态盈万方。”“仪”又延伸泛指礼仪、礼节。如《古诗为焦仲卿妻作》中“十六知礼仪”。《荀子》有言:“上者,下之仪也。”“仪”在此处特指典范、表率。封建时期,礼制和礼学奠定了中国礼仪之邦的基本格局,以《周礼》《仪礼》《礼记》这三部儒家经典为代表,记述了大量关于社会最高的伦理道德标准以及国政秩序的制度法规。“礼”和“仪”虽互为表里,但“礼”并不等同于“仪”。确切地说,“礼”是“仪”的内在灵魂,包括社会风俗、伦理道德、政治思想以及等级观念在内的由时间积淀而成的内容;“仪”是“礼”的外化形式,是“礼”实际操作的程序与过程。可以说在古代的泛化解读中,除了本质意义上的规范和延伸,仪式常被用作对社会的规训和象征性展示,它对个体乃至群体价值观念的影响力不容小觑。在古文中,“仪式”所含有的礼仪、形式的语意与现代汉语有相通之处,《新华字典》将“仪式”定义为“按程序进行的礼节”。在《现代汉语词典》中,仪式是指“举行典礼的程序、形式”。

除此之外,仪式作为一种特殊的礼仪行为,它在发展之初是为了克服人类对于大自然的恐畏心理,如图腾信仰以及祈求风调雨顺的祭天、祭地、祭祖的固定仪式;而后发展为统治阶级教化百姓、维护社会稳定秩序的重要统治手段,甚至将这一手段拓展至古代学校场域,仪式开始有教育之意,如“释奠礼”是拜谒师长师祖先贤,行束脩之礼,表达尊师重道的崇敬之情。可以说，从礼仪行为来理解仪式内涵，一方面融合了当时的人类的信仰以及社会伦理关系，另一方面仪式在不断重复过程中固定情感，并将这种情感渗透在社会生活的方方面面，而这种无意识的仪式行为，就是对人类行为的约束，也就是对人类的现实教育。

早期西方关于仪式的研究以史密斯、弗雷泽、泰勒、奥托、斯宾塞为代表，主要集中于宗教神学领域。弗雷泽作为神话—仪式理论的奠基者，在《金枝》中将神话与仪式的关系概括为：神话解释仪式行为，仪式行为演绎神话，仪式也可能从神话中衍生。直到爱弥尔·涂尔干在研究宗教起源时，将宗教仪式区别为宗教生活的仪式和世俗生活的仪式，至此才把仪式研究向政治、经济、教育等科学领域推进。他在《宗教生活的基本形式》一书中明确指出："信仰是舆论的状态，是由各种表现构成的；仪式则是某些明确的行为方式。"[①]其中，"仪式是行为规则，这些规则规定了一个人在那些神圣的对象面前应该如何表现自己"[②]。20世纪六七十年代，范热内普率先提出"通过仪式"这一概念。他认为世俗世界与宗教世界之间不存在兼容，以至于个体从一个世界过渡到另一个世界时必须经过一个中间阶段不可，而过渡礼仪正是进行该阶段的一种"通过仪式"，具体是指伴随着地点、状态、社会位置和年龄的每一次变化而举行的仪式。[③]维克多·特纳则在《象征之林——恩登布人仪式散论》一书中，将仪式概括为当人们不依靠技术的程序，而向神秘物质或神秘力量请求帮助时发生的规定性的正式行为。在他看来，象征性仪式受到社会固有的价值观念和道德规范这两种因素的影响，定期举行仪式是能够有效化解社会内部矛盾，同时实现社会控制的过程。柯林斯则侧重仪式的情感互动机制，认为仪式是一种相互专注的情感和关注机制，它形成了一种瞬间共有的现实，因而会形成群体团结和群体成员性的符号。[④]在《简明

① [法]涂尔干：《宗教生活的基本形式》，渠敬东、汲喆译，商务印书馆2017年版，第45页。

② Durkheim E. *The Elementary Forms of Religious Life*, New York: Free Press, 1965, p.56.

③ 参见[法]阿诺尔德·范热内普：《过渡礼仪》，张举文译，商务印书馆2012年版，第33—45页。

④ 参见[美]兰德尔·柯林斯：《互动仪式链》，林聚任、王鹏、宋丽君译，商务印书馆2009年版，第38页。

文化人类学词典》中，仪式是指“按一定的文化传统将一系列具有象征意义的行为集中起来的安排或程序”[①]。

可见，仪式作为一种象征性安排，在社会整合和意识形态教育方面具有一定的作用。仪式是教育的重要载体，具有重要的教育功能，能够在潜移默化中实现润物无声的育人效果，能够强化学生的理想信念、价值追求和行为规范。在仪式里面，世界是现实存在的，同时又是想象的，例如婚礼、葬礼、入学礼等都是一种生命的体验、身份的过渡，标志着一个生命阶段向另一个生命阶段的转变。仪式又是一种有规律的重复的行为，在不断重复的过程中固定情感，它铭刻在我们的社会生活中，让生活“无意识地”存在更多的日常行为仪式，即礼仪。仪式还是对人的行为的约束，换言之，就是对人的教育。正是由于仪式所具有的这些现实教育意义，使其成为承载教育功能的重要载体，从而孕育成为“仪式教育”概念的来源。

2.仪式在不同学科中的解释

仪式不是先哲们头脑中形成的理性产物，而是经济、政治、社会各领域长期发展的产物。“仪式”一词作为一个专门性词语最早出现于19世纪，随仪式活动应用于人类社会的各个领域而引起学界的关注。“仪式”逐步成为历史学、人类学、社会学、文化学、教育学的研究对象，不同学科乃至不同学派从不同的研究视角对“仪式”进行解释，呈现出各学科领域的合理界定，但学术界仍未形成统一认识。

从历史学视角来看，仪式是人类历史发展的产物，是人类特有的文化现象。在人类历史的长河中，即使各国、各民族、各族裔存在不同的仪式开展形式，但大都经历了从原始社会的宗教性、神秘性仪式到阶级社会以来的世俗性仪式的转变过程。原始社会阶段，人类由于认识自然、改造自然的水平低下，所需物质生产资料多直接取之于自然，生产实践活动受自然灾害、极端天气、自然资源制约程度较大，因而对自然界充满敬畏和崇拜之情。人类对于自然界的感知和态度，所对应的现实表现行为则为仪式。因此，早期社会无论是西方国家还是东方国家，仪式形式大多带有宗教性、神秘性的色彩，多出现并应用于宗教、祭祀、巫术、古典

① 陈国强主编:《简明文化人类学词典》，浙江人民出版社1990年版，第135页。

神话等领域，具体表现为通过祭天大典乞求神灵施雨，通过君权神授的仪式宣告统治权力的绝对性，通过巫术活动驱鬼逐疫等。阶级社会以来，随着生产力的高度发展，人们可以更好地发挥自身的主观能动性认识自然规律并改造自然，仪式也逐步冲破宗教性、神秘性色彩而趋于世俗化，仪式活动开始进入人类的世俗生活之中。而趋于世俗化的仪式也逐步带有政治统治、礼节教化、社会规范、文化传承等功能，具体表现为：在国家层面，仪式成为统治阶级巩固统治、维护社会伦理纲常的手段，统治者借助封禅大典等祭祀仪式强化自身政治统治；在社会层面，仪式表现形式众多，主要通过士相见礼、乡饮酒礼、乡射礼等仪式对民众进行礼节教化，以达到社会安定有序；在个人层面，《礼记》中讲求"冠、昏、丧、祭、朝、聘、乡、射"等八礼，强调仪式背后蕴含的修身养性、道德规范的教化意义。

从人类学视角来看，仪式定义的取向主要来源于古典神话和宗教行为。一方面，人类学家侧重于从仪式的象征性特征来理解仪式，认为仪式是古典神话原始刺激的产物；另一方面，人类学家将仪式纳入宗教行为的范畴，认为"正是通过圣化了的行动——仪式，才产生出'宗教观念是真实的'这样的信念；通过某种仪式形式，动机与情绪及关于存在秩序的一般观念才是相互满足和补充的"[①]。宗教性的仪式具体表现为基督教的礼拜仪式、圣餐仪式，佛教的布施、参拜、朝晚参仪式等。

从社会学视角来看，社会学家认为仪式是一种通过对群体发生作用并被群体内的人们普遍接受的活动和行为。比较早期的社会理论学家涂尔干将仪式视为"具有增强作用的集体情绪和社会整合现象"，社会成员通过共同参与具有象征性、表演性、重复性、文化传承性的仪式活动，加强个体成员在情感和意识层面对社会集体的凝聚力和认同感，从而达到维持社会秩序、维护社会稳定的效果。

从文化学视角来看，美国学家马文·哈里斯认为，仪式是文化的一个组成部分，它的过程表达着丰富的文化内涵，同时，也是某种文化内容的浓缩。仪式本身是一种文化现象，可以通过象征性的文化符号传达文化价值，使社会成员通过参加仪式活动产生对传统文化和当代主流文化的

① 郭于华主编：《仪式与社会变迁》，社会科学文献出版社2000年版，第2页。

认同,形成一种保存民族精神的文化氛围和集体记忆。例如,纪念仪式借助具有纪念意义的文化符号唤醒人们共同的历史记忆和文明追求,节日仪式选取特定时间以特定主题开展的仪式活动,承载着一个民族的风俗习惯和价值观念。

从教育学视角来看,仪式通常是指在一定的场合进行的、主题明确、具有专门规范化程序的活动。仪式以文化为载体,有文化传统所规定的特有的情景与学习方式,在很大程度上满足了青年学生的道德学习需要,为道德内化创造了最有利条件,是一种促使参与者形成某种思想品德的实践活动,具有显著的教育意义。

(二)仪式教育的内涵

借助于对于仪式的教育功能剖析,我们可以对“仪式教育”的概念作出界定。狭义的仪式教育可以理解为具有教育功能的仪式,是指一切以教育为目的,为体现统治阶级的思想观念、社会道德、政治观点和行为规范而实施的有目的、有计划、有组织的仪式活动。与之相对应,广义上的仪式教育泛指一切以教育为目的,为了使人们更好地融入社会生活,树立正确的世界观、人生观和价值观,而在日常生活或者社会中存在的一切程序化、规范化的礼仪、规则和仪式活动等,即行为主体处于庄严神圣又极具感染力的场域,通过富有生命力、凝聚力、感召力的程序和形式,直接体验并接受其价值理念的过程。换言之,仪式教育是教育对象在无意中产生对价值观念的认同,在集体氛围的情境下实现自身行为习惯的升华。广义的仪式教育包括礼仪,不仅具有礼的内容,还有礼的形式。它作为教育的一种有效载体,很多已经融入我们的生活之中,形成了日常行为仪式。

仪式自出现之时,就被教育学家看作是在一定场域内进行的主题明晰、程序规范、内容丰富的教育活动,带有明确的教育目的和教育功能。例如,儒家注重发挥“礼乐”的教化功能,借助士相见礼、乡饮酒礼等仪式教育形式培育民众诚信友爱、长幼尊卑有序的道德行为规范。孙中山先生通过移风易俗、创立节庆等仪式,不仅从形式上革除了封建王朝纲常伦理的陋习,而且从内容上教育民众树立“自由平等”“民主共和”等价值观。但仪式教育绝不是字面上“仪式”与“教育”的简单叠加,只有在仪式教育中融入了社会主义核心价值观的内涵，才能称之为社会主义核心价值观仪式教育。培育和践行社会主义核心价值观，既是仪式教育必要的内容，也是仪式教育追求的目标和存在的价值。当前，虽然有一些仪式承载着一定的爱国主义教育、思想道德教育和行为规范教育内容，但这些更多是传承自传统的仪式教育，还没有结合新时代的现实教育环境，对培育践行社会主义核心价值观的实践要求进行创新建构，高校仪式教育尚未形成完整而有效的体系。仪式要被真正赋予积极的教育意义，就必须将社会主义核心价值观融入仪式的结构性程序中，这构成了新时代大学生社会主义核心价值观仪式教育的原则性要求，是我们理解仪式教育内涵和把握仪式教育功能的关键，也框定了大学生社会主义核心价值观仪式教育的内涵。

（三）大学生社会主义核心价值观仪式教育的内涵

新时代赋予了社会主义核心价值观新的内涵，其核心使命、主要内容和实践要求对创新仪式教育方式方法提出了新的时代要求，大学生社会主义核心价值观仪式教育实践正是对这一新要求的贯彻和执行。为此，要对“新时代培育和践行社会主义核心价值观”“大学生社会主义核心价值观仪式教育”的概念进行明确的界定，梳理其本质内涵，为下一步开展更深入的研究奠定理论基础。

1.新时代培育和践行社会主义核心价值观的内涵

核心使命和主要内容是新时代社会主义核心价值观的基本内涵，但做好社会主义核心价值观教育才是培育和践行社会主义核心价值观的实践要求，只有将仪式教育的目标具体化，内容可视化，工作方法与时俱进、不断创新，使社会主义核心价值观的内容真正“入脑入心”并转化为实际行动，才能称为合格的仪式教育。

在社会主义核心价值观仪式教育实践中，“入脑”是前提，“入心”是根本，“入行”是最终目的，内化于心、外化于行。新时代、新征程，大学生社会主义核心价值观仪式教育必须紧紧围绕推进建设社会主义文化强国的重要战略任务，以习近平总书记关于社会主义核心价值观的重要论述为基本遵循，根据社会的现实存在和要求，结合大学生的思想道德状况和时代特点，在实践过程和理论创新中总结新时代社会主义核心价值观的内涵，这是仪式教育有效性的保证。一方面，关于新时代社会主义核心价值观理论的培育。学习贯彻落实习近平总书记关于社会主义核心价值观内容论述的变化发展，即从国家、社会、个人层面的“三个倡导”到社会主义核心价值观的“二十四个字”，再到社会主义核心价值观与文化自信等相关内容的贯通，对社会主义核心价值观的内涵阐释经历了由浅入深、从基础内容到战略部署的变化，彰显出习近平总书记对新时代社会主义核心价值观的原创性贡献。另一方面，关于新时代社会主义核心价值观的践行。将社会主义核心价值观的内容贯穿于日常教学中，通过学生积极的实践和自主体验达到自律，使学生成长为德才兼备的社会主义建设者和接班人，这些都需要恰当的方法开展实践。新时代的大学生具有全新的特点，传统“说教式”“指令式”的教育管理方式已经丧失了原有的魅力，只有符合学生需求、打动学生心灵、触动学生灵魂的教育方式才能适应新时代的教育要求，才能让学生真学真信真用。

因此，新时代培育和践行社会主义核心价值观是一个系统工程，内含“入脑”到“入心”再到“入行”的过程。新时代做好社会主义核心价值观教育，要更加注重以文化人、以文育人，既重视显性教育，也要重视潜移默化的隐性教育，实现入芝兰之室久而自芳的效果；要更加善于运用新媒体新技术，使社会主义核心价值观的内容“活起来”，能够在线上线下形成共振，增强时代感和吸引力。这就要求我们在工作中要不断创新教育载体，不断构建既符合时代特点又契合大学生需求的教育方式。而仪式教育具有与生俱来的实践性和参与性特质，既迎合了新时代教育方式方法创新的需求，也有助于在仪式中通过浸润、感染、熏陶，满足新时代社会主义核心价值观“入脑、入心、入行”的实践要求，实现更好的育人效果。

2.大学生社会主义核心价值观仪式教育的内涵

伴随新时代社会主义核心价值观仪式教育实践，仪式的特征变得更为显著而简单化，其蕴含的教育内容一部分被强化，终至形成一定的范式，而社会主义核心价值观与仪式结合所产生的“意外”效果，对于我们更好地开展大学生社会主义核心价值观仪式教育具有重要意义，我们将这种教育实践称为“大学生社会主义核心价值观仪式教育”。

大学生社会主义核心价值观仪式教育，是指大学生通过直接参与高校围绕特定主题、按照拟定程序所开展的仪式活动，自觉、自主、自发地产生对社会主义核心价值观的内容、理论、意义的情感归属。近年来，高校十分重视发挥仪式教育在思想引领、文化传承、行为规范、情感认同方面的功能，借助仪式教育手段培育和践行大学生社会主义核心价值观。除了理论灌输、政策调控、思想政治教育、舆论引导等传统教育方式外，这是针对大学生的人才培养目标而采用的主题教育性和情感渗透性兼具的有效方式。党的十八大以来，党中央逐步重视仪式教育在传承中华文明、传播主流价值方面的作用。习近平总书记在《关于培育和践行社会主义核心价值观的意见》中提出："挖掘各种重要节庆日、纪念日蕴藏的丰富教育资源，利用五四、七一、八一、十一等政治性节日，三八、五一、六一等国际性节日，党史国史上重大事件、重要人物纪念日等，举办庄严庄重、内涵丰富的群众性庆祝和纪念活动。利用党和国家成功举办大事、妥善应对难事的时机，因势利导地开展各类教育活动。"[①]随后，习近平在第十八届中央政治局第十三次集体学习时的讲话中指出："要建立和规范一些礼仪制度，组织开展形式多样的纪念庆典活动，传播主流价值，增强人们的认同感和归属感。"[②]这不仅肯定了仪式教育在培育和践行社会主义核心价值观方面的重要作用，而且也为推进大学生社会主义核心价值观仪式教育实践指明了方向。

二、大学生社会主义核心价值观仪式教育的基本特征

属性是人类对于一个对象抽象方面的刻画，是对象的性质与对象之间关系的统称。对照大学生社会主义核心价值观仪式教育的内涵，考察大学生社会主义核心价值观仪式教育的基本特征，我们必须正确处理好仪式教育与大学生社会主义核心价值观教育的关系问题，并在此基础上深入探究大学生社会主义核心价值观仪式教育具备的象征性、集体性、神圣性、程序性特征。

① 中共中央文献研究室编：《十八大以来重要文献选编》(上)，中央文献出版社2014年版，第586页。

② 《习近平谈治国理政》第1卷，外文出版社2018年版，第165页。

（一）仪式教育象征性与大学生获得感的统一

仪式作为意义的象征，具有传递价值观、传承文化的功能。在仪式的整个过程中，表演活动和场景、实物都是表达或表现意义的手段。一个仪式就是一个充满意义的世界，一个用感性手段作为意义符号的象征体系。[①]著名人类学家维克多·特纳曾在《象征之林——恩登布人仪式散论》中，把仪式的象征符号划分为激发情感的“感觉极”和传递内容的“理念极”。仪式的象征性特征，表现为构成仪式的时间、地点、人物、事件、物件、声音、行为都被赋予特定的意义，通过象征符号的“感觉极”激发人们自主了解、学习仪式背后承载的价值观念、理想道德等“理念极”的欲望。

社会主义核心价值观仪式教育的象征性还体现在仪式的政治属性上，仪式本身就具有一定的政治含义与政治功能。众多公共仪式的设计本身就象征着政治符号。在传统社会生活中，即便是民间的仪式，也很难抹去其固有的政治色彩。比如端午节的仪式活动，通过与屈原投江的故事相结合，给端午节赋予了矢志报国的政治意义。再比如最私人化的清明节，其本身是祭奠祖先的家族节日，但又是缅怀先烈、祭奠英灵的节日，与传统中国的家国理念息息相通。当前大学生社会主义核心价值观仪式教育首先就要彰显其政治性，整个仪式的作用、目的就是要培养社会主义建设者和接班人。在校园中我们见到的象征政治性最强的仪式就是升国旗、奏国歌、入团、入党的相关仪式；通过这些仪式，可以培养大学生爱国、爱党、爱社会，认同中国特色社会主义道路，拥护中国共产党的领导、路线、方针和政策。而政治仪式在权威性宣教资源的掌控和行为准则的规范、情感认同的提升及归属感的增强、精神文化的塑造和道德体验的强化等方面作用独特，是高校开展价值观培养与教育的有效载体。[②]因此，我们可以说政治性既是社会主义核心价值观本质属性的体现，也是仪式本身的象征性特点所在。

在大学生社会主义核心价值观仪式教育中，教师不仅要向学生讲清

① 参见薛艺兵：《对仪式现象的人类学解释》（上），《广西民族研究》2003年第2期。

② 参见章剑锋、陈璐婷：《政治仪式视野下的高校社会主义核心价值观培育》，《马克思主义研究》2015年第12期。

楚仪式场域各要素的具体形式，而且要向学生揭示各要素象征和代表的文化内涵和价值观念，让学生在参与仪式活动中完成象征要素与理论内涵的串联，以一种相对成熟或理性的思维来认知对待事物，接近其最根本的存在；人在其中，慢慢地对一种事物由感官触摸而到达认知理解的状态，并形成一种相对完善或理性的自我意识，增添获得感。例如，升旗仪式前，教师需要向学生讲述五星红旗的本义和象征意义，其中“红色”代表革命先烈在革命过程中的浴血奋战，“大五角星”与“四颗小五角星”象征中国共产党领导全国各族人民取得革命胜利，也表达出全国各族人民拥护中国共产党领导的坚定决心。仪式教育的设计与开展，要以教育人和培养人为目标，着力通过仪式的参与，使大学生从感悟解读仪式蕴含的象征符号中，逐步形成正确的思维方式、思想认知和价值立场，并因思想的逐渐成熟和思维的更加理性，不断迈向最成熟的自我和拥有最理性的思维，这即是仪式教育的根本所在。

（二）仪式教育集体性与大学生归属感的统一

两个或两个以上的人聚集在同一场所是仪式组成的基本要素。[①]从参与者角度看，仪式参与者是由若干个在某些方面具有共同点的个体组成的群体，仪式自发生之初就是普天下具有共同信仰的人组成的一个有机整体，即使素未谋面，但是心灵相通。同样，高校仪式活动并不是单独为了个人而特别举办的，而是由管理者、组织者和参与者聚集起来的集体性活动。勒庞在《乌合之众》中提到这样的观点，进入群体的个人，在集体潜意识的机制作用下，心理会产生一种本质性的变化。群体在民族荣誉、前途或者爱国主义信仰激励下，很容易达到“慷慨赴死的地步”[②]。就高校而言，仪式活动的举办也有一定的群体性参与，如宿舍、社团、学院、全校等群体，这种群体性参与除了起到表面上的、主观认同的作用外，对于我国社会主义集体意识和团结协作价值观念也有很强的教化作用。这种链接个体与群体的互动交融模式在学生群体间发生从众和模

---

① 参见[美]兰德尔·柯林斯：《互动仪式链》，林聚任、王鹏、宋丽君译，商务印书馆2009年版，第38页。

② [法]古斯塔夫·勒庞：《乌合之众：大众心理研究》，冯克利译，中央编译出版社2014年版，第16页。

仿行为，自然而然地达到一呼百应的集约效应，从而有效激发群体间潜在的内聚力、向心力。

仪式是群体道德标准的来源，正是集体性仪式教育中的互为主体性和情感力量的强化体验，形成了价值认同。“这种来自社会的情感能量，是一种有信心、有勇气采取行动、大胆无畏的感觉。它是一种富有道德意义的能量；它使每个人感到不仅是好的，而且是高尚的，觉得自己所做的是最重要和最有价值的事情。”[①]为此，我们可以借助仪式教育的集体性引导人们树立正确的“三观”。人们在参与仪式的过程中体认什么是善的、道德的，并在现实中得以转换与践行。最终，社会会因个体“善”的价值积累而达到集体的“善”，同样，当个体带着从集体充分体验的能量去行动时，个体也将会具有强烈的归属感，从而达到塑造与再造共同情感、共同意识的效果。审视当下，面对多种社会思潮的交织碰撞、多元化价值观的激烈交锋、算法推荐时代的网络意识形态风险考验，整个社会需要凝聚思想认知共识、整合统一价值观念。为此，在全社会建构和强化主流价值观念，为社会发展和个体行为提供正确的价值引导，显得极为重要。

大学生社会主义核心价值观仪式教育往往以一种集体参与的形式开展，参与者数量众多，营造出集体性兼具凝聚力量的氛围，通过创设共同体验的场域在参与者间形成紧密的情感纽带，进而激发、加深参与者之间的情感交流和集体意识，将个体整合到集体之中，强化每个参与者的身份认同感。同时，让每个参与者有热情地参与仪式活动，通过学习与借鉴加深参与者对仪式教育内容的印象，增强对理论知识、价值观念的重复感，加强对主题内涵的理解力及认同感。此外，大学生社会主义核心价值观仪式教育的集体性有利于借助榜样力量达到规范言行、提升修养的效果。仪式教育将深奥、抽象、晦涩的价值观念依附于具体可感的人身上，供大学生比照、模仿和自省，使其言行举止不断向仪式塑造的榜样人物靠拢。同样地，仪式教育的集体性像一面“镜子”，可以反射出大学生个体相较集体的不当行为，并通过同辈榜样示范帮助个体更好地融入集体，这对于大学生集体意识的形成、负责任行为的养成无疑起到

① [美]兰德尔·柯林斯：《互动仪式链》，林聚任、王鹏、宋丽君译，商务印书馆2009年版，第76页。

强大的引导作用。例如，新生军训阅兵仪式要求每名学生的动作、节奏、服装、口号整齐划一，让每名学生在参与阅兵仪式的过程中加强品质、纪律、作风、意志上的锤炼，理解集体责任感、集体荣誉感和集体归属感的深刻意蕴。

（三）仪式教育神圣性与大学生体认感的统一

仪式作为意义的象征，“是一种以团体或共同体的身份把人们吸引到一起的神圣典礼”，而文化是人类存在的基本方式。所以仪式从最深层次而言，是一种信仰，当它成为人们的行为准则时，其行为便“神圣化”起来。作为“一种以团体或共同体的身份把人们吸引到一起的神圣典礼”，仪式具有社会整合、思想凝聚的作用。法国社会学家、人类学家爱弥尔·涂尔干指出，仪式首先是社会群体定期重新巩固自身的手段，仪式的功能在于实现“机械的团结”。通过提供共同体验的瞬间，仪式激发、强化或重塑每一个成员的集体意识和集体认同，促其在信仰、情感和意愿上同集体保持高度一致，从而将个体整合到社会全体之中，维持并强化既有的社会秩序。[①]针对宗教仪式，涂尔干指出，真正的宗教信仰是某个特定集体的共同信仰，这个集体不仅宣称效忠于这些信仰，而且还要奉行与这些信仰有关的各种仪式。通过所有集体成员的共同接受，这些仪式完全成为该群体本身的一部分，从而强化该集体的统一性和体认感。借助仪式，每个集体成员都能够感受到他们共同信念的存在，借助这个共同信念，他们可以团结起来。在这个意义上，仪式教育借鉴了宗教仪式的信仰涵化意义。

由于大学生社会主义核心价值观仪式教育是高校开展的主题明确、程序规范的集体性教育活动，从活动场地选取、现场布景设置，到学生着装礼仪、活动秩序安排都有严格要求，因而在仪式程式设计上呈现出严肃性和规范性，为大学生仪式教育增添了神圣性。神圣性、庄严性的仪式教育情境，会让大学生在参与仪式活动中产生强烈的视觉冲击和情感共鸣，自觉、自主地通过自我的内心体验接受蕴含在仪式活动背后的价值观念，进而受到价值观念的影响与教育。此外，大学生社会主义核心

---

① 参见[法]涂尔干：《宗教生活的基本形式》，渠敬东、汲喆译，商务印书馆2017年版，第8—10页。

价值观仪式教育的神圣性凸显了受教育环境的严肃性，用规范的程序设计给人以“不容小觑”的心理预设，有利于规范和约束大学生的日常行为，促使大学生形成符合社会主义核心价值观要求的品性、习惯。例如，在大学生入党宣誓仪式过程中播放《国际歌》《国歌》，从听觉上渲染一种神圣、激扬的氛围，让每一个参与入党宣誓仪式的党员完成思想与感受、理论与行动的双重提升，让党员在参与仪式中将书本中“冰冷”的党史、党建理论内化为“沸腾”的入党热情，外化为“热血”的党建实践。

（四）仪式教育程序性与大学生参与感的统一

如果说仪式教育的神圣性侧重于场域的静态特征，那么仪式教育的程序性则侧重于形式的动态特点。“仪式，从它最初的意义来说，是一种控制混乱的主要方式，尽管它不仅仅是一种方式，通过这种方式把秩序强加于人的行动之上”，“仪式把混乱组成了一个宇宙”。[①]英国人类学家莫里斯·弗里德曼曾指出，中国是一个复杂社会，存在很大程度的社会分化，但在历史上却合多分少，延续了一个统一民族国家的传统，而造成一体化的力量，正是人们的信仰体系或日常仪式，这些仪式形成了一套力量强大的社会秩序，有效地维护了国家与社会的统一。在此意义上，仪式是控制混乱、形成秩序的有效方式。同时，仪式教育强调仪式活动各主体之间的平等性和参与性，注重各主体通过对话平等参与仪式活动。仪式活动形成了一个“公共空间”，其中多重场景和对话在此发生，通过情景对话追忆过去、建构现在、想象未来。正是在参与仪式活动的过程中，人们特定的世界观和价值观在规则化的仪式程序中得到了描述和强化，由此观念得以分享、公共话语得以发生、共同价值得以认同。

大学生社会主义核心价值观仪式教育的程序性也表现为两个方面，即仪式本身的客观性、规范性开展和大学生的主观性、程序性参与。环节性开展的仪式程序为大学生参与提供了心理准备，身处既定的、标准化的仪式程序中，大学生将经历一种强大的人格塑造。尤其当仪式程序与人类生命叙事相契合，破除传统仪式教育那种教师讲授、学生被动接受的单一灌输方式，而是按照大学生的生命叙事，将秩序化、标准化的仪

① 参见周鸿雁：《隐藏的维度：詹姆斯·W.凯瑞仪式传播思想研究》，中国大百科全书出版社2012年版，第88—89页。

式程序渗透到大学生个人生命节点，成为学生成长过程中的阶段性见证，让大学生在参与仪式活动中由衷地接受仪式主题和内涵教育。例如，开学典礼标志着一种身份的转换，即参与者在校长宣布新生典礼开始、教师代表发言、优秀学生代表发言、新生宣誓等秩序化仪式程序中，将脱去高中生稚嫩的身份，获得大学生成熟的身份。这种身份的转换要求参与者以大学生的标准更加严格要求自己，树立正确的三观，时刻规范自身言行，不断提升自身思想道德修养和科技文化素养。当看似繁杂冗长的仪式真正与学生生命叙事相吻合时，不但不会造成仪式内容的相形见绌，而且能够帮助学生尽快适应自己新的生命状态，塑造更为优雅、庄重的人格。然而，当前部分仪式教育出现形式化、程式化现象，就一场仪式的过程来说，往往忽视时间和地点的选择，草率地布置会场，对于仪式的议程更是简单粗暴地加以删减，完全忽视仪式程序的完整性，造成的后果就是难以对参与者起到震撼和感动的效果。因此，程序性是决定社会主义核心价值观仪式教育目标达成的关键属性。

三、大学生社会主义核心价值观仪式教育的类型

仪式教育是一种关系性存在，表现为校内的生生关系、师生关系与校外的家庭关系、社会关系和国家关系等。关系的复杂化孕育了多元化的仪式教育类型。其中，与大学生密切相关的仪式类型有通过型仪式、节日型仪式、纪念型仪式和竞争型仪式。然而，这些仪式活动不是分开进行的，我们要利用校内日常性仪式资源和校外实践性仪式资源，借助传统仪式教育方式和现代网络仪式教育方式优势互补、交叉进行。

（一）通过型仪式

通过型仪式是伴随人所处的不同阶段、不同状态、不同角色而开展的仪式活动，帮助个人适应由一个阶段到另一个阶段的思想心理转变。阿诺尔德·范热内普曾在《过渡礼仪》中指出，从一个群体到另一个群体，从一社会地位到另一地位的过渡被视为现实存在之必然内涵，由此人的一生变成了由一连串有着相似终点和起点的阶段组成，即诞生、社会成熟期、结婚、为人之父、上升到一个更高的社会阶层、职业的专业化，以及

死亡。其中每一件事都伴有仪式，其根本目标相同：使个体能够从一确定境地过渡到另一同样确定的境地。[①]他还在《人生礼仪》一书中指出，任何社会里的个体生活，都是随着其年龄增长而产生变化，“从一个阶段向另一个阶段过渡”[②]的序列，其中的每一个阶段都需要一种承上启下的通过型仪式发挥作用。

大学生社会主义核心价值观通过型仪式有开学典礼、毕业典礼、成人仪式、入党仪式等。大学生在参与通过型仪式活动中宣告与过去不成熟的身份告别，同时转换为更为成熟的身份，进入承担更多责任的阶段。例如，每一个学习阶段的第一次开学和最后的毕业，学校都会花费大量的人力、物力、财力去组织开学典礼和毕业典礼。这两个典礼，一个是宣告学生在这一阶段的开始，一个是宣告这一阶段的结束。在开学和毕业典礼上，学校领导、老师、学长、家长一般都会通过出席和讲话的方式给学生以“成长”的明确指向，讲话的内容都会涉及这一阶段将要成为什么样的人或者毕业后要成为什么样的人，才能符合进一步学习的要求和社会的需要。除此之外，很多学生入党入团仪式就是宣告他将要成为党员或团员，一般会通过宣誓、佩戴特殊标志等方式，给学生以“身份转变”的强烈信号。可见，通过型仪式作为个人身份、阶段转换的标志事件，一方面帮助大学生在思想上和心理上尽快适应新阶段、新变化，另一方面提醒大学生在言行上和实践上更加成熟，承担更多的社会责任。

（二）节日型仪式

节日型仪式是选取特定时间以特定主题开展的风俗性、延续性的社会活动，承载着一个民族的风俗习惯和价值观念。特纳认为，节日庆典仪式可以创造出一个理想的世界，在这一世界中，每个人的欢乐与其他人的欢乐紧紧地联系在一起。[③]在传统中国，节日民俗无论是对国家、社会还是个人来说，都有着深刻影响，这主要表现为它的政治功能与文化功能。一方面，节日民俗作为一种文化资源，对于国家文化建设的影响

---

① 参见[法]阿诺尔德·范热内普：《过渡礼仪》，张举文译，商务印书馆2012年版，第3—4页。

② 转引自彭兆荣：《人类学仪式的理论与实践》，民族出版社2007年版，第182页。

③ 参见[英]维克多·特纳编：《庆典》，方永德等译，上海文艺出版社1993年版，第32页。

是不可忽视的。传统中国礼俗互动的关系促进了礼俗共进。另一方面，节日民俗对社会主义核心价值观的传播亦是至关重要。如春节可以作为“友善”的仪式符号象征，国庆节、建军节、建党节可以作为“爱国”的仪式符号象征等。而对于一个人来说，各种节日民俗更会潜移默化地影响他的价值认同、言行举止、思维方式等方方面面。可见，在传统中国，孕育良好的节日民俗是主流价值理念自上而下推行的重要途径。主流价值理念经过民众在行为上的反复践行，最终内化为他们约定俗成的价值准则。

大学生社会主义核心价值观节日型仪式是大学生通过参与欢快的庆祝型活动，对节日蕴藏的文化传统、民族精神加以理解、认知、交流，达到传递信息、传承文化的效果，同时有利于加强集体凝聚和情感交流，使个体参与者快乐地、轻松地与他人建立友善关系，进而推动仪式活动的开展和增强校园和谐的氛围。大学生社会主义核心价值观节日仪式包括校内的校庆活动，以及校外关于国家法定节庆日的庆祝活动，这些仪式活动带有强烈的欢乐色彩，一般伴随文艺晚会等形式。例如，春节放鞭炮、拜年、贴春联、发红包、看春节联欢晚会，端午节赛龙舟、吃粽子、喝黄酒、挂艾草，中秋节吃月饼、赏月、饮桂花酒等。在这些重复性、周期性开展的传统节日仪式活动中，大学生逐步了解节庆风俗，增强家庭凝聚力和归属感，也为社会主义核心价值观的传播开辟了潜在的道路。

（三）纪念型仪式

纪念型仪式是在重要的历史节点，以重要节日、事件、人物为纪念对象，借助于象征符号和规范的仪式操演来寄托哀思、凝聚人心的活动，以此形成集体性的历史记忆和文明追求。纳什和斯科特曾在《布莱克维尔政治社会学指南》中指出，作为或多或少形式化和标准化的公共节日，在国家的形成过程中起到重要作用，国家的执政者仍然支持着一年一度的将士纪念日、军队游行、国葬、独立日，或者其他表示国家团结的仪式，以此来加强一种集体的国家归属感。[①]与欢快庆祝型的节日仪式不同，纪念型仪式属于严肃铭记型仪式，具有强调政治意识形态宣传、维护社会

① 参见[英]凯特·纳什、阿兰·斯科特主编：《布莱克维尔政治社会学指南》，李雪、吴玉鑫、赵蔚译，浙江人民出版社2007年版，第311页。

安定有序的功能。

高校对大学生进行社会主义核心价值观教育时，纪念型仪式的运用与爱国主义教育的开展是密不可分的。习近平总书记在中共中央政治局第二十九次集体学习时强调："要充分利用我国改革发展的伟大成就、重大历史事件纪念活动、爱国主义教育基地、中华民族传统节庆、国家公祭仪式等来增强人民的爱国主义情怀和意识。"[①]教育工作者在运用纪念型仪式时所纪念的对象主要包括在社会主义发展史和中华民族发展史上作出巨大贡献的人物以及具有标志性的重大历史事件。重要历史人物有马克思、恩格斯、列宁等创立和丰富了马克思主义理论并推动国际共产主义运动的人，李大钊、陈独秀等马克思主义的传播者，孙中山、毛泽东以及其他领导中国革命与建设的革命家。中国共产党的成立、中华人民共和国的成立，都是我国争取国家独立、争取人民解放的主要历史事件。纪念型仪式借助丰富的象征符号，将个人置于独特的仪式场域中，将历史与现实联系起来，用爱国人物的英雄事迹激发参与者的爱国热情，以重大历史事件强化其政治信仰。具体来说，大学生社会主义核心价值观纪念型仪式包括校内的五四、一二·九等仪式活动和校外的南京大屠杀死难者国家公祭日、5·12大地震纪念活动等。高校可以利用校内和校外双重资源，发挥校园场域和红色基地在唤醒参与者共同历史记忆方面的双重功效。同时，除了实地考察红色遗址、参加公祭活动等传统仪式外，还可以借助电视传媒、网络媒体等现代仪式手段，如组织大学生观看抗日战争胜利阅兵仪式，发起毛主席逝世周年纪念网络献花等一系列活动，让大学生通过亲身体验感受重大历史事件、了解伟大英雄人物，自觉弘扬爱国主义精神与民族精神，自觉发扬艰苦奋斗的民族气节，自觉树立社会主义核心价值观念。

（四）竞争型仪式

竞争型仪式是具有竞争性色彩的比赛活动，以此引导人们形成正确的道德品格和规范的行为习惯。大学生竞争型仪式包含两个层面的意蕴：主观上，大学生可以通过参与比赛、竞赛加深对学校比赛规则和纪律条例的认识，更好更快地融入新集体、进入新阶段；客观上，高校通过开

① 习近平：《论党的宣传思想工作》，中央文献出版社2020年版，第178页。

展表彰大会、颁奖典礼等仪式活动，表彰具有崇高精神和价值追求的先进模范，营造启迪心灵的氛围，并通过象征性符号的展示、场景氛围的烘托，释放榜样力量，使大学生在参与过程中受到心灵的启迪，模仿、借鉴并完善自身言行，以实现在文明礼仪教育、社会公德培养、成就动机激发、学校文化传承、自我身份认同和文明习惯养成等方面对学生进行品德、情感和价值观教育。大学生社会主义核心价值观竞争型仪式包括知识竞赛、军训阅兵仪式、校运会的开幕式方队仪式、颁奖典礼、表彰大会等。通过知识竞赛可以强化大学生对仪式事件、仪式主题的了解，更好地达到传播理论知识、价值观念的目的；通过校运会的开幕式方队仪式可以展示大学生整齐划一、积极向上的青春风采，增进个体对新集体的情感认同；通过颁奖典礼可以发挥榜样力量，将宣扬的价值理念附着到榜样人物身上，增强大学生对仪式教育内容的理解力和触摸感。

此外，大学生社会主义核心价值观竞争型仪式还表现为规范惩罚仪式。高校根据一定的规章制度，借助一定的竞争型仪式，对不合格、不达标的学生进行规范与惩罚，使学生意识到自己违反规范的问题，激发学生由外部规范走向内在自觉。大学生社会主义核心价值观仪式教育具有程序性的特点，而程序性主要就体现在规范性和强制性上，其本质就含有规范、权威和合法性等要素。为了达到树立主流价值观、批判错误思想的教育目的，维护特定的社会秩序和政治秩序，规范与惩罚就成为一种必要的手段和途径，普遍存在于古往今来的社会生活中。作为大学生社会主义核心价值观仪式教育的一种，规范惩罚仪式的主要功能就是通过对某种行为确定一种引导性、倾向性的解释，进而使之自然而然在全社会达成基本共识。竞争型仪式教育中的规范惩罚仪式之所以产生，源自国家和社会对社会主义核心价值观教育的本质要求。社会主义核心价值观教育是带有意识形态属性的，在极大程度上以统治阶级的思想为基础，进行人的社会性的铸塑。大学生社会主义核心价值观竞争型仪式将仪式活动的时空限定在大学的场域内，通过学校的规章制度和规范要求，达成烙刻政治与主流价值印记的目的。然而，出于对人权的关注和对学生个体的保护，这类仪式在高校中虽然普遍存在，但越来越淡化、隐性，如组织生活会上的批评与自我批评、会议上的检讨等。

四、大学生社会主义核心价值观仪式教育的构成要素

仪式是仪式符号、仪式主题、仪式主体、仪式场景等要素相互作用构成的有机整体，以及通过范围、程序、步骤、评价、反馈等方面科学化、规范化、程序化建设，形成内部各要素、过程、结构的交互协同和动态平衡格局。厘清仪式的构成要素及其作用机制，对从内部微观构造剖析大学生社会主义核心价值观仪式教育的展演逻辑和功能发挥大有裨益。

（一）仪式符号

符号是用以表征人、物、概念、思想等多种对象的信息传达元素。在仪式中，符号以其视觉的醒目性和信息承载的丰富性等优势得到组织者的青睐，常常被精心布置于仪式现场的显要位置，传递仪式组织者希望公众接收的信息。从宗教仪式开始，器物就已经被人类进行了观念上的加工，是仪式活动必不可少的象征符号。特纳曾说，象征符号是仪式中保存着仪式行为独特属性的最小单位，也是仪式语境中独特结构的基本单位。[①]原始时期人们将某种自然物当作自己的祖先或保护神，这种不再是具体个体的物，即是该民族的“图腾”。原始民众通过信仰代表着共同祖先或保护神的图腾，强化了部落意识、密切了血缘关系、稳定了社会团结。可以说，器物作为一种象征符号，是仪式行为的文化密码，人们借助象征符号融合现实世界和想象世界，把它们变成一个统一的世界，从而也构成一个有统一意识的民族。这些有象征意义的器物在不同学科领域承载着不同的价值意蕴，神学中象征信仰，政治学中象征权力，在大学生社会主义核心价值观仪式教育中又反映着形塑受教育主体的思想意识和行为方式。

革命时期，中国共产党在政治仪式中善于运用和创设丰富的符号样式，把党的政治路线和政治纲领及理想信念转化为一个个生动的人物形象、精练的标语口号或美观的图案标记，实现了对抽象信仰的具象表达。广大人民群众正是通过这些仪式符号了解中国共产党的思想、

---

① 参见[英]维克多·特纳：《象征之林——恩登布人仪式散论》，赵玉燕、欧阳敏、徐洪峰译，商务印书馆2006年版，第19页。

路线、方针、政策,进而萌生和形成自己的政治信仰。1939年年底,援华加拿大共产党员白求恩逝世,中国共产党在延安为其举行隆重的追悼大会,毛泽东写下了《纪念白求恩》,发出了"'学习白求恩同志的国际精神,学习他的牺牲精神,责任心与工作热忱'的伟大号召,号召全体中国共产党党员和抗日军民学习白求恩同志的国际主义精神和共产主义精神"[①]。不久,在白求恩逝世地河北唐县举行了万人追悼大会,把军区模范医院改为白求恩模范医院,军区卫生学校改为白求恩学校,并建立白求恩大夫纪念碑和出版各种纪念册。通过这些极富仪式感的方式,白求恩的国际共产主义精神深深嵌入人们的脑海中,成为铸造政治信仰的精神资源。

在现代仪式教育中,较为常见或常用的符号有领袖或英雄的画像、国旗国徽、党旗党徽、标语口号、纪念碑等,这些具有鲜明政治意蕴的符号,具有强烈的象征意义,为政治信仰的具象化提供易于传播的视觉载体。政治仪式的组织者往往通过对符号政治意义的再编码或推出新的符号,构建起一个庞大且极富感染力的符号象征之林,对人的感官和心灵形成有力的冲击,使身处其中的参与者于不知不觉中认同蕴含其中的政治信息,进而内化于心,生成坚定的政治信仰。党徽党旗是入党仪式中不可或缺的标志性政治符号,在整个仪式进程中都处于在场的状态。《中国共产党章程》规定:"中国共产党的党徽党旗是中国共产党的象征和标志。"[②]对党徽党旗的组成部分、使用规范、政治意涵等作出的细致解释和规定,使得党徽党旗在党内政治活动中极具象征意味,党徽党旗也成为中国共产党入党仪式中实体化、具象化的符号表达。因此,在开展党的组织生活、召开党的重要会议等特定场景中,党徽党旗都会出现并发挥特殊作用。在入党仪式中,仪式参与者往往都会在胸前佩戴党徽,以彰显自己的党员身份。无论是入党仪式参与者还是仪式组织者,无一例外都会佩戴党徽。根据规定,党徽统一佩戴在外衣左胸中间位置,在仪式教育过程中发挥着象征党员身份的政治符号功能,实现了仪式符号的符码连接和意义拓展。"真实服装总包含有叙事性因素,

① 参见《白求恩在中国》,人民出版社1977年版,第1页。

② 《中国共产党章程》,人民出版社2022年版,第33页。

就像每一个功能至少都有其自身的符号一样”[①]，入党仪式教育过程中的党员服饰穿戴也同样具有叙述功能。仪式参与者将党徽佩戴在服饰上，拓展了党徽的象征意义，使其与言语行为规训产生有机关联——佩戴党徽亦即在言行和思想上认同党的主张和纲领。新党员不仅要在思想态度方面与党中央保持高度一致，而且在行动上也要自觉做到“两个维护”。因此，在入党仪式教育过程中佩戴党徽，不仅是履行党员义务的体现，更是表达对中国共产党的认同。仪式参与者佩戴党徽，显示出庄严肃穆、整齐划一的符号象征，强化了仪式教育的情境效果，具有不可替代的作用。除党徽外，党旗是入党仪式教育过程中的另一重要政治符号。党旗是政党的具象化表达，在入党仪式活动中悬挂党旗象征着党对于入党仪式的领导性和在场性。从主体构成来看，党旗为旗面缀有金黄色党徽图案的红旗，象征着中国共产党领导革命、建设、改革奋斗进程和取得的伟大成就。红色的党旗具有高度的指向性，可以激励仪式参与者不忘初心、牢记使命，传承和弘扬革命精神。党旗中的镰刀锤头图案是无产阶级在政党标志性象征符号中的鲜明体现。从党旗的发展历史来看，党旗诞生于民族危亡的革命年代，见证了党领导人民挽救民族危亡、实现民族独立和人民解放的历史进程，承载了党和人民共同的历史记忆。因此，在入党仪式教育过程中展现党旗、国旗、国徽等重要的政治仪式符号，可以唤醒仪式参与者关于党的百年奋斗历程的集体记忆，对于政治立场信念的坚定、社会主义价值观念的传递、情感共鸣的激发、党和国家认同的建构都有重要影响，有助于培养和强化仪式参与者的国家观念和国家意识。

（二）仪式主题

大学生社会主义核心价值观仪式教育的主题要素主要包括仪式教育目标、仪式教育内容等。在开展仪式教育活动时，仪式组织者要围绕核心仪式主体来设定仪式教育目标，在选择与仪式主题相适应的仪式教育内容的基础上，合理地运用仪式符号，从而更好地将仪式教育的核心主题凸显出来。与此同时，仪式教育目标的确定还需要考虑仪式参与者

---

① [法]罗兰·巴特：《流行体系：符号学与服饰符码》，敖军译，上海人民出版社2000年版，第295页。

的教育背景、认知水平和接受能力，结合仪式参与者的实际情况设定有可能实现的仪式教育目标和主题。仪式教育的主题内容是通过具有象征意义的仪式符号来传达给仪式参与者的，因此仪式组织者需要围绕仪式教育目标，将仪式主题内容用丰富多彩的恰当的仪式符号来承载。仪式符号可以是国旗、党旗、党徽等直观的物质实体，也可以是国歌、革命精神等抽象的精神实体，物质实体和精神实体相统一更有助于传递仪式教育的主题内容，推进仪式教育目标的实现。仪式教育活动的开展虽然有特定的时间、地点、场景的限制，但是一旦仪式符号被组织者赋予仪式主题内涵和思想情感，并被仪式参与者接收、感知、体会到，仪式教育的作用效力就不仅仅局限于仪式活动开展的时间、地点、场景；即使离开仪式舞台，曾在仪式活动开展过程中呈现的仪式符号依然能够唤醒仪式参与者在此时此地此景的理论认知和情感认同，仪式教育所传达的价值观念和思想情感依然能够借助仪式符号持续延展。因而，仪式教育的主题内容、目标任务、象征符号是有机联系的整体，只有把这三者有机地结合在一起，才能更好地发挥仪式教育的作用。

当前大学生社会主义核心价值观仪式教育的主题主要包括政治内容指向性、经济内容指向性、文化内容指向性。

其一，政治内容指向性主题仪式是指仪式承载着特定的政治主题内容，大学生可以在此类主题仪式中了解到相关政治理论；多以主流意识形态和主流价值观为主题，围绕重大历史事件和重要历史人物而展开。习近平总书记在全国宣传思想工作会议上指出："中国特色社会主义进入新时代，必须把统一思想、凝聚力量作为宣传思想工作的中心环节。"[①]一方面，社会主义核心价值观是政治指向性主题仪式的价值要求，通过"富强、民主、文明、和谐"价值理念的宣传引导、弘扬传播，对仪式参与者提升政治认同感和归属感、坚定理想信念、培育和践行社会主义核心价值观、激发爱国热情具有重要作用。加之社会主义核心价值观是巩固仪式教育的"阵地"、壮大主流价值观和主流意识形态的"战场"、明确国家和社会治理的"方向盘"、凝聚思想认识共识的"指南针"，使用仪式教育这种潜移默化的隐性教育方式可以达到"随风潜入夜，润

① 《习近平谈治国理政》第3卷，外文出版社2020年版，第311页。

物细无声”的效果。另一方面,革命精神和英雄模范事迹是政治指向性主题仪式的典型内容。通过开展“弘扬革命精神和宣传英雄模范事迹”为主题的仪式活动,唤醒仪式参与者对历史事件、历史人物的共同记忆,始终牢记为党和国家革命、建设、改革作出突出贡献的英雄伟人,不断增强仪式参与者的政治认同感。例如,天津大学在庆祝中国人民抗日战争胜利75周年纪念日依托线上线下开展仪式活动,线下举办升旗仪式、国旗下演讲、集体默哀与宣誓仪式,线上开展网上纪念活动,推进铭史承志主题教育。湘潭大学师生在纪念毛主席诞辰周年仪式上,肃立于南校门毛主席铜像前举行敬献花篮仪式,表达对伟人的崇高敬意和怀念之情。

其二,经济内容指向性主题仪式是指仪式承载着特定的经济内容,具有普遍性和代表性的经济内容指向性主题仪式包括校企合作仪式、捐赠仪式等。2020年9月20日,西安交通大学与华为技术有限公司举行“智能基座”校企合作基地签约仪式,此后双方在联合研发、学生实践教学等方面深度合作,为大学生争取更为优质的社会资源和实践平台提供条件。此外,捐赠仪式在高校仪式活动中也日益常态化,大多来自毕业校友的捐赠,所捐赠之物大多与高校教育建设与发展息息相关。2021年12月28日,北京大学举行87级校友毕业30年回馈母校捐赠仪式,毕业校友筹资设立“北京大学图书馆1987校友捐赠项目”。2015年5月,武汉大学举办万林艺术博物馆开馆仪式,该馆由武大校友陈东升在武汉大学120周年校庆之际出资捐建,增添了武汉大学的人文情怀和文化积累。2014年5月2日,中国矿业大学举办80级校友捐赠孔子像揭幕仪式,有助于丰富和发展校园文化。经济指向性主题仪式虽与大学生群体无直接关系,但对大学生具有很强的心理激励作用,可以促使大学生更加专注于学习,毕业后以优异成绩回馈母校和社会。同时,经济指向性主题仪式展现出学校和社会协同引领、助力大学生成长成才,这也是促使大学生全面发展的重要推动力。

其三,文化内容指向性主题仪式是指仪式承载着特定的文化内容,仪式参与者可以在文化指向性主题仪式教育中习得相关文化知识、厚植传统文化积淀、传承中华文化精神,主要体现在中华民族传统节日开展的仪式活动。春节守岁、清明祭祖等仪式活动内在蕴含着中华民族的传统风俗和价值观念，凝聚着中华民族的民族精神，承载着中华民族的文化血脉。例如，北京大学2021年清明公祭仪式上，全体师生向李大钊雕像鞠躬鲜花，并由学生代表倾情朗诵《青松礼赞》，缅怀革命先辈。上海交通大学2021年清明公祭仪式上，全场肃立默哀，共同缅怀史霄雯、穆汉祥两位烈士，并在仪式过程中开展“学党史、担使命”的主题微党课，通过神圣庄严的仪式情景的渲染与真实可感的现场体验，使原本停留在课本中的抽象历史知识变得具体而生动，中华传统文化内涵变得深刻而厚重，进一步提高了大学生的思想觉悟、道德水平和行动能力，提升了大学生对中华优秀传统文化、革命文化、社会主义先进文化的认知认同，从而坚定了文化自信。与此同时，文化指向性主题仪式在主题选择上与中华优秀传统文化相结合，也要与中华优秀传统节日内含的仪式符号、仪式场景相契合。例如，高校在举办清明节祭扫仪式前，可根据仪式主题内容选择好仪式场景，比如人物纪念碑、烈士陵园、英雄人物雕像等，并设定好仪式程序环节，比如默哀、鞠躬、献花、主题演讲等，以及需要使用的仪式符号，比如花束、着装、音乐等。如此，大学生在参与仪式活动中才更能理解仪式主题内容，清晰明确内含的历史文化传统，感受革命英烈的世界观、义利观、生死观、价值观，感知凝结在中华民族血脉中的文化基因。

新时代社会主义核心价值观仪式教育都有明确的主题，一般借助特定的活动情景，通过符号、物品将活动主题贯穿于整个仪式活动过程，聚焦新时代主题，体现新时代特征，具有鲜明的时代性。具体来说，高校围绕新时代建党百年、新中国成立周年、抗战暨反法西斯战争胜利周年、“五四运动”百年、抗震救灾、中国烈士纪念日、国家公祭、国庆节、清明节、国家宪法日、毛泽东诞辰等一系列重要时间节点，以这些重大活动、事件、节日、人物为对象和契机，打造众多具有时代性的大学生社会主义核心价值观仪式教育主题，举办相应的仪式实践活动。通过象征性仪式符号、规范性仪式程序庆祝缅怀、总结经验、弘扬精神、凝聚共识、赓续血脉、发扬传统，激起大学生的集体记忆，激发大学生的奋斗精神，激扬大学生的爱国情怀。高校开展的这一系列新时代社会主义核心价值观仪式教育主题主要包括：高校举办“以青年之声献礼建党百年”等主题活动，庆祝建党100周年；高校为弘扬“生命至上、举国同心、舍生忘死、尊重科学、命运与共”的伟大抗疫精神，开展“凝心聚力、同心战疫”“同心战疫、强国有我”等主题活动；高校开展“铭记历史，缅怀先烈，珍爱和平，开创未来”主题活动，纪念抗战胜利暨世界反法西斯战争胜利70周年；高校开展“青春心向党，建功新时代”“五四励青春，颂歌献祖国”主题活动，纪念“五四运动”100周年；高校开展“传承红色基因，培育时代新人”主题活动，纪念毛泽东同志诞辰周年；高校开展“踏寻中山足迹，缅怀峥嵘岁月”主题活动，“缅怀中山精神，追逐世纪之梦”；等等。可以看出，新时代高校社会主义核心价值观仪式教育主题与时俱进、内涵丰富、寓意深刻，时刻提醒大学生铭记重大节点、活动、事件、节日、任务等，极大地增强了仪式教育的思想性、针对性和实效性。

（三）仪式主体

每一类仪式活动的开展，都需要仪式主体要素，包括仪式的策划者、组织者、宣传者、参与者等，大学生社会主义核心价值观仪式教育也不例外。在高校社会主义核心价值观仪式活动开展过程中，仪式主体主要分为两大类，一是教育者，二是受教育者。但大学生社会主义核心价值观仪式教育的互动性特征使得教育者和受教育者的身份很难被限制和框定，故按照其所担负的角色进行分类，可将其分为设计者、组织者、参与者、传播者等。大学生社会主义核心价值观仪式教育的设计者能够有目的、有计划地设定仪式活动的目标，确定仪式活动的主题，选择仪式活动的主要内容，安排仪式活动流程，在大学生社会主义核心价值观仪式教育过程中处于主导地位。在许多情况下，大学生社会主义核心价值观仪式教育的组织者也是推行者，承担着管理仪式现场秩序、推广和改进大学生社会主义核心价值观仪式教育的职责。仪式组织者也是参与仪式教育的人，在大学生社会主义核心价值观仪式教育中传达价值理念、教育内容，以自身的言行、举止、情感、态度为仪式参与者作出典型示范，并对仪式教育效果进行反馈。大学生社会主义核心价值观仪式教育的作用发挥建立在仪式组织者和参与者在仪式活动中互动的基础之上，仪式组织者围绕核心主题组织实施仪式活动，通过创设仪式教育情景，引导仪式参与者积极主动地内化仪式教育所蕴含的价值理念，并将理论认知上升为情感认同和自觉行动。

大学生社会主义核心价值观仪式教育是一个外部环境与个体内部环境相互作用的过程，也是一个由初级感性认识上升到高级理性认识的过程。仪式活动总的来说，是多个聚集在一起的仪式参与者，通过有效的情境互动，以情绪情感为连接点和突破口，形成共同关注并共享情感体验的过程。一是仪式情感构建期，这一阶段是宏观仪式情境建设与微观个体心理建设的结合。仪式生成的先决条件就是主体的身体在场。柯林斯在《互动仪式链》中强调，亲身在场使人们更容易察觉他人的信号和身体表现，进入相同的节奏，捕捉他人的姿态和情感，能够发出信号，确认共同关注焦点，从而达到主体间性状态。[①]同样，开展大学生社会主义核心价值观仪式教育，大学生必然要作为仪式教育主体，必然要亲身参与、亲身感知。在这样仪式活动中，社会主义核心价值观教育功能才有发挥的余地。那么，仪式参与者的心理构建必然是仪式活动有效展开的重中之重。通过积极引导和动员，仪式活动的参与者逐步了解仪式活动的目的、内容、流程等关键信息，认识该主题下仪式活动的价值，缓解或消除不良状态，从而做好参与仪式活动的准备。二是仪式情感互动期，这是整个流程发挥功能最关键的一环。基于第一阶段，在仪式活动图片、声音、语言、文字、服饰等象征符号的布局下，首先刺激到个体的感觉感官，这是在潜移默化中自觉发生的；其次，人的想法和感受具有差异性，在主观能动力的调控下，个体能够依据自身情况，选择融入仪式情境的方式和程度，积极主动地感知整个仪式氛围下象征符号所承载的教育意义；最后，仪式主体在互动过程中认识到社会主义核心价值观的理念，通过眼神、表情、动作、对话与仪式活动内部人员进行交流，可能出现观点分歧而减弱教育效果，也可能获得情感共识，有效的刺激传至大脑中枢神经，引发心理活动，继而产生更多的情感体验。三是仪式情感融合期。随着仪式互动的加深，包括语言上、肢体上、思维上的互动，仪式参与者的基本情绪由单一的好奇、快乐、悲伤、紧张、兴奋、焦躁逐渐向复杂情绪转

① 参见[美]兰德尔·柯林斯：《互动仪式链》，林聚任、王鹏、宋丽君译，商务印书馆2009年版，第35—38页。

换。在集体潜意识机制作用下，进入群体的个人，在心理上会产生一种本质性变化。[①]这是低级情感向神圣感、秩序感、认同感、归属感、自豪感、责任感等高级情感的升华。仪式主体在浓厚的仪式氛围下受到感染，情感能量可能被生成，可能被减少，也可能被强化。最终参与主体通过“集体潜意识”的情绪共振和情感共鸣在心理上产生质的变化。四是仪式情感反馈期。大学生社会主义核心价值观仪式活动创设了教育情境，增添了教育内容，强化了参与者的思想认知，获得了群体间共同关注和高度的情感能量。因此，利用高校仪式活动凝聚起来的各种情感能量，必然会在参与者理性思考后通过各种行为释放出来。同时，通过仪式情感和仪式行为反馈得到的结果，才能验证高校社会主义核心价值观教育的功效。

（四）仪式场景

大学生社会主义核心价值观仪式教育是一个包容丰富象征符号的有机系统，具有特殊含义的时间、空间、声音等要素构建起基本活动框架，并将社会主义核心价值观内容加以填充，这些要素在时空中进行排列组合，创设相应的仪式教育情境，从而发挥社会主义核心价值观教育功能。大学生社会主义核心价值观仪式教育的时空要素，是指仪式活动举行的时间与开展的空间。正如恩格斯在《反杜林论》中提道：“一切存在的基本形式是空间和时间，时间以外的存在像空间以外的存在一样，是非常荒诞的事情。”[②]

其一，时间要素。世界上本没有“时间”这一概念，因为人类活动的发展需要创造出了这一抽象概念。类型学上将时间区分为自然时间、社会时间和意义时间。自然时间规定了有生命存在者的存在限度；社会时间是个体或类在单个的或集体的行动中，与单位时间内创造人类所需要价值的过程，意义时间则指无论是在自然的时间框架内自在地存在，还是在社会时间里自为地活动，都是为了创造价值和体验价

① 参见[法]古斯塔夫·勒庞：《乌合之众：大众心理研究》，冯克利译，中央编译出版社2004年版，第21—24页。

② 《马克思恩格斯选集》第3卷，人民出版社2012年版，第428页。

值。[①]换言之，大学生社会主义核心价值观仪式教育首先存在于自然时间格局里，其次因为教育教学的需要，它与特殊时刻、特殊人物、特殊事件相结合，就被赋予特殊含义，最后它在实践过程中依据自然意义上的时间符号传递着更高级的社会意义、文化内涵、价值理念。时间要素对大学生社会主义核心价值观教育功能的发挥主要体现在确定仪式活动的时间和周期性地进行仪式活动方面。举行仪式活动的时间要根据有代表性的特殊事件，在特定的时间内运用仪式载体开展社会主义核心价值观教育，能够提高大学生群体对仪式的重视度，将仪式活动的价值观念内化于心、外化于行，从而达到提高社会主义核心价值观仪式教育效果的目的。为此，高校仪式活动举行的时间、周期、顺序必须合理科学。例如在五四青年节、七一建党节、十一国庆节等为代表的革命性纪念仪式前期，各高校普遍举行演讲比赛、党史宣讲活动以及国庆节主题活动等，用这些小的仪式活动营造了一系列正式仪式活动的氛围，再到宏伟正式的纪念仪式，极大地激发仪式主体的爱国情怀，极大地增强仪式主体对国家的归属感和自豪感。另外，社会主义核心价值观仪式教育是一个长期过程，仪式具有的周期性特点能让这种情感得到周期性的重复强化，从而使仪式主体不断地加深集体记忆，不断地内化社会主义核心价值观内容，不断地巩固仪式教育效果。

其二，空间要素。所谓空间，是指与时间相对的一种物质客观存在形式，由长、宽、高表现出来，与单一线性发展的时间要素相比，它是物体存在、运动的三维立体空间。需要注意的是，仪式空间不单指地理学中的空间位置，还指能承载思想、观念等内容的“文化装置”。人们之间的相互作用是对空间的一种填充，空间因为有了社会交往才变得有意义。仪式空间因为客观物体和人主观意识的有效互动，才使仪式主体自发构建的空间有了存在的意义。高校仪式活动要发挥它的教育功能，不仅要选择举行仪式的空间场域，还要精心设计仪式空间的布局。场域是位置间客观关系的一个网络或一个形构，这些位置是经过客观限定的。这种限定包括内含力量的由社会成员按照特定的逻辑要求共同构建的政治态度、思想文化、道德要求等，也包括给予这些抽象概念

① 参见晏辉：《论马克思的“时间”概念及其人类学意义》，《云南社会科学》2020年第5期。

“生命”的具体存在。在仪式活动空间中，空间要素被用来创设仪式教育情景，以此承载和传递社会主义核心价值观内容，通过仪式活动将社会主义核心价值观的理念潜移默化地呈现给进入仪式活动空间的仪式主体。针对不同类型的仪式教育，选取的空间要素也有所不同。一般来说，国家层面的纪念型仪式开展的空间强调神圣、严肃、庄重，如文化遗址公园、烈士纪念馆、红色革命遗址等。而通过型仪式、节日型仪式开展的空间可以选择较为轻松活跃的场域。值得注意的是，随着媒体技术的颠覆性革新，“虚拟在场”拓展了新的仪式空间场域，互联网为仪式空间的发展创造了新的可能。对于仪式空间的布局，除了要考虑一些仪式要素的摆放和设置，还要通过整个仪式布置的主题和线索，向仪式主体传播一种“神圣的信息”。例如，时至今日圆明园仍然呈现着被八国联军侵略时的历史原貌。总之，这些空间要素让仪式主体在充满仪式感的空间里受到情境的感染，也为仪式教育功能的发挥提供最佳场所。

其三，声音要素。仪式场景除了时空要素的静态组成，也离不开声音要素的加持。声音要素在仪式进程中，不仅能给人们传递出塑造“真实感”的具体信息，还能烘托气氛，提供情绪价值。语言和音乐都属于仪式的声音要素。语言是人类最重要的交际工具，是拓展思维和传递信息的工具。语言是大学生社会主义核心价值观仪式教育过程中的“船”和“桥”，一切“行为”最终都要通过“语言”的“桥梁”进行沟通。仪式组织者开展一场仪式活动，最直接的方式就是用言语行为传递某种价值理念、历史文化以及教育观念。大学生社会主义核心价值观仪式教育的多样类型决定了仪式语言具有不同的风格和功能。例如，政治型仪式，学生在入党仪式中宣读誓词、国旗下发表讲话往往神圣庄严，体现着较强的意识形态导向作用；通过型仪式，学生在开学典礼中多轻松欢乐，对未来充满期待，体现着情感激发作用。此外，不同音色、节奏、类型的音乐作为一种表达情绪的艺术方式，也能促使仪式主体沉浸于仪式氛围之中，刺激仪式主体的感官和心理变化，从而实现情感共鸣，强化仪式的教育目的。如高校仪式活动奏唱国歌的环节，每一句歌词和每一个音符都在唤醒学生的革命记忆，激发学生的爱国热情。

大学生社会主义核心价值观仪式教育场景各要素之间是相互联系、互为支撑的，仪式场景的创设有赖于时间、空间、声音等各要素的综合运用。换句话说，时空、声音要素是大学生社会主义核心价值观仪式教育的支撑要素，决定了仪式教育情景的创设，影响着仪式教育的效果。只有对大学生社会主义核心价值观仪式场景的要素有全面的认知、选择、运用，社会主义核心价值观教育的影响力、传播力、实效性才能得到有效提升。

第二章　大学生社会主义核心价值观仪式教育的理论渊源

"同任何新的学说一样,它必须首先从已有的思想材料出发。"[①]仪式教育作为宣传社会主义核心价值观的重要载体,在教育实践中不断发展,逐渐成为大学生社会主义核心价值观教育的一个崭新突破点。社会主义核心价值观仪式教育不是自发的,而是历史与现实、理论与实践、客观与主观相互作用的产物。鉴于此,大学生社会主义核心价值观仪式教育既需要结合所处时代的政治、经济、文化、思想、社会关系等新形势,也需要吸收借鉴历史上核心价值观仪式教育的优良传统,探寻其深厚的理论基础。相关理论主要有马克思主义经典作家的核心价值观仪式思想、中国共产党人的核心价值观仪式理念、中国传统文化中的核心价值观仪式教育积淀、国外核心价值观仪式教育思想的有关镜鉴。

一、马克思主义经典作家的核心价值观仪式思想

核心价值观仪式教育并非凭空而生,既不是无源之水,也不是无本之木,而是有着广博、深沉、厚重的理论渊源。追溯马克思主义发展史,马克思主义经典作家的核心价值观仪式思想内含的马克思主义意识形态理论、马克思主义认识论、马克思主义人学理论,为新时代社会主义核心价值观仪式教育提供重要的理论依据。

---

① 《马克思恩格斯选集》第3卷,人民出版社2012年版,第391页。

（一）马克思主义意识形态理论

意识形态理论是马克思主义理论的重要组成部分，它是立足于人类进步与发展，不断总结前人研究成果的基础上形成的，批判继承了包括以特拉西为首提出的“意识形态”概念、以康德为代表的批判哲学、黑格尔倡导的精神现象学，以及费尔巴哈宗教异化性的批判思想等优秀理论成果，其标志性成果体现在《德意志意识形态》中。马克思首次运用并系统地论述了“意识形态”的概念，其基本内容主要有以下三点。一是批判唯心主义的虚假的观念体系。虚假的观念体系，一方面指旧的意识形态以“虚假”的方式认识与解释世界，从虚幻的思想观念出发，而不是从客观实际出发，从而割裂了观念与现实的真实关联。另一方面，由于社会历史水平与人的认知能力的限制，一些理论家为了维护自身的集团利益，有意地混淆基本的认知，在很大程度上导致了意识形态的虚假性与欺骗性。对此，马克思指出，人们无法掌握自己理解不了的意识形态，反而会被这种虚假的意识形态奴役。二是意识形态代表统治阶级的利益。“统治阶级的思想在每一时代都是占统治地位的思想。这就是说，一个阶级是社会上占统治地位的物质力量，同时也是社会上占统治地位的精神力量。”[①]意识形态是统治阶级进行统治的工具，是统治阶级根本利益在观念上的表现。三是意识形态的本质是观念上层建筑。观念上层建筑即意识形态。马克思将上层建筑分为“政治上层建筑”与“观念上层建筑”，观念上层建筑是社会现实在人的头脑中的反映。同时，观念上层建筑不是凭空产生的，它随着社会经济的发展而展开，在依赖社会经济关系存在的同时对社会经济发展产生能动作用。以唯物史观为基础的马克思意识形态理论，对于全面理解马克思主义学说、促进经济发展、掌握意识形态领导权都具有重要的理论意义与实践意义。

19世纪40年代中期，马克思、恩格斯形成了科学的世界观和共产主义思想。为了宣传革命思想，1843年，马克思来到法国巴黎并创办《德法年鉴》，通过这个刊物向旧社会宣战，在批判旧世界中发现新世界。《德法年鉴》发表了马克思两篇重要论文，即《论犹太人问题》和《〈黑格尔法哲学批判〉导言》，传播和弘扬了其革命价值思想。马克思通过批判鲍威尔将

① 《马克思恩格斯选集》第1卷，人民出版社2012年版，第178页。

犹太人的解放归结为废除宗教,指出宗教压迫是人的压迫的产物,只有消灭人的压迫,才能消灭宗教压迫,并进一步揭示了只有将哲学的批判与无产阶级革命相统一,才能彻底摧毁资产阶级旧社会,最终实现人类解放。马克思认为"哲学把无产阶级当做自己的物质武器,同样,无产阶级也把哲学当做自己的精神武器;思想的闪电一旦彻底击中这块素朴的人民园地,德国人就会解放成为人"①。随后,为了找出资本主义社会存在的"旧疾",马克思、恩格斯积极参与工人集会,了解资本家剥削工人的程度和工人运动开展的情况,强烈谴责资本主义私有制给人民带来的疾苦、野蛮和道德滑坡,并肯定广大工人阶级的历史作用。其中,工人集会便是仪式活动的雏形,《德法年鉴》作为传统媒介宣传工人集会的革命思想,承担了媒体仪式的作用,初步体现了仪式产生集体记忆、凝聚集体力量的功能。

同时,为了通过一个适当的组织载体将思想传播到群众中,1847年,马克思、恩格斯推动成立了共产主义者同盟,并颁布了其纲领性文件——《共产主义者同盟章程》,规定了盟员的入盟宣誓仪式以及思想纪律要求。马克思通过入盟宣誓仪式,让入盟者用起誓这种严肃的方式,表明其愿意为建立一个强有力的同盟而奋斗,并履行"保守机密""服从同盟决议"的责任。入盟宣誓仪式营造了庄严肃穆的气氛,让盟员自觉接受马克思财产共有的理论和为全人类解放而奋斗终生的思想,自觉将共产主义思想神圣化,将科学社会主义思想作为自己明志力行的前提。马克思主义的创始人通过宣誓仪式实现了理论思想的有效传播。从马克思、恩格斯后来的相关论述中不难发现,同盟的主要目的在于宣传无产阶级的政治思想并进行社会主义宣传、唤醒工人和加强世界主要是欧洲各国之间的联系。②《共产主义者同盟章程》作为世界上第一个无产阶级政党的誓词,内容朴实无华,但意义深远,表达了马克思对解放全人类、实现人的自由而全面发展的崇高理想,并对中国共产党入党誓词的形成产生了深远影响。1921年,中国共产党诞生,党员入党时也要经过入党宣誓仪式,宣读入党誓词。在不同的革命时期,要传播不同的革命思想,共产党人通过入党宣誓仪式将革命思想传递到党员心中,因而形

① 《马克思恩格斯选集》第1卷,人民出版社2012年版,第16页。

② 参见[英]戴维·麦克莱伦:《卡尔·马克思传》,王珍译,中国人民大学出版社2005年版,第146页。

成了不同版本的入党誓词，如大革命时期、土地革命时期强调革命斗争、对党忠诚，抗日战争时期强调做群众的模范、对党有信心，解放战争时期强调坚决执行党的决议，等等。

此外，马克思、恩格斯在同盟中弘扬“自由”“解放”价值思想，将自由看作是人类永恒的价值追求，将解放看作是实现自由的前提，揭露资本主义社会自由的特点是阶级性，资本主义社会的自由只限于统治阶级享有，而工人阶级的自由，无论是劳动价值还是剩余价值都被资本家无情剥夺，毫无自由可言。同时，进一步将压迫阶级的解放与民族解放相统一，指出“任何民族当它还在压迫别的民族时，不能成为自由的民族”，“无产阶级对资产阶级的胜利同时就是一切被压迫民族获得解放的信号”。[①]强调全世界无产者联合起来，并广泛支持被压迫民族进行民族解放运动。随后，马克思为了让自由、解放等价值思想在欧洲得到广泛传播，争取和吸纳更多群众，联合了同盟外围的群众团体，组织开展人们喜闻乐见的仪式活动。例如，马克思联合同盟外围的工人协会、工人联合会、民主协会等团体，组织了歌咏团、体操协会等群众团体，通过开展合唱、体操等活动，将群众聚集起来，不仅丰富了工人群众的生活，更为重要的是将追求自由、争取解放的价值思想潜移默化地传达到群众中，并将对革命有利的人民群众吸纳到同盟中。1848年年初，欧洲越来越多国家的人民接受了马克思、恩格斯的科学社会主义思想，加入了共产主义者同盟组织，壮大了革命队伍。在中国，马克思联合同盟外围群众团体、开展群众仪式活动的做法，对中国共产党在民主革命时期传播价值思想、吸引群众参与起到重要借鉴作用。中国共产党在土地革命时期联合左翼文化团体如音联、剧联等，开展形式多样的仪式活动，譬如组织文工团教唱革命歌曲、表演革命实景舞台剧等，吸引群众参与，广受群众欢迎，增强了革命力量。

（二）马克思主义认识论

马克思主义认识论将认识的本质看作主体在实践基础上对客体的能动反映。这种能动反映不但具有反映客体内容的反映性特征，而且具有实践所追求的主体能动的、创造性的特征。一方面，认识的反映特性是人类认识的基本规定性，指的是人的认识必然要以客观事物为原型和

① 参见《马克思恩格斯全集》第4卷，人民出版社1958年版，第409—410页。

摹本,在思维中再现或摹写客观事物的状态、属性和本质。另一方面,认识的能动反映具有创造性。认识是一种在思维中的能动的、创造性的活动,而不是主观对客观对象简单、直接的描摹或照镜子式的原物映现。认识的反映特性和创造特性之间是不可分割的关系。只坚持认识的反映性,看不到认识能动的创造性,就重复走上了旧唯物主义直观反映论的错误之路;相反,只坚持认识能动的创造性,使创造性脱离反映论的前提,就会把创造变成主观随意,从而滑向唯心主义和不可知论。

按照马克思主义认识论的划分,"认识"可以分为感性认识和理性认识。感性思维与感性认识相对应,是认识发生的必要条件。感性思维生动且丰富,是人在实践活动中产生于感官的对外界事物的直观认识。感性思维具有感觉、知觉、表象三种形式:感觉是对刺激的觉察,是整个认识的起点;知觉是在感觉的基础上将感觉信息组成有意义的对象,即在已有的知识经验的参与下把握刺激的意义;表象是对感觉和知觉的回忆或重组,经过加工改造而形成新的形象。[①]毛泽东在著名的《实践论》中专门就"认识"的两个阶段作了明确的阐述:"认识的过程,第一步,是开始接触外界事情,属于感觉的阶段。第二步,是综合感觉的材料加以整理和改造,属于概念、判断和推理的阶段。"[②]只有拥有相当丰富、合于实际的感觉,才有可能形成正确的概念和推理。"能动反映论"有两个突出的特点:一是把实践的观点引入认识论;二是把辩证法应用于反映论考察认识的发展过程,把认识看成一个由不知到知、由浅入深的充满矛盾的能动的过程,全面地揭示了认识过程的辩证性质。可见,在多种因素共同作用的人的认识过程中,仪式功不可没,多种机能在它的作用下协同配合,进而使各种认知融会贯通。在仪式教育的过程中,必然涉及运用象征性符号和手段,经由此,人们的认识之物范围更广,认识亦得以更加丰富,所形成的认识也会更加清晰,在大脑中保存的时间相对更加持久。由此可见,感性认识到理性认识需要仪式教育等载体建构,仪式化促成建构能力的生成,也让表象成为感性思维的最高形式。

感性思维虽然是思维方式的初级阶段,却是认识达成的首要条件,

---

① 参见易刚:《社会主义核心价值观大众认同机理研究》,西南交通大学博士学位论文,2017年,第47—48页。

② 《毛泽东选集》第1卷,人民出版社1991年版,第290页。

认同首先是从感性思维阶段开始的，感性思维为社会主义核心价值观认同提供了前提保障，它对社会主义核心价值观认同具有重要价值。尽管如此，感性思维仍具有片面性、盲目性和自发性等缺陷，进一步上升到理性思维是其发展趋势。经验论认为，一切真知必然起源于感觉经验，感觉经验是认识唯一可靠的来源，只有我们能够感觉到的内容，才能形成我们的知识。经验论忽视理性思维的作用，感觉被看成了唯一的实在，这种极大地认可感觉在知识形成过程中的重要作用的态度，恰恰是充分重视人在认识形成过程中的决定性因素的表现。马克思写就《关于费尔巴哈的提纲》，目的在于批判费尔巴哈及其他旧唯物主义的直观性和不彻底性，认为他们的主要缺点为"对对象、现实、感性，只是从客体的或者直观的形式去理解，而不是把它们当做感性的人的活动，当做实践去理解，不是从主体方面去理解"[①]。马克思意在强调实践活动对认识的重要意义以及实践在检验认识真理性中的决定作用。毛泽东所著《实践论》，取副标题为"论认识和实践的关系——知和行的关系"，可见其汲取了中国古代朴素辩证法的思想，带有明显的中国传统哲学气息。中国哲学始终探讨的重要问题即知与行的关系，毛泽东将中国实践观的"知行合一"与马克思主义实践观相结合，即是将中国传统的只关乎个人的"行"进行符合中国实际的改造，成为主观见之于客观、一切生产活动的基础"实践"，形成了具有时代气息的现代知行观，从而赋予了马克思主义哲学以中国特色，更容易使人民群众加以理解掌握。在说明感性认识到理性认识的发展过程时，用"外面人来延安考察"，先看到延安的地理特征，经过一段时间的了解而得出结论来说明这样的过程。[②]感性认识与理性认识都是认识的结果，是已经形成了的认识，不是割裂的两种认识的形态，而是相互依存，在日常生活中相交织、相渗透。

认识过程中的理性因素和感性因素，不是认识的结果，是认识过程中起作用的因素。其中理性因素指人的理性直观、理性思维等能力，有指导、解释、预见的作用；而感性因素指人的情感、意志，包括动机、欲望、信念、信仰、习惯、本能等，具有激活、驱动、控制作用。理性认识当中完全可以有感性因素起作用。有效使用仪式化方式方法能够最大程度激

---

① 《马克思恩格斯选集》第1卷，人民出版社2012年版，第133页。

② 参见《毛泽东选集》第1卷，人民出版社1991年版，第285页。

活感性因素，对形成人的认识具有激活与推动的作用。这就是社会主义核心价值观仪式教育的理论依据。从马克思主义认识论角度理解高校仪式活动，它是由一定的物质存在所构成，由高校师生共同参与的一种特殊文化活动，因此高校仪式活动的“形貌”决定了所表达的意识、观念和想法。同时，高校仪式活动属于校园文化产物，它能构成一种精神现象，因此高校仪式活动所承载的意识、观念和想法又能在一定程度反作用于高校师生。另外，高校仪式活动衍生于仪式，本身同仪式一样具有天然的教育功能，但其功能仍然要在人的头脑中进行改造。正如毛泽东所讲，客观事物是从人脑的感性认识开始，“这种感性认识的材料积累多了，就会产生一个飞跃，变成了理性认识，这就是思想”[①]。所以，高校仪式活动发展至今，正是人们不断实践积累，才由感性认识逐步上升为理性认识，从而达到社会主义核心价值观教育的目的。

（三）马克思主义人学理论

“人的本质不是单个人所固有的抽象物，在其现实性上，它是一切社会关系的总和。”[②]这意味着个体不是孤立存在的，在物质资料生产实践的过程中人与人发生交往，产生了各种社会关系。这些社会关系中除了生产关系以外，还包括思想上、政治上等方方面面的关系。人们在生产实践活动过程中通过相互作用形成的社会关系需要以一定的载体为中介，而社会主义核心价值观教育是对大学生产生影响的实践活动，也需要借助一定的载体来实现教育目的，仪式正是高校教育者为实现一定的教育目的而采用的特殊载体，作为桥梁联结着教育者与受教育者。如果要借助仪式载体来提升社会主义核心价值观教育的实效性，那么就必须确保受教育者真正将社会主义核心价值观内容内化于心、外化于行。为此，对大学生社会主义核心价值观仪式教育的研究离不开对受教育者本身的把握，也就是说离不开对“人的本质”的把握。社会主义核心价值观仪式教育只有符合受教育者的需求才能达到预期效果。与此同时，对大学生社会主义核心价值观仪式教育的研究，也需要深入具体的应用实践，以大学生社会主义核心价值观仪式教育的每一个环节为基础，对其

① 《毛泽东文集》第8卷，人民出版社1999年版，第320页。

② 《马克思恩格斯选集》第1卷，人民出版社2012年版，第135页。

中各要素之间的相互作用进行研究。

习近平总书记在新时代新征程的背景下提出“培养德智体美劳全面发展的社会主义建设者和接班人”①,作为新时代人才培养的战略目标,这既是适应时代发展的需要,也继承和发展了马克思主义关于“人的全面发展”理论。马克思主义把人的自由而全面的发展作为不懈追求的最高价值目标,“在那里,每个人的自由发展是一切人的自由发展的条件”②。个人全面而自由的发展,包括人的需要的全面发展、人的活动和能力的全面发展、人的个性的全面发展以及人的社会关系的全面发展。第一,人与动物都有自己的生存需求,但在满足最基本需要之后会产生新的需要,这些需要影响着人的生存状态,人在不断满足需要的过程中才能实现全面发展。第二,随着社会实践活动的不断丰富,人们为了适应更复杂的实践活动,必须全面发展自己的能力,展现自己的本质力量。第三,人具有追求自由个性的特征,个性的发展与自由的程度有着不可分割的联系。人越是自由,个性的发展就越是充分。第四,人必须拥有全面而丰富的社会关系,才能充分发挥和运用自己的能力,才能实现全面发展。综上,高校教育者在实施社会主义核心价值观仪式教育的过程中,应积极借鉴马克思主义关于人的全面发展的思想,为大学生提供平等参与集体化仪式活动的机会,满足他们多样化的需要,使他们能够充分地借助大学生社会主义核心价值观仪式教育,树立正确的三观,以实现自身的全面发展,并将个人发展与社会发展相联系。

二、中国共产党人的核心价值观仪式理念

社会主义核心价值观是我国社会主义革命、建设、改革的伟大产物,中国共产党的几代领导人立足世情、国情、党情,对如何弘扬和践行社会主义核心价值观进行了有益的探索,为核心价值观仪式教育提供了直接理论准备和铺垫。

(一)新民主主义革命时期党的纪念仪式活动的丰富实践

中国共产党在新民主主义革命时期筹划开展的纪念仪式活动,为中

① 《习近平谈治国理政》第3卷,外文出版社2020年版,第328页。

② 《马克思恩格斯选集》第1卷,人民出版社2012年版,第422页。

华人民共和国成立以后中国共产党开展节日纪念仪式教育积累了丰富的实践经验。早在建党前夕，中国共产党的主要领导人就已开展文本纪念与会议纪念活动，"围绕纪念日、节日展开宣传。魏金斯基来华组织的第一个公开活动是1920年的五一节纪念活动……《新青年》出版'劳动节纪念号'，刊登了李大钊的〈'五一'May Day运动史〉等文章，发表了〈俄罗斯苏维埃联邦共和国劳动法典〉等文献"[①]，为宣传马克思列宁主义思想提供重要途径，只是从方式来看，纪念还不够系统化、多样化。直到建党之初，共产国际来华具体指导与组织了"五一"劳动节、十月革命、"五五"等纪念活动，全面、细致地为中国共产党开展纪念活动提供了方案支持。随后，二七惨案、五卅惨案的爆发，激起公愤，中国共产党一方面"为工人烈士设立专门纪念日，进行周期性纪念"，另一方面强调"各地方不应忽略利用每个群众集合会，实行广大的宣传和鼓动工作"。[②]这为各地广泛召开有规模、有组织、有计划的群众大会提供了参照范本和理论指导。自此，群众大会作为中国共产党发动、教育群众的有效仪式方式，有效地宣传了党的革命精神和价值思想。1932年3月，《关于红军陕甘游击队的决议》提出："游击队所到的区域，必须召集群众大会，说明红军苏维埃是什么，苏维埃政纲是什么，红军游击队的纲领是什么，中国苏维埃发展状况等，给群众清楚的解释，使群众能够为苏维埃政权而斗争。"[③]召开群众大会的目的在于争取群众加入革命，教育群众接受革命精神和共产党人的价值理念，而不是娱乐大众。具体来说，群众大会召开之前，需要计划会议宣传的口号、标语、传单、画报、主题，让群众更好地了解会议精神，积极地参与其中；在会议进行过程中，要留意会场的布置、群众的反应、会议的程式，让群众在共产党代表、共青团代表、红军代表等的演讲中深受触动，让群众在文工团、童子团唱响国际歌、革命红歌中深受鼓舞，让群众在赠旗、赠纪念品的仪式中感受团结的力量。农民群众占全国人口的比例最高，发动

① 田子渝等：《马克思主义在中国初期传播史（1918—1922）》，学习出版社2012年版，第283页。

② 参见中央档案馆编：《中共中央文件选集》第1册，中共中央党校出版社1989年版，第378页。

③ 中共陕西省委党史研究室、中共甘肃省委党史研究室编：《陕甘边革命根据地》，中共党史出版社1997年版，第38页。

农民群众参与和获得农民群众支持是革命胜利的根本保障,而农民自身具有一定的局限性,长期受到压迫,缺乏革命性、进步性。中国共产党就是通过重复、长期召开群众大会,让农民群众在热烈的集体氛围中找到身份认同和情感归属,使革命精神和共产党人的价值理念不断渗透到他们的头脑中,最终使农民转化为支持、宣传、参与革命的主力军和生力军。群众大会成为民主革命时期共产党与人民群众密切联系的工作方式,在一定程度上成为中国共产党领导下国家仪式的萌芽。

延安时期是中国共产党走向成熟的重要历史阶段,也是仪式教育推陈出新、运用较多的时期。以毛泽东同志为主要代表的中国共产党人将传统仪式与现实政治有机结合,根据当时形势的需要频频举行各种具有浓重政治色彩的仪式,如纪念大会、庆祝大会、表彰大会、成立大会、群众游行、开学典礼、授勋仪式、追悼大会等。据统计,这一时期,仅以中共中央名义举办或有中央主要领导人参加的重要政治仪式至少有121例,平均每年约9例(见表2-1)。

表2-1　延安时期中国共产党重要政治仪式数量分布[①]

年份	1935年	1936年	1937年	1938年	1939年	1940年	1941年
数量	2	5	13	15	12	14	6
代表事例	中央和中央红军到达陕北欢迎大会(11月2日)	刘志丹追悼大会(4月24日)	民族始祖轩辕黄帝公祭仪式(4月5日)	延安反侵略大会(2月11日)	纪念五一劳动节大会(5月1日)	成吉思汗夏季公祭仪式(7月24日)	纪念中国共产党成立20周年干部大会(6月29日)
年份	1942年	1943年	1944年	1945年	1946年	1947年	1948年
数量	9	8	9	12	11	5	0
代表事例	在华日本共产主义者同盟成立大会(6月23日)	庆祝"双十"节大会(10月12日)	庆祝联合国日及保卫西北动员大会(6月14日)	中国革命烈士死难者追悼大会(6月11日)	"四八"烈士追悼大会(4月19日)	保卫延安动员大会(3月8日)	/

① 本表根据中央文献出版社2016年出版的《中共中央在延安十三年史》整理而成。

就形式而言，延安时期的政治仪式有些是继承建党以后业已形成的传统方式。比如，建党初期就形成惯例的五一劳动节游行活动，在延安时期中共中央依然把它作为展示“中国人民团结”和“检阅中国人民抗日救国的力量”的重要仪式，每年隆重进行；兴盛于土地革命战争时期的十月革命纪念仪式，在延安时期也经常举行，如1943年11月，中共中央在延安举行庆祝十月革命26周年晚会，千余名各级干部参加，毛泽东出席庆祝晚会并发表讲话，号召全国军民坚决抵制内战和投降倾向；此外，延安时期举行的恩格斯、列宁诞辰纪念活动以及烈士祭奠仪式、追悼大会等，都是对以往在革命实践中发挥了积极作用的政治仪式的传承。延安时期的政治仪式，还有一些是在继承传统的基础上根据党的现实政治需要进行改进，赋予其新的内涵。比如，始于1922年的马克思诞辰纪念大会在延安时期依然受到高度重视，每年定期举行；1940年3月，中共中央发布《关于在职干部教育的指示》，结合干部教育的需要，“决定五月五日马克思生日为学习节，总结每年的经验并举行奖励”①，将纪念马克思诞辰这一传统仪式与学习马克思主义理论、总结工作实践经验相结合，使这一传统政治仪式具有了更丰富的内容。可以看出，延安时期中国共产党注重发挥政治仪式在传播、铸造和坚定政治信仰中的作用，将共产主义理想、坚决抗日、统一战线、民族团结、民主建国等理想信念和政治主张铭刻进党员及根据地人民群众的心中，在实践中取得了显著成效，为后人提供了运用仪式铸造政治信仰的宝贵历史经验，对实现中华民族伟大复兴的事业获得强大的精神动力具有重要的现实意义。

（二）社会主义革命和建设时期党对国家政治仪式的全面领导

社会主义革命和建设时期，中国共产党由领导革命的党转变为领导社会主义革命和建设的党，但意识形态领域的思想斗争依然严峻。中国共产党为巩固新生政权，凝聚思想共识，在全国范围内确立马克思主义意识形态的指导地位，创设了具有爱国教育意义的政治语境，以政治性仪式为主导，以主流意识形态为主题；党和国家通过构建会议、典礼、纪念日、节庆日、新闻报道等仪式场景，积极开展党史纪念日、抗美援朝、

① 中共中央文献研究室、中央档案馆编：《建党以来重要文献选编》第17册，中央文献出版社2011年版，第224页。

“三反”“五反”运动、劳模表彰、农业合作化、马克思主义经典作家生辰忌日等仪式活动，塑造典型人物符号和集体记忆，激发人民群众的国家意识和爱国热情。毛泽东更是借助各种纪念仪式活动，通过发表文章、通电、演讲、社论等方式诠释社会主义思想，表达政治观念，协调国际关系。

中国共产党紧紧围绕恢复和发展国民经济、土地改革、抗美援朝、社会主义建设与改造等中心工作，提出了许多构建和传播主流意识形态的政策与方法。其中，行之有效的一个方法就是将节日纪念仪式贯穿于各项政治运动之中，最大限度地发挥节日文化与纪念文化的宣传功能与育人功能。为了更加突出节日与纪念活动的政治主题，中华人民共和国成立初期，中国共产党还创设了“翻身做主”“保家卫国”“跟着党走”这三种政治语境，并以此为纪念仪式主题，分别赋予节日、纪念仪式活动以“主人翁”“阶级友爱”“阶级联盟”“英雄主义”“爱国主义”等主流意识形态的意蕴与价值，展演了多元化的纪念仪式活动，不仅多维度地唤起了人民群众的革命情感与民族记忆，更使其在接受仪式规训、政治教育、文化熏陶的过程中逐步树立了主人翁意识、集体意识与爱国主义等主流价值观念，从而为中国共产党构建广泛的政治认同奠定了思想前提和情感基础。

中华人民共和国成立初期，党在全国范围内开展“三反”“五反”运动，反对贪污、浪费、官僚主义和资产阶级等错误思想；开展“抗美援朝”爱国主义和国际主义宣传，消除部分民众亲美、崇美、恐美心理；开展以“增产节约”“互助合作”为中心的劳动竞赛，向全国人民宣传“恢复发展国民经济”的政策主张。

第一，以“抗美援朝、保家卫国”为主题的政治仪式。20世纪50年代，为了配合“抗美援朝、保家卫国”为主题的宣传活动，中共中央发出多项关于典型宣传工作的指示。中共中央下发《关于检查和督促建立宣传网工作的指示》，“以求在目前的普及深入宣传抗美援朝、肃清反革命、加强城市工作和工人工作，以及准备‘五一’全国城乡大示威等项工作中，把宣传员报告员的工作有重点地建立起来，然后按照情况逐步普遍发展”[①]。与此同时，中共中央发布《关于开展抗美援朝宣传的指示》，规定“县以上各级党委宣传部应按时召集宣传会议，编印宣传资料，指定支部

① 中央宣传部办公厅编：《党的宣传工作文件选编（1949—1966）》，中共中央党校出版社1994年版，第79页。

中有能力的党员担任宣传员，给以训练和经常指示，并通令全体党团员和干部人人负责向群众作宣传”[①]。为鼓动广大人民群众参与抗美援朝及各项政治运动，1950年10月，中共中央发布《关于在全国进行时事宣传的指示》，针对当时美军侵朝对我国独立主权和和平建设环境造成威胁的情况，“为了使全体人民正确地认识当前形势，确立胜利信心，消灭恐美心理，各地应即展开关于目前时事的宣传运动”[②]，同时要求宣传工作注意保守国家机密、宣传用词正面积极、侧重报道反美侵略和加强国防的评论等。1950年11月，中共中央在《关于报道抗美援朝保家卫国运动内容的指示》中指出：“以具体事实和群众的切身经验，揭露美帝国主义的罪恶。为此必须深入群众采写典型人物与典型事实。”[③]《关于抗美援朝保家卫国运动的报道应注意问题的指示》指出：“应着重介绍好的宣传文字、宣传方法和经验，如发动群众控诉美帝暴行，约请民主人士、学者、教授讲演，由留美学生现身说法，劳动英雄在群众中作通俗的鼓动等，证明都是好的方法。”[④]根据党中央的指示和部署，围绕“抗美援朝、保家卫国”主题，相关部门组织构建了以战斗英雄为符号的多种仪式场景。其一，话剧《英雄儿女》、诗歌《光荣归于你们》、影片《人民的战士》、歌曲以及各种战斗英雄报告会、纪念会、追悼会等仪式场景，塑造了抗美援朝英雄形象，鼓舞志愿军战士奋勇杀敌，激发全国人民誓与美国侵略者斗争到底的爱国情感。其二，授予战斗英雄荣誉称号的仪式场景，如中国人民志愿军某部第三连第四班先后荣获“战斗模范班”“练兵模范班”“抗美援朝模范班”的光荣称号[⑤]；17位中国战斗英雄和人民功臣荣膺朝鲜民主主义人民共和国勋章和奖章[⑥]；罗盛教同志被追认为模范团员并追授

① 中央宣传部办公厅编：《党的宣传工作文件选编（1949—1966）》，中共中央党校出版社1994年版，第64页。

② 中共中央宣传部办公厅、中央档案馆编研部编：《中国共产党宣传工作文献选编（1949—1956）》，学习出版社1996年版，第139页。

③ 中共中央宣传部办公厅、中央档案馆编研部编：《中国共产党宣传工作文献选编（1949—1956）》，学习出版社1996年版，第152页。

④ 中共中央宣传部办公厅、中央档案馆编研部编：《中国共产党宣传工作文献选编（1949—1956）》，学习出版社1996年版，第154页。

⑤ 参见《中国人民志愿军某部一个模范共产党小组》，《人民日报》1951年7月13日。

⑥ 参见《荣获朝鲜勋章和奖章的志愿军英雄们英勇事迹介绍》，《人民日报》1951年11月2日。

奖状[①];志愿军铁道部队某部第一连杨连第副连长被追认为一级人民英雄,他生前所在的连队命名为“杨连第连”[②];朝鲜最高人民会议常任委员会授予中国人民志愿军的9353位各级战斗英雄、工作模范以特等、一等人民功臣称号,并委托中国人民志愿军领导机关向二等人民功臣的代表颁发军功奖章等[③]。其三,《人民日报》通过大规模报道呈现了学习或纪念战斗英雄的仪式场景,如《荣获朝鲜勋章和奖章的志愿军英雄们英勇事迹介绍》《湖南新化县人民集会隆重追悼罗盛教烈士》《向为保卫和平而战斗的英雄们致敬》《创造新的胜利,回答祖国人民的热爱中国人民志愿军空军战斗英雄张积慧广播词》。其四,用战争文学塑造的仪式场景和人物符号,使人民群众在跌宕起伏的故事情节和充满情感的细节描写中形成政治共识。

第二,以纪念马克思主义经典作家为符号的纪念仪式。马克思主义宣传教育中的政治仪式场景跨越了时空界限,作为党为了深入宣传马克思主义理论,探索出的生活化制度化教育的宣传形式。新中国成立初期,党在不同阶级群体中发动了马克思列宁主义理论宣传教育活动。1951年2月,中共中央发布了《关于健全各级党委宣传机构和加强党的宣传教育工作的指示》,规定各级党委宣传部的职能首先是“领导或推广马克思列宁主义——毛泽东思想的宣传(包括爱国主义的宣传),领导或推广对于反马克思主义思想的批判。领导各级在职干部(包括党员及自愿参加的非党员)的政治和理论的学习。审查指导各级党校党训班的训练计划和课程教材。组织党内外的理论工作人员的活动。管理政治理论教育的课本及其他读物的编审”[④]。其中,对党员的理论宣传教育来说,“党在学习问题上的任务,就是彻底纠正任何忽视理论的经验主义的危险倾向,就是领导全体党员在统一的制度下无例外地和不间断地进行

① 参见《中国新民主主义青年团中央委员会决定追认罗盛教烈士为模范青年团员、追授奖状并将他的英勇事迹编印成册教育团员和青年》,《人民日报》1952年4月6日。

② 参见《中国人民志愿军司令部和政治部通令追认杨连第烈士为一级人民英雄》,《人民日报》1952年6月21日。

③ 参见《朝鲜民主主义人民共和国政府向志愿军英雄模范颁授勋章奖章》,《人民日报》1952年6月29日。

④ 中央档案馆、中共中央文献研究室编:《中共中央文件选集》第5册,人民出版社2013年版,第199页。

马克思列宁主义——毛泽东思想的有系统的学习、以便逐步地造成全党的理论高涨”[1]。针对农民阶级，党进行了五次主题理论教育，在符合农民特点的冬学教育运动中潜移默化地宣传马克思主义理论。对工人阶级的理论宣传教育，由于中国革命的特殊性，党对工人的教育多着重于政策，“对于唯物史观的教育忽视了，对于无产阶级世界观的宣传不够”。因此，不管是职员、工人，均应加以教育，“着重讲马列主义的基本观点（唯物史观，劳动创造世界，剩余价值，阶级斗争）及中国革命基本问题”。[2]对知识分子阶层的理论宣传教育，1951年11月，中国民主同盟在全国组织宣传工作会议上提出知识分子也要有系统地认真地学习马克思列宁主义以及马克思列宁主义与中国革命的实践相结合的毛泽东思想，用马列主义、毛泽东思想把自己武装起来。[3]对青年群体的理论宣传教育，1953年6月，刘少奇在对新民主主义青年团的祝词中对广大青年的理论学习提出要求。他指出，青年“作为党的助手和后备军”，“要努力学习马克思列宁主义，提高自己的共产主义的觉悟程度”。[4]据统计，当时大、中、小学教师及机关干部参加学习的人数近100万，青年学生在100万以上，工人参加业余学习的有70多万，农民参加冬学的在1949年年底就达到1200多万人。[5]这样广泛发动的马克思列宁主义理论宣传教育运动，有助于提升广大人民群众的思想觉悟和理论水平，为新中国成立初期党的宣传工作奠定了组织基础和群众基础。与此同时，为了满足党开展马克思列宁主义理论宣传教育的需要，中共中央分别成立了马克思、恩格斯、列宁、斯大林编译局和《毛泽东选集》出版委员会，组织编译了多种马克思主义经典著作及学习教材。据不完全统计，从1949年到1953年，出版马克思、恩格斯著作近50种，列宁著作近60种，斯大林著作

---

① 中央宣传部办公厅编：《党的宣传工作文件选编（1949—1966）》，中共中央党校出版社1994年版，第74页。

② 参见《刘少奇选集》（上卷），人民出版社1981年版，第423页。

③ 参见中共中央党校中共党史教研室编：《中国民主党派史文献续编（社会主义时期）》，中共党史出版社1986年版，第132—133页。

④ 《刘少奇选集》（下卷），人民出版社1985年版，第115页。

⑤ 参见彭继红：《中国共产党意识形态工作研究（1949—2009）》，湖南大学出版社2011年版，第25页。

约60种。[①]为提升党员干部的理论水平，中共中央相继出版发行了马克思主义经典作家原著，标志着马克思列宁主义理论宣传教育进入一个新的阶段，表明马克思主义在党的宣传工作领域的指导地位，马克思主义理论是党的理论宣传教育的重要内容。

具体来说，以纪念马克思主义经典作家为符号的纪念仪式，一方面通过特定的仪式场域将人们带入特定的历史时空，唤醒人们的历史记忆，让人们传承以往优秀的价值精髓；另一方面通过周期性开展纪念仪式，将国家政策、执政理念和意识形态思想渗透到人们心中，确立马克思主义在意识形态领域的指导地位，进而增强人们对新中国、中国共产党及其政策方针合法性的认同。例如，每逢马克思主义经典作家诞辰或是逝世周年，党都要举办形式多样的纪念仪式活动，通过举办生平事迹展览、影院放映纪录片、张贴海报、组织知识竞赛、经典著作诵读等形式，向民众宣传和介绍马克思主义立场、观点、方法，让民众在参与仪式活动的过程中潜移默化地形成对马克思主义的理论认同和情感归属。又如，党借鉴苏联的办学经验，整顿旧大学、旧思想、旧风俗，重置升旗、入队、入团、国庆及各种教育性仪式，创办新大学，开设马列主义课程，组织大学生在参与纪念土地改革、“三反”“五反”运动、抗美援朝等政治仪式活动中，学习并形成爱国主义、集体主义、社会主义精神。再如，党借助五四、七一、七七、八一、八七、九一八、十一、一二·九等时间、事件节点，将这些节点转化为仪式象征符号，开展周期性的仪式纪念活动，让民众置身于历史场景之中，不忘历史，牢记使命，同时让历史融入民众生活，让民众在回忆历史过程中形成爱党、爱国情感，珍惜当下，为党和国家建设作出贡献。

第三，以道德建设为主题、以英雄模范为符号的榜样仪式。典型榜样宣传本身是社会主义道德建设的一部分，是社会主义核心价值观的体现。20世纪50年代中期至60年代中期，国家连续三年遭受了严重的自然灾害。在灾难面前，需要人民以顽强的毅力和乐观的态度与困难作斗争，共同渡过社会主义建设道路上的难关。通过塑造雷锋、焦裕禄、王进喜、南京路上好八连等英雄模范符号，建构了两种仪式场景。一是推广

① 参见刘华清主编：《中国共产党执政思想史》，湖南人民出版社2007年版，第76页。

先进生产经验的仪式场景。20世纪60年代初，大庆油田职工面对苏联封锁，凭借顽强的意志和精神在极其困难的条件下建成了具有世界先进水平的大油田，结束了中国使用“洋油”的时代，对国民经济发展起了关键作用。正是在不畏苏联霸权、独立探索、不断创新的精神召唤下，大庆油田职工创造出“一套我国自己建设和管理现代化企业的经验”[①]。以王进喜为代表的生产模范在全国工业学大庆的运动中被宣传、推广，激发了广大群众建设社会主义的积极性，形成工业生产热潮，推动了社会良好道德风尚的形成。[②]二是宣传英雄模范人物的仪式。国家领导人为雷锋同志题词，利用诗歌、通讯、歌曲、连环画等进行事迹宣传，广泛开展对雷锋、焦裕禄、王进喜、南京路上好八连等英雄模范的学习教育活动，推动英雄模范纪念日制度化等。在全国生产建设中涌现出来的个体的和集体的优秀人物代表集中体现着高尚的道德追求，让人们学有榜样、赶有目标、见贤思齐，在社会上营造了同心向党、积极奋发的舆论氛围，激励着人民群众奋勇投身新中国各项建设事业。

(三)改革开放和社会主义现代化建设新时期党对仪式形式的多样化拓展

第一，大学生社会主义核心价值观仪式教育实现了从权威性、强制性向规范性、参与性的转变。“文化大革命”时期，“以阶级斗争为纲”的政治仪式，严重挫伤了人们的参与热情、抑制了人们的情感表达。进入改革开放和社会主义现代化建设新时期，中国共产党坚持从群众中来到群众中去的工作方法，开展人们喜闻乐见的仪式活动，提升了人们对核心价值观念的理解力与认同度。此外，“文化大革命”期间民主与法制价值思想遭受严重破坏。邓小平为了防止相关问题再次发生，在改革开放之初明确指出，我们过去发生的各种错误，关键在于组织制度、工作制度方面的问题。“这些方面的制度好可以使坏人无法任意横行，制度不好可以使好人无法充分做好事，甚至会走向反面。”[③]邓小平认为，民主与法制相

① 中共中央文献研究室编：《三中全会以来重要文献选编》(下)，人民出版社1982年版，第1052页。

② 参见中共中央宣传部编著：《中国共产党宣传工作简史》(上卷)，人民出版社2022年版，第318—324页。

③ 《邓小平文选》第2卷，人民出版社1994年版，第333页。

辅相成、缺一不可，民主是法制的基础，而法制是民主的制度保障。在实践中，邓小平亲自指导起草了1982年宪法。从此，社会主义核心价值观仪式摒弃了“文化大革命”时期仪式的“极端”，逐渐从权威性的色彩中跳脱出来，逐渐回归规范性。社会主义核心价值观仪式教育开始转入改革开放和社会主义现代化建设新时期，并伴随改革开放的深入推进不断汲取仪式教育资源，探寻多元的仪式教育方式，提升仪式教育的参与性、互动性。

第二，大学生社会主义核心价值观仪式教育的形式实现了从单一性、工具性向多样性、日常性的转变。改革开放之前的很长一段时间里，仪式以统治阶级的政治工具的面貌出现在社会实践中，仪式教育的意识形态性、政治性被过度宣扬，以巩固阶级统治、满足政治需要为出发点和落脚点，仪式形式呈现单一性、工具性特点。例如，民主主义革命时期，群众大会作为中国共产党发动、联络、教育群众的国家仪式形式，有效地宣传了红军、苏维埃、苏维埃政纲、红军游击队纲领是什么，有力地争取了最广泛的农民群众加入革命，为建立苏维埃政权而斗争。中华人民共和国成立初期，中国共产党开展了一系列对马克思主义经典作家、革命时期的民族英雄、重大历史纪元的纪念仪式，一方面通过特定的仪式场域将人们带入特定的历史时空，唤醒人们的历史记忆，让人们传承以往优秀的价值精髓；另一方面通过周期性开展纪念仪式，将所要传达的国家政策、执政理念和意识形态渗透到人们心中，确立马克思主义在意识形态领域的指导地位，进而增强人们对新中国、中国共产党及其大政方针的合法性认同。“文化大革命”时期，“以阶级斗争为纲”的政治仪式被过度拓展，以单一性、工具性为特点的仪式教育无法适应时代发展的要求，无法满足受教育者个性心理发展的需要，无法实现社会主义核心价值观教育的信度和效度。因此，党的十一届三中全会以后，受传统仪式思想和西方仪式思想的双重影响，仪式教育逐渐关注个人在社会生活中的体验感和获得感，仪式形式也日益多元化、多样化。1978年，邓小平提出要“提高教育质量，提高科学文化的教学水平，更好地为社会主义建设服务”，“现代经济和技术的迅速发展，要求教育质量和教育效率的迅速提高”，“更重要的是整个教育事业必须同国民经济发展的要求相适应”。[①]1983年，邓小平进一步提出了“教育要面向现代化、面向世界、面向未来”[②]。“三个面向”的战略定位，打破了高等教育仅仅服务于政治的思想局限和束缚，树立起高等教育服从和服务于经济建设中心工作的思想观念。这一时期，高校非常支持各学生自治组织举办的围绕促进学生各方面发展的主题仪式活动，只要个人、学生团体、学校等主体觉得有必要，都可以围绕某个主题举办仪式。社会经济发展多样化导致人们思想活动的独立性和差异性增强，受传统文化和市场经济影响，社会主义核心价值观仪式教育发生剧烈转变，各种形式的开学典礼、毕业典礼、授奖仪式、团体集会以及课外学术、科技、文化、社团仪式活动层出不穷。1994年，中共中央颁布《爱国主义教育实施纲要》，提出在各地组织年满十八周岁公民的国旗宣誓成人仪式，仪式教育开始走上了生活化、日常化的发展道路。2001年颁布的《公民道德建设实施纲要》(中发〔2001〕15号)提出，要挖掘各类节日、纪念日、重大历史事件的道德教育资源，让公民在参与仪式活动过程中增强对国家、社会、家庭的责任感和归属感。2004年发布的《中共中央　国务院关于进一步加强和改进大学生思想政治教育的意见》指出，在大学生入学、毕业等人生的重要日子，都要开展主题仪式教育活动，以此拓展新形势下大学生思想政治教育的有效途径。2010年，共青团中央颁布的《大学生思想引导大纲(试用版)》提出优化设计、积极组织仪式教育活动，像是入团、入党、入校、离校的通过型仪式，端午节、春节等节日型仪式，五四、九一八等纪念型仪式，表彰、奖励等竞争型仪式，要从文化继承、氛围营造、行为规范等方面入手，使大学生在参与仪式活动的过程中获得价值观的引领、思想的认同和情感的肯认。随着这些文件的出台，仪式教育形式走上了多样性、日常性的道路，发挥出重要的教育引领效应。与此同时，我们也要看到，这一时期大学生社会主义核心价值观仪式教育的转型发展，既是对原有仪式教育的继承和发展，也是对原有仪式教育体系的不断破坏和重构；既取得了很多创新性成果，也引发了许多思考。例如，高校越来越重视毕业典礼和学位授予仪式，采取了许多新颖的手段和形式，对教育学生起到了积极的作用，但有些学校的毕业典礼完全西化，只学到了皮毛，却不知其内涵，

① 参见《邓小平文选》第2卷，人民出版社1994年版，第103—107页。

② 《邓小平文选》第3卷，人民出版社1993年版，第35页。

逐步演化为一种不得不完成的形式。再如，人们的生活条件得到了极大改善，但中华民族的传统礼仪和节日民俗越来越流于形式，而圣诞节、万圣节等极具西方色彩和宗教意义的节日和社交礼仪却越来越流行。可见，改革开放以来，受西方仪式思想和传统仪式思想的双重影响，仪式形式日益多元化、多变化，但与此同时，仪式的形式化、功利化、娱乐化等问题也日益凸显。这就要求中国共产党人在坚持马克思主义指导地位的基础上，将西方先进的仪式开展方式与中国主流意识形态和价值理念相结合，开发与世情、国情接轨的新仪式形式，同时建立各项仪式机制，保障仪式的顺利举行。

第三，大学生社会主义核心价值观仪式教育的内容实现了从单向性、统一性向交互性、引导性的转变。改革开放之初，政治动荡后的中国正处于逐步恢复发展之中，含有爱国、自由、民主、友善等价值理念的仪式内容引起当时社会的普遍认同。比较典型的诸如"思想大解放""有理想、有道德、有文化、有纪律的共产主义新人""学习雷锋精神""争当社会主义建设者和接班人"等校园仪式活动主题，体现了大学生社会主义核心价值观仪式教育内容鲜明的政治性、政策化。随着改革开放的推进，此时的仪式教育内容，如"讲学习、讲政治、讲正气""以科学的理论武装人，以正确的舆论引导人，以高尚的精神塑造人，以优秀的作品鼓舞人"等，多为自上而下的单向性、统一性价值观表达，缺少参与者之间的互动性和仪式教育的引导性。随着改革开放的深入发展，不断更新的传播媒介无孔不入，纷繁复杂的社会思潮大量涌入，这一外在变化反映到高校，表现为仪式教育内容从统一性、单向性的价值内涵传达转变为引导性、交互性的教育大学生形成主流价值观。为了实现仪式教育内容与对象间的引导、交互效应，党的十七届三中全会对发挥精神文明工作的价值引导作用作出了总体部署，提出用润物细无声的文化形式传达社会主义核心价值观内涵，以文化人、以文育人，引导人们拥抱真善美、拒绝假恶丑。在党和政府层面给仪式教育对象一种亲切感和归属感，从而更好地实现仪式教育的引导目的，体现仪式教育的交互性。此外，随着网络技术的广泛应用，仪式教育从原来单一的、以实践活动为依托的形式转变为多元的，以微信、微博、BBS等新媒体为依托的形式，仪式内容也因之变得更为广泛、更具互动性。各高校开始占领媒体仪式教育的新阵地，利用新媒体技术更新大学生社会主义核心价值观仪式教育的平台。一方面，高校借助网络载体丰富社会主义核心价值观仪式教育的资源，通过网络平台提供给大学生更具时效性的价值观信息，让大学生以一种更具创意、开放的方式参与网络发起的仪式活动，实现了校园仪式教育内容与社会仪式、国家仪式的有效对接。另一方面，由于参与网络互动的受众广泛，大学生还可以通过网络互动强化价值理念，经由讨论不断重复自身掌握的或尚未完全理解的价值观内容，提高对网络中传达的价值观信息的辨别能力，不断引导大学生形成正确的价值观。

（四）新时代党对社会主义核心价值观仪式教育的创新发展

中国特色社会主义进入新时代，社会主义核心价值观逐步在理论与实践上对仪式教育进行“双重建构”。回溯历史，中华人民共和国成立以来仪式教育作为高校教育规范的常规手段与有效载体，获得持续重视和广泛应用，逐步发展成高等教育体系中不可或缺、极具中国特色的教育方式。毋庸置疑，长期以来各级、各类学校仪式教育为培养社会主义建设者和接班人发挥了重要作用，而且也必将继续发挥重要的育人功能，但近年来，片面强调学校、教师的单方面主导作用，将仪式教育越来越等同于课堂教育，忽视了仪式教育方式与内涵的与时俱进，导致仪式教育的学生参与度、接受度和影响力减弱。党的十八大以来，党和国家高度重视仪式对大学生的教育意义与作用，在对原有仪式进行深化改革、提升育人效果的同时，不断创新和发展社会主义核心价值观仪式教育，把握时代脉搏，引领社会风尚，主导思想潮流。2014年2月，习近平总书记强调指出：“要按照社会主义核心价值观的基本要求，健全各行各业规章制度，完善市民公约、乡规民约、学生守则等行为准则，使社会主义核心价值观成为人们日常工作生活的基本遵循。要建立和规范一些礼仪制度，组织开展形式多样的纪念庆典活动，传播主流价值，增强人们的认同感和归属感。”[①]随后，一些重大的政治仪式、创新型的国家仪式、振奋人心的媒体仪式不断涌现，受到广大民众的热烈欢迎和高度响应，提升了社会主义核心价值观的传播力和影响力。例如，2014年2月27日，全国

① 《习近平谈治国理政》第1卷，外文出版社2018年版，第165页。

人大常委会通过决定，为了悼念南京大屠杀死难者和所有在日本侵华战争中惨遭杀戮的中国同胞，牢记历史，维护和平，将每年12月13日确定为“南京大屠杀死难者国家公祭日”。2015年9月3日是中国第二个法定的“中国人民抗日战争胜利纪念日”，在天安门广场隆重举办了中国人民抗日战争暨世界反法西斯战争胜利70周年纪念仪式并检阅部队。中国以最庄严隆重的形式纪念70年前那场保卫家园、抵御外敌的伟大胜利。2016年1月9日，国家科学技术奖励大会在人民大会堂隆重举行，党和国家主要领导人出席大会并颁发奖励证书，彰显了国家对科技的重视、对人才的尊重。2017年7月30日，为庆祝中国人民解放军建军90周年，我军第一次举行以庆祝建军节为主题的阅兵仪式，彰显军队实力，提振国人士气，震慑敌对势力。2018年3月17日，习近平在十三届全国人大一次会议上当选中华人民共和国主席、中华人民共和国中央军事委员会主席，并进行了宪法宣誓。2019年颁布的《新时代爱国主义教育实施纲要》及《新时代公民道德建设实施纲要》皆强调：“认真组织宪法宣誓仪式、入党入团入队仪式等，通过公开宣誓、重温誓词等形式，强化国家意识和集体观念。”[①]2021年，习近平总书记在中国共产党成立100周年庆祝活动总结会议上提出构建“中国特色社会主义大党大国典礼制度”[②]，要求教育工作者与时俱进，挖掘优秀传统文化教育资源，创新仪式形式，延伸仪式发展边界，为新时代开创新的仪式典礼活动注入时代元素。

新时代、新征程，习近平总书记提出的一系列社会主义核心价值观的培育举措，以及国家层面对仪式的深化和升华，也不断影响着大学生社会主义核心价值观仪式教育的多元整合，通过以文育人、思想引导、正面宣传、融入日常、榜样示范、制度健全等途径的融合，大学生社会主义核心价值观仪式教育也不断被赋予新的时代元素。

一是整合各类文化形式，培育和践行社会主义核心价值观。习近平总书记指出，“要运用各类文化形式，生动具体地表现社会主义核心价值观，用高质量高水平的作品形象地告诉人们什么是真善美，什么是假恶

① 《新时代爱国主义教育实施纲要》，人民出版社2019年版，第13页。

② 《中国共产党成立100周年庆祝活动总结会议在京举行　习近平亲切会见庆祝活动筹办工作各方面代表》，《人民日报》2021年7月14日。

丑,什么是值得肯定和赞扬的,什么是必须反对和否定的”[①],并对大力开展形式多样、丰富多彩的文化活动形式作出进一步要求。2014年,国家出台《关于在各级各类学校推动培育和践行社会主义核心价值观长效机制建设的意见》,强调建立和规范学校礼仪制度,丰富仪式教育活动的文化内涵,强化仪式神圣感和教育意义。2015年,习近平总书记指出:“要以时代精神激活中华优秀传统文化的生命力,推进中华优秀传统文化创造性转化和创新性发展,把传承和弘扬中华优秀传统文化同培育和践行社会主义核心价值观统一起来,引导人民树立和坚持正确的历史观、民族观、国家观、文化观,不断增强中华民族的归属感、认同感、尊严感、荣誉感。”[②]

二是培育和践行社会主义核心价值观要融入国民思想教育全过程。2016年12月,习近平总书记在全国高校思想政治工作会议上指出:“要坚持贯穿结合融入,把社会主义核心价值观同师生教学和学习紧密联系起来,体现在学校规章制度和师生行为规范中,引导广大师生做社会主义核心价值观的坚定信仰者、积极传播者、模范践行者。”[③]培育和践行社会主义核心价值观是高校人才培养的必然要求,也是引领校园物质文化、精神文化、制度文化和行为文化的内在需要。2017年4月,中共中央发布《关于深化群众性精神文明创建活动的指导意见》,提出“要倡导富强民主文明和谐,倡导自由平等公正法治,倡导爱国敬业诚信友善,把培育和践行社会主义核心价值观作为群众性精神文明创建活动的根本任务,在贯穿结合融入上下功夫,在落细落小落实上下功夫,把核心价值观融入经济社会发展实践,渗透到人们日常生产生活,通过教育引导、舆论宣传、文化熏陶、实践养成、制度保障等,使社会主义核心价值观内化为人们的坚定信念、外化为人们的自觉行动”[④]。

三是做好培育和践行社会主义核心价值观的正面宣传工作。2014

① 中共中央文献研究室编:《习近平关于社会主义文化建设论述摘编》,中央文献出版社2017年版,第109页。

② 《习近平在中共中央政治局第二十九次集体学习时强调:大力弘扬伟大爱国主义精神,为实现中国梦提供精神支柱》,《人民日报》2015年12月31日。

③ 中共中央文献研究室编:《习近平关于青少年和共青团工作论述摘编》,中央文献出版社2017年版,第40页。

④ 《关于深化群众性精神文明创建活动的指导意见》,《人民日报》2017年4月6日。

年12月，习近平总书记在江苏调研时指出："做好各项工作，必须有强大的价值引导力、文化凝聚力、精神推动力的支撑，加强文化建设要有主心骨，社会主义核心价值观要广泛宣传教育、广泛探索实践，使社会主义核心价值观成为引导人们前进的强大精神动力。"[①]同时，面对互联网的普及覆盖，2018年4月，习近平总书记在全国网络安全和信息化工作会议上的讲话中进一步提出："要加强网上正面宣传，旗帜鲜明坚持正确政治方向、舆论导向、价值取向……积极培育和践行社会主义核心价值观，推进网上宣传理念、内容、形式、方法、手段等创新，把握好时度效，构建网上网下同心圆。"[②]

四是将培育和践行社会主义核心价值观融入日常生活。习近平总书记强调："一种价值观要真正发挥作用，必须融入社会生活，让人们在实践中感知它、领悟它。"[③]新时代仪式教育将主题以日常活动的方式感染参与者，对参与者的情感、价值观念、行为选择产生诸多影响。2013年，中共中央出台《关于培育和践行社会主义核心价值观的意见》，强调发挥节日仪式对弘扬社会主流价值观的独特优势，"挖掘各种重要节庆日、纪念日蕴藏的丰富教育资源，利用五四、七一、八一、十一等政治性节日，三八、五一、六一等国际性节日，党史国史上重大事件、重要人物纪念日等，举办庄严庄重、内涵丰富的群众性庆祝和纪念活动。利用党和国家成功举办大事、妥善应对难事的时机，因势利导地开展各类教育活动。"[④]2019年，中共中央、国务院颁布的《新时代公民道德建设实施纲要》明确指出："要制定国家礼仪规程，完善党和国家功勋荣誉表彰制度，规范开展升国旗、奏唱国歌、入党入团入队等仪式，强化仪式感、参与感、现代感，增强人们对党和国家、对组织集体的认同感和归属感。充分利用重要传统节日、重大节庆和纪念日，组织开展群众性主题实践活动，丰富

① 中共中央文献研究室编：《习近平关于社会主义文化建设论述摘编》，中央文献出版社2017年版，第126页。

② 习近平：《论党的宣传思想工作》，中央文献出版社2020年版，第301页。

③《习近平在中共中央政治局第十三次集体学习时强调：把培育和弘扬社会主义核心价值观作为凝魂聚气强基固本的基础工程》，《人民日报》2014年2月26日。

④ 中共中央文献研究室编：《十八大以来重要文献选编》（上），中央文献出版社2014年版，第586页。

道德体验、增进道德情感。”[①]

五是发挥榜样示范在培育和践行社会主义核心价值观中的作用。习近平总书记指出:“先进人物、先进集体是我们这个社会的精华,是最优秀的成分。他们所取得的成绩,特别是他们的精神、品质、风格,是人们学习的榜样,是鼓舞和教育人民前进的无穷的力量。”[②]中共中央先后号召学习焦裕禄、黄大年、张富清、黄文秀等先进人物,对于弘扬忧国忧民的爱国主义精神、恪尽职守的敬业精神、甘于奉献的高尚情操等主流价值观,产生极大的推动作用。

六是建立健全培育和践行社会主义核心价值观的制度法规。习近平总书记指出:“培育和弘扬社会主义核心价值观,不仅要靠思想教育、实践养成,而且要用体制机制来保障。”[③]为此,2015年7月全国人大常委会决定实行宪法宣誓制度,从宣誓场域设计、出席人员安排到宣誓程序拟定,无不体现了宣誓仪式的神圣性和庄严感,从国家仪式层面树立宪法权威,让公职人员通过向宪法宣誓的仪式活动,对宪法予以敬畏和尊重,在各自岗位上遵行法律、恪尽职守。2018年5月,中共中央印发《社会主义核心价值观融入法治建设立法修法规划》,强调“加强道德领域突出问题专项立法,把一些基本道德要求及时上升为法律规范。制定英雄烈士保护方面的法律,形成崇尚、捍卫、学习、关爱英雄烈士的良好社会风尚。探索完善社会信用体系相关法律制度,研究制定信用方面的法律,健全守法诚信褒奖机制和违法失信行为联合惩戒机制”[④]。2020年2月,习近平总书记在中央全面依法治国委员会第三次会议上的讲话中指出:“要坚持依法治国和以德治国相结合,把社会主义核心价值观融入法治建设,努力形成良好的社会风尚和社会秩序。”[⑤]

仪式教育的变革和发展无不铭刻着时代的烙印、思想的光芒和多文化交融的印记,彰显着新时代社会主义核心价值观对于仪式教育的理论

① 《中共中央国务院印发新时代公民道德建设实施纲要》,《人民日报》2019年10月28日。

② 习近平:《知之深　爱之切》,河北人民出版社2015年版,第73—74页。

③ 习近平:《论党的宣传思想工作》,中央文献出版社2020年版,第59页。

④ 《中共中央印发〈社会主义核心价值观融入法治建设立法修法规划〉》,《人民日报》2018年5月8日。

⑤ 《习近平主持召开中央全面依法治国委员会第三次会议强调:全面提高依法防控依法治理能力　为疫情防控提供有力法治保障》,《人民日报》2020年2月6日。

指导与实践创新。当代大学生社会主义核心价值观仪式教育正在进行着“双重建构”，努力在新时代发挥更大的、更积极的育人功能。

三、中国传统文化中的核心价值观仪式教育积淀

优秀传统文化是一个国家、一个民族赖以存在和发展的基础，中国优秀传统文化是核心价值观仪式教育的“根基”，为中华民族形成坚不可摧的价值观念和民族精神奠定了基础；中国优秀传统文化是核心价值观仪式教育的“源泉”，悄然流淌进每个人的心里，成为核心价值观仪式教育代代相传的秘诀。党的二十大报告指出：“传承中华优秀传统文化，满足人民日益增长的精神文化需求，巩固全党全国各族人民团结奋斗的共同思想基础，不断提升国家文化软实力和中华文化影响力。”①

（一）儒家“礼治”思想教育和道德教化

儒家“礼治”思想教育和道德教化为传统仪式教育的建立和发展奠定了厚重的思想底蕴。孔子创立的儒家思想最初是指司仪，随后这一思想不断深化和丰富，形成了以“仁”为核心的完整思想体系。“克己复礼为仁”，孔子伦理道德思想的核心是“仁”，而“仁”的客观标准则是“礼”。儒家思想依据“亲亲”“尊尊”的原则，维护长幼有别、尊卑有序、君臣父子等关系，强调“礼治”“德治”和“人治”的有机结合。而“礼治”理念的出发点是“异”，即由于社会地位存在贵贱、尊卑和长幼等差异，不同阶层就有各自的行为规范。只有各社会阶层都各有其礼，才能实现儒家理想中有秩序的社会。在儒家看来，这种等级秩序的稳定与否关系到国家的治乱。儒家伦理要求人们在各自的社会位置上处理各种社会关系，即所谓“克己复礼”。如果谁违反了“礼”的规范，就要遭到相应的惩罚。在这个意义上，儒家的“礼”又具有了法的功能。可见，儒家强调大家都应该各尽其责，履行自己的道德责任，各得其所，只有这样，社会才能实现长治久安。

儒家善于运用各种仪式对民众进行思想教育和道德教化，从而实现

① 习近平：《高举中国特色社会主义伟大旗帜　为全面建设社会主义现代化国家而团结奋斗——在中国共产党第二十次全国代表大会上的报告》，人民出版社2022年版，第43页。

政治秩序的稳定。孔子主张以礼治国,他说,“礼让为国”“齐之以礼。”(《论语集解》)荀子说:“礼之于正国家也,如权衡之于轻重也,如绳墨之于曲直也。故人无礼不生,事无礼不成,国家无礼不宁。”(《荀子》)《礼记·学记》有云:“古之王者,建国君民,教学为先。”这种教为政本的观念一直持续到后世。儒家通过“礼”实现自己的价值追求,通过“礼”倡导文明教化和社会纲纪,通过“礼”教化人,提高自身道德、意志的修养,坚守社会价值,遵守社会规范,以助于统治阶级发挥统一思想和巩固政权的作用。同时,“克己复礼为仁”还包括对人们所有言行举止的规范。《论语·颜渊》载:“颜渊问仁。子曰:‘克己复礼为仁。一日克己复礼,天下归仁焉。为仁由己,而由人乎哉!’颜渊曰:‘请问其目。’子曰:‘非礼勿视,非礼勿听,非礼勿言,非礼勿动。’颜渊曰:‘回虽不敏,请事斯语矣。’”可见,“礼”在内容上体现为一种文明形态,在形式上则表现为经过长期的生活实践而形成的具体仪式。在某种程度上,一个人的素养表现为其各种文明仪表,特别是对礼节仪式的掌握,能帮助人们建立和维护各种社会关系。正如孔子所说的,对“礼”的学习和实践至关重要,是关乎个人安身立命的基本要求。

儒家形成以“仁”“礼”为核心的思想脉络,并将其中所蕴含的政治理想和道德观念融于礼乐、祭祀等仪式之中,形成了富有多样性、实效性的仪式教育。在“仁”和“礼”的比较上,《论语》中“仁”出现109次,“礼”为75次。我们可以看出,“仁”和“礼”相辅相成,“仁”是目的,“礼”是手段、工具,二者互为表里。其中,儒家通过“礼”实现自己的价值追求,在国家层面,为了巩固封建统治,维护社会伦理纲常,借助祭祀仪式,如祭天大典、封禅大典等形式,培育民众忠君爱国、以国为本的价值理念,同时通过国家治军仪式和战争仪式,像是出征、作战、献捷仪式来提高军队的作战气势和爱国热情;在社会层面,儒家的礼乐形式众多,主要通过士相见礼、乡饮酒礼、乡射礼等社会仪式教育形式传播社会规范和社会价值,培养民众忠孝节义、诚信友爱的品格;在个人层面,儒家注重发挥“礼乐”行为教化的功能,借助婚礼、冠礼、拜师礼、开笔礼等个人仪式形式,将自身推崇的“仁、义、礼、智、信”等价值理念传播到群众之中,实现人与家庭、学校、社会的和谐共处,达到涵养道德、修身养性的功效。

(二)中国传统礼仪文化的深厚历史底蕴

礼仪作为中国传统文化的一个重要组成部分,渗透并影响着中国社会的方方面面。礼仪在漫长的历史长河中由单独的“礼”和“仪”合并而来。“礼”通过制度、规则和社会意识观念来体现,是“仪”的内核;“仪”则是“礼”的具体表现形式,是装着“礼”的内容的容器。虽然“礼”“仪”不能混淆,但核心都落在“礼”,而中国的核心思想也是以“礼”为基底。从夏、商、周开始,中国就已形成较为完备的礼仪制度和礼仪文化。孔子言:“殷因于夏礼,所损益可知也;周因于殷礼,所损益可知也。”(《论语集解》)周朝伊始,为巩固统治地位,配合分封制,周公创建了一整套具体可操作的礼乐制度,而后中国古代的礼仪思想不断得到丰富与发展,直到儒家思想逐渐以正统地位成为中华儿女共同的价值观念。同时,与之相匹配的礼仪活动也不断得到加强,《周礼》《仪礼》和《礼记》这三部儒家经典著作详细记载了中国的礼制发展史。如《仪礼》集中记述了冠、婚、丧、祭、饮、射、燕、聘、觐等古代传统仪式的具体规定,利于约束并规范人们的行为,利于培养人的道德情操。因此,中华传统礼仪文化作为高校有效开展仪式活动的思想基础,有着积极的育人价值,恰好能够体现中华优秀传统文化所承载的丰富内涵,在特定的时空领域内,借助稳定的仪式程序和话语体系,为学生群体对集体记忆的诠释、接受、内化和升华创造条件。

中华传统礼仪文化为传统仪式教育的建立和发展奠定了深厚的文化底蕴。礼仪文化深植于中华民族的血脉中,对中国传统仪式教育的发展演变产生了重大的影响,并且为传统仪式教育提供了理论依据和实践基础。“礼”是中国传统文化的核心之一。中国古代的思想家与政治家都非常重视运用“礼”进行思想教育和道德教化,将统治者的思想文化和价值观念全面深入地融入各种礼仪行为中,使人们在礼仪实践过程中感受到价值观念的引导和厚重文化底蕴的熏陶。中华礼仪文化为传统仪式教育积累了宝贵的财富,“礼”由一系列的规范和制度构成,形塑着人际交往的一些伦理规则,同时也代表着一种价值观,以一定的道德准则约束和影响人的言行。诚如黄克剑所言,中国文化可追溯到夏、商、周三世,是由治理家族推而治理“天下”的时代,依“礼”确定人的身份地位以获得一种人伦秩序，使其制度化，遂有了所谓“礼治”。[①]“仪”是“礼”的外在表现形式，主要是根据“礼”的规定和内容而形成的程序，“礼”是“仪”的内核，“仪”则将“礼”通过各种形式加以表达和展现，因此两者是相互关联和依存的。到了民国时期，封建观念禁锢了人们的思想，僵化了人们的行为，社会急需一场思想大解放，消除封建帝制带来的陋习。孙中山在中华民国建立后，通过移风易俗、创立节日等仪式，在全社会范围内掀起了一场“剪发辫”“废缠足”“易服饰”“变礼仪”“改称呼”的政治意识活动，不仅从形式上革除了清朝封建纲常伦理的陋习，而且从内容上将“自由平等”“民主共和”“解放人民”等价值观传播到民众心中。此外，孙中山吸收借鉴了西方仪式形式，让仪式类型多元化、新潮化。例如，举办联欢会、舞会、跨年仪式、中西式婚礼等庆典活动，让人与人之间的交往更加自由、更加舒适、更加紧密。

传统仪式教育中饱含着古人的智慧，值得深入思考。传统仪式教育内含许多宝贵的文化资源和精神财富，如报效祖国、敬重老人、尊师重教、谦虚谨慎等。从古到今，这些都是礼仪的重要体现，是礼仪的精华所在，也是人们赞誉的美德。一方面，仪式具有高度的历史沿袭性，正是由于历史的存在，中华文化才在时间的积累中愈发深刻，继承和发展传统仪式教育有助于深化仪式教育的内涵。“中国古代礼仪及由此产生的礼文化，不仅是儒家学派构建儒家学说精神内核的文化资源，而且历来被王权利用作为礼教和礼制的内容融入社会的道德、政治、习俗的范畴，使中国封建帝制坚固地延续了长达两千余年的时间，创造了中华文明在世界其他早期文明中断的情况下一枝独秀得以延续的奇迹。中国古代社会之所以长期呈现为一种‘超稳定结构’，一个很重要的原因是中国古代社会及与其相适应的传统文化长期处于‘礼’的范式之中。”[②]另一方面，传统仪式教育对于我们当前构建具有时代性的仪式文化具有重要的意义，是创造具有中国特色的大学生社会主义核心价值观仪式教育的必经之路。新时代、新征程，仪式教育通过举办节日庆典、纪念活动等形式，突出特殊时间节点和主题，让社会主义核心价值观内容与传统文化意蕴

① 参见黄克剑撰：《〈论语〉解读》，中国人民大学出版社2008年版，第18页。

② 荆云波：《文化记忆与仪式叙事：〈仪礼〉的文化阐释》，南方日报出版社2010年版，第2页。

相连，既让大学生在接受价值观教育过程中继承优秀传统文化，规范大学生的礼仪德行，也为核心价值观提供了精神滋养，增添了价值观内涵的厚重感。

（三）中国古代学校仪式教育制度规范

中国古代学校仪式制度为仪式教育的演化发展奠定了深厚的制度底蕴。中国古代学校历史悠久，形成了数量众多的仪式活动和严格规范的仪式制度，从入学到教学再到行为乃至未来发展都有着一系列非常规范、完整的体系制度。《礼记·学记》有云："大学始教，皮弁祭菜，示敬道也。宵雅肄三，官其始也。"也就是说，大学开学的时候，官吏穿着礼服，用藻菜祭祀先圣先师，用以教育学生敬师重道。在祭祀时，齐颂《小雅》中的《鹿鸣》《四牡》《皇皇者华》三首诗，使学生从懂得做官的道理开始。"入学鼓箧，孙其业也。夏楚二物，收其威也。"学生入学时，会先击鼓召集学生，再发放书箱，取出书籍，借此让学生对学业恭顺。教鞭和戒尺两件东西，让学生心生敬畏，规范学生的行为举止。"未卜禘，不视学，游其志也。时观而弗语，存其心也。"在夏天祭祀活动之前，天子不来学校视察的时候，不考查学生的学业，是为了让学生有时间根据自己的意愿进行学习。教师经常留心观察学生的学习情况而不进行指导，能够让学生用心思考。"幼者听而弗问，学不躐等也。此七者，教之大伦也。"年纪小的学生只可以认真听讲，不能插嘴，让学生懂得长幼有序。以上七项内容是教学最重要的方面。[①]此外，最具有代表性的古代学校仪式还有释奠礼、拜师礼和视学礼。

其中，释奠礼是中国古代学校祭祀先圣先师的仪式，学生通过祭祀，表达对学说、理论及优秀人格的崇拜、向往、仰慕和信仰，是中国古代学校礼仪制度中极其重要的一项内容。"凡学，春官释奠于其先师，秋、冬亦如之。凡始立学者，必释奠于先圣先师，及行事必以币。"（《礼记》）释奠礼有着复杂的程序，它既作为古代学校的一种仪式，又是学校的一项制度。所谓"释奠"，即陈设酒食用以祭奠先师先圣。就祭奠对象来说，在古代不同阶段有不同的祭奠对象，在周代为周公，宋元以后尊孔子为师圣，后来还增加了孔子的七十二位贤才弟子。仪式场景布局涉及方位、

① 参见何山石：《"三礼""三传"廉政思想研究》，人民出版社2018年版，第168—169页。

礼器、祭品、服饰的安排以及数字的潜在意涵等。释奠礼表面上体现了儒家对尊师美德的追求，实质是通过对师的“释奠”实现与老师思想观念、价值追求、行为规范的认同。

中国古代的学校仪式制度还有很多丰富的仪式内容，并且都制定了一系列与之相配套的具体规则，包括在举行各种仪式时所需陈设的器皿、穿着的服饰和演奏的器乐等内容。设计如此丰富的仪式，制定这些规范的内容，目的在于通过器物、服饰和音乐更好地表现仪式的性质，烘托行礼时的气氛，规范人们的举止，因此这些规定都十分严格。仪式只是中国古代学校礼仪教育的外在表现，作为重要的礼仪传习场所，学校的各种活动都有相应的制度规定，使学生在参与仪式的过程中逐步将其内化，并逐步上升为自觉行动。可以说，正是古代学校丰富规范的仪式制度奠定了中国传统仪式教育的牢固基础，传统仪式教育是在对这些古代学校仪式制度的传承、创新和发展的基础上演化而来。

四、国外核心价值观仪式教育思想的有关镜鉴

正如中国人从古至今怀有“礼义廉耻、忠廉孝悌”的价值观思想一样，西方社会的发展与繁荣同样离不开核心价值观的支撑，并不乏充满想法、创意、深意的核心价值观教育方法，仪式教育就是其中较为闪耀的。他山之石，可以攻玉，核心价值观仪式教育本身具有一些共性的元素，国外核心价值观思想和仪式教育做法对我国社会主义核心价值观仪式教育有着一定的镜鉴作用。

（一）社会认同理论

社会认同理论是社会心理学领域最具影响力的理论之一，在20世纪70年代被提出和加以发展。该理论对群体行为和群际关系的心理机制进行了解释和说明，认为个体认同群体是群体行为的基础。其基本观点认为：个体通过社会分类对自己的群体产生认同，并产生内群体偏好和外群体偏见。个体通过实现或保持积极的社会认同来增强自尊，积极的自尊来自内部群体与相关外部群体之间的有利比较。每个个体都希望获得并保持积极的社会认同，当个体认识到自己属于某一群体并获得群体带

来的情感和价值意义时，他们会在认知、情绪和行为上认同自己所属的群体。当社会认同不能获得有效满足时，个体会通过自己的努力获得群体的积极区分，从而满足自身的积极自尊需求，或者会偏向于离开已有的团体，加入其他能使自己获得积极区分的团体。此外，社会认同理论将“社会的”理解为“群体关系背景下的”，认同产生于群体关系中，将个体对群体的认同放在核心位置，从而更加深刻地揭示了社会心理学的本质。[①]

社会认同理论强调个体对群体的认同，把个体对群体的认同放在核心位置，个体对群体的认同是群体行为的基础。“认同”是社会认同理论的核心，当个体依据社会群体成员资格来建构自身身份时，会自觉地展现出群体内部所具有的特征，在思想与行为上与群体保持一致。人的本质是一切社会关系的总和，人在出生时就从自然个体成为社会的一员，并生活在各种社会关系中，通过“他者”不断确认自己的身份，寻求内心的归属与认同。因此言之，身份是对“我是谁”的深层次追问。个体通过身份的确认，能清晰认知所属的群体、社会或国家，提高自身的目标导向与价值共识，挣脱“我是谁、我们是谁”的迷思。格里高利·斯通认为，身份是个体在情境中获得的一种意义。[②]独立的个体通过情境氛围的熏陶感染，会不自觉地向情境传达出价值聚集，在精神体验中实现共通与升华；个体不断融入群体，个体身份归属于群体身份，从而获得身份的归属与意义。“情境”是指这样一种整体性的空间环境：个体进入它内部的任何地方都成为（或即将成为）在场的聚集之成员。[③]仪式“情境”包括“情”和“境”两个层面：“情”为情感，主要是在仪式过程中参与者所体会到的内在情感，具有内隐性与潜在性；“境”则为仪式所构建的一种环境条件，具有客观性与外在性。仪式的“情”和“境”之间相互作用，“情”由“境”所生，“境”为“情”所存，二者共同作用，展示了仪式所蕴藏的增进社会团结、强化集体认同、提升价值共识、确认身份归属等功能。基于此，本书把社会认同理论作为提升大学生社会主义核心价值观理论认知和情感认同的理论基础。

① 参见张莹瑞、佐斌：《社会认同理论及其发展》，《心理科学进展》2006年第3期。

② 参见宫贺：《公共关系的文化想象：身份、仪式与修辞》，社会科学文献出版社2017年版，第86页。

③ 参见王晴锋：《情境互动论：戈夫曼社会学的理论范式》，《理论月刊》2019年第1期。

(二)“互动仪式链”理论

美国社会学家柯林斯从情感社会学的角度出发提出了“互动仪式链”理论。他将互动仪式定义为“有共同关注点的小范围人群通过虚拟在场形式产生的互动行为”,并构建了具有因果关系和反馈循环的互动仪式模型。该模型主要包含四个组成要素(详见图2-1):身体的共同在场、有明确的群体与他者界限、群体共同的关注焦点、情绪或情感体验的共享。①同样,这四要素也集中体现在高校仪式活动中。高校举行仪式活动是一个规模巨大的互动仪式。大学生被置于精心设计的仪式情境中,在仪式流程的指引下出现共有的体验化过程,聚焦同一关注点,随之共享同种情感,形成高强度的集体兴奋。但这种兴奋不是永久性的,需要把这种情感能量储存到具体的象征符号中,才能产生更久远的影响。柯林斯在解释互动仪式(IR)的生成机制时,将情境置于互动仪式形成的首位,因为情境能够产生情感能量;其次理解互动在互动仪式中的核心地位,因为在互动仪式过程中参与者能形成共同的关注焦点,离不开身体和情感上的连带,两者同时并行才能更大限度凝聚这种集体情感;最后凝聚的情感能量成为不断激发个体意识和行为的驱动力。柯林斯剖析互动仪式的情感生成机制和运作原理,无疑为高校仪式活动在新时代的有效开展提供了良好的理论支撑。

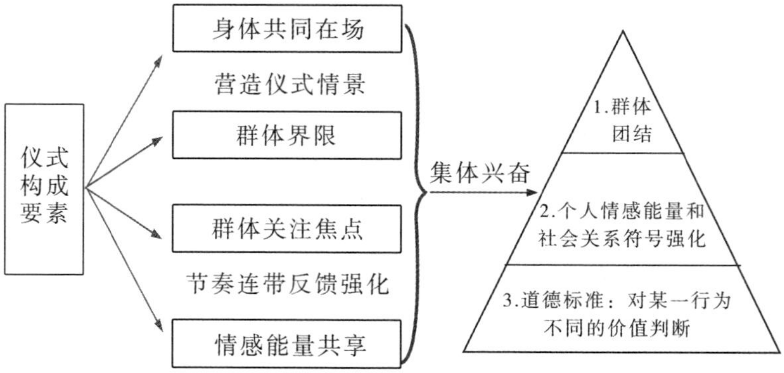

图2-1 柯林斯的“互动仪式”

① 参见[美]兰德尔·柯林斯:《互动仪式链》,林聚任、王鹏、宋丽君译,商务印书馆2009年版,第206—209页。

同时，柯林斯强调互动仪式是一个过程。在仪式情境中，成员之间彼此的高度关注和共享的情感状态会产生一种连带反馈，不断强化着在场成员的情感，由此产生群体团结和相似的道德标准。高校仪式教育正是一个动态的活动过程，大学生的情感总是在仪式教育的互动过程中被激发。伴随互联网的普及与应用，在以直播等形式开展的仪式活动中，大学生借助发弹幕、评论、点赞等形式进行互动，表明自己的观点和看法，展现出共同的关注点。参与仪式的大学生由于互相关注和情感连带，在仪式过程中结成了共同体，分享着共同的情感和情绪体验。在对互动仪式的分析中，柯林斯特别强调了情感能量。他指出，互动仪式是情感变压器，各种短期的情感体验最终会流回“情感能量”之中，形成一种长期的情感。[①]也就是说，大学生在参与社会主义核心价值观仪式教育的过程中，在短时间内会产生高度的集体兴奋，获得认同感、自豪感、喜悦感等短暂的情感体验，这种情感会在仪式活动过程中内化为稳定的情感能量，生成长期情感。在这种稳定的情感能量的驱动下，大学生会主动地参与类似的仪式活动，并在一次次的仪式过程中强化个人的情感和认同。

（三）仪式传播理论

传播是一种人们用符号和媒介进行信息交流，以期产生改变的活动，随着人类社会的发展经历了符号和信息时代、语言时代、文字时代、印刷时代、大众传播时代、网络传播时代。[②]美国学者詹姆斯·凯瑞提出了“传播的仪式观”，他强调传播对共享社会文化和维系社会秩序的意义，反对传统的传播学强调的信息“传递观”。[③]凯瑞认为仪式给人们提供了一个平等交流的平台，在这个平台上，每个人与他人共享信息，在仪式互动的过程中共享价值理念、认同所在的群体以及维系群体的文化。因此凯瑞将仪式本身视为一种传播。美国传播学者罗森布尔将仪式传播归纳为“作为传播现象的仪式”和“作为仪式现象的传播”，简单来说就

① 参见[美]兰德尔·柯林斯：《互动仪式链》，林聚任、王鹏、宋丽君译，商务印书馆2009年版，第201页。

② 参见邵培仁：《传播学导论》，浙江大学出版社2001年版，第5页。

③ 参见[美]詹姆斯·凯瑞：《作为文化的传播“媒介与社会”论文集》，丁未译，华夏出版社2005年版，第8页。

是“仪式的传播”与“仪式性传播”，这两种概念都体现出传播的仪式性特点，即构建一个仪式场域，使人们聚集在这个场域中共同观赏仪式景观。总的来说，仪式传播可以定义为规模化、周期性地举行仪式活动，在仪式场域中使用一系列的象征符号构建仪式情境，而不是直截了当地告知活动目的，在仪式场域中营造仪式氛围，实现对仪式参与者情感的熏陶，推动仪式参与者明确个体身份和角色，促进个体认同仪式共同体的价值。“仪式传播”与“分享”“参与”“联合”“团体”及“拥有共同信仰”有关，它反映的是“共性”“共有”“共享”与“沟通”。传播仪式不是追求信息在空间上的扩展，而是重视传播在时间上对社会的维系，传播不是一种传递信息或施加影响的行为，而是共同价值理念的创造、表征或庆典。因此，传播仪式中的“传播”是创造、调整、改变一种共享文化的过程；传播仪式中的“仪式”，是一种“以团体或共同体的身份把人们吸引到一起的神圣典礼”，本质上强调共同体对价值意义的共享。高校仪式教育的重点传播群体是大学生，其营造的仪式情境必须强调参与者的身份，仪式的展演需要吸引大学生积极参与，营造良好的氛围，激发大学生的情感认同。仪式载体的运用需要回到价值引导和思想教育上来，大学生社会主义核心价值观仪式教育的功能最终要以升华价值观的形式呈现出来。

（四）仪式功能理论

“仪式”在19世纪作为一个专门的术语出现，随着广泛地进入人类社会生活与学者的研究视野，其功能作用更加凸显。涂尔干通过对宗教仪式的研究，认为“仪式首先是社会群体定期重新巩固自身的手段”①。在《宗教生活的基本形式》中，涂尔干认为宗教可以分解为两个基本范畴——信仰和仪式，“人们举行仪式，是为了将过去的信念保存下来，将群体的正常面貌保持下来，而不是因为仪式可能会产生物质效果”②。他认为仪式具有以下功能：惩戒（宗教崇拜中苦行僧式的自我惩戒）、凝聚（凝聚群体人心）、赋予人们生命力（群体价值观代际传递，使社群延续）与欢娱（仪式可以舒缓心情、化解压力、转移痛苦）。拉德克利夫-布朗认为，人类社会是一个能够自我调节的“有机体”，通过分析这个“有机体”

① [法]涂尔干：《宗教生活的基本形式》，渠敬东、汲喆译，商务印书馆2017年版，第530页。

② [法]涂尔干：《宗教生活的基本形式》，渠敬东、汲喆译，商务印书馆2017年版，第513页。

的结构机能，他认为仪式具有建立和维持社会结构的正常秩序的功能。麦克斯·格拉克曼认为，仪式可以表现团结，增强人们的集体思想和社会情感。范·根纳普分析了仪式的内部结构，系统地描述了仪式的一般规则和过程，特别是生命的过渡仪式，强调过渡仪式在克服危机和巩固社会秩序方面起着重要作用。[①]以上观点就指出了仪式功能理论的核心内涵。

可见，仪式作为一种规范性、重复性的象征性活动，具有凝聚思想认识共识、传递主流价值观念、维持社会秩序等作用，在各个国家和社会发展过程中具有重要意义。

其一，美国善于通过竞选仪式向大众传递主流价值观。为了得到选民的支持，候选人通过电视辩论、公开宣讲、就职演说等仪式活动，向民众宣扬其政治理念和价值标准。这些理念往往涉及人们最为关注的热点问题，如就业、医疗、社会保障、国家安全、收入增长、国民教育等。

其二，英国善于通过宗教仪式来传递核心价值观思想。在英国，社会与宗教联系密切，宗教既为核心价值观的产生提供思想素材，又为传播核心价值观提供了具体化、形象化的仪式方法。宗教仪式对英国民众来说具有极强的价值凝聚和行为教化的功能，因而国家多借助宗教仪式来培育公民的爱国热情、集体责任与绅士风度，社会生活的各个角落都有宗教仪式的“身影”，如定期到教堂参与做礼拜、吃圣餐、唱圣歌、诵圣经等宗教仪式活动，以自我救赎的方式实现公民的价值观教育和自我管理，让每个公民养成敬业、诚信、助人向善的价值品质。

其三，新加坡善于在具实可感的社会仪式和社会实践活动中塑造民众的价值观品格。一方面，新加坡政府十分重视对文化设施的建设，如创建国家博物馆、国家图书馆、历史纪念馆、城市规划馆、牛车水民俗馆、维多利亚歌剧院、新加坡电影城等，向社会公众开放并配合高校组织学生参观，使之成为弘扬“共同价值观”、形成历史记忆的文化基地和“活教材”。另一方面，新加坡拥有类型迥异的社会团体，如志愿者协会、老人活动中心、卫生协会、社区服务中心以及大学生社团等，经常围绕“共同价值观”思想，即“国家至上，社会为先；家庭为根，社会为本；社会关怀，尊重个人；

① 参见彭文斌、郭建勋：《人类学仪式研究的理论学派述论》，《民族学刊》2010年第2期。

协商共识，避免冲突；种族和谐，宗教宽容”[①]，组织形式多样的志愿者服务活动，如民族文化节、文明礼貌宣传周运动、养老院志愿服务、垃圾分类宣传教育活动、禁烟运动等，对弘扬和践行核心价值观起到积极作用。

其四，韩国善于通过举办电影艺术节等媒体庆典仪式影响人们的价值取向。韩国媒体十分注重对传统价值观的正面报道，承担起宣扬主流价值文化的责任。此外，韩国媒体多借助媒体庆典仪式，如“釜山国际电影节”等仪式活动，通过主题设定、媒体宣传、明星“走红毯”、电影评选推介等方式，引起人们的广泛关注，引发人们的热烈评论，让人们在聚焦电影经典场景中体会到影片所要传达的价值思想。

其五，日本善于将家庭仪式教育与高校仪式教育相结合，共同打造传播价值观的平台。日本高校普遍成立家长协会，成员由学校老师与各地区家长代表组成，让家长有机会与子女共同参与生命各节点的仪式教育，像是成人仪式、开学式、毕业典礼、入党仪式等。父母与子女在共同的成长经历中增进了家庭关系、促进了家庭友爱和谐。同时，家长协会通过组织各种校内外活动，如名人讲坛、家校座谈会、企业参观等，加强了家校的责任纽带连接，既让家长有机会通过参与仪式活动了解价值观理念，又组织家长担负起后勤保障、安全保障的责任。

① 李路曲：《新加坡“共同价值观”评析》，《晋阳学刊》1997年第4期。

第三章　大学生社会主义核心价值观仪式教育功能的依据与表达

仪式是社会主义核心价值观教育的活动载体，发挥仪式教育的作用不是虚无缥缈的幻想和空洞的政策主张，而是融入特定价值理念、带有特定教育目的的仪式活动。它不仅具有理论的可能性，也具备现实的可行性：于理论来说，仪式教育凝聚社会主义核心价值观的思想共识、呈现社会主义核心价值观的主要内容、创设社会主义核心价值观的教育情境、强化社会主义核心价值观的践行效果；于现实来说，仪式教育具有思想凝聚、文化传承、情感升华、行为规范的实现方式。

一、大学生社会主义核心价值观仪式教育的功能依据

大学生社会主义核心价值观仪式教育的功能与大学生社会主义核心价值观仪式教育载体的存在和发展密切相关。大学生社会主义核心价值观仪式教育本身是一个复杂的综合体，它内含思想文化、价值理念、象征符号等元素，所以它的功能是多样化的。大学生社会主义核心价值观仪式教育不仅具有传承思想文化的功能，还具备凝聚思想共识、呈现教育内容、创设教育情境、强化践行效果的功能。

（一）仪式教育凝聚社会主义核心价值观的思想共识

高校仪式活动是群体聚集性的活动。柯林斯在《互动仪式链》中强调，仪式是由两个或者两个以上的人聚集在同一场所，为完成某一特殊

任务，实现某种目标或共同感知某种情感而存在的。仪式是人用来传递思想和表达情感的活动。马克思指出："人作为对象性的、感性的存在物，是一个受动的存在物；因为它感到自己是受动的，所以是一个有激情的存在物。激情、热情是人强烈追求自己的对象的本质力量。"[①]人类的意识、思想、情感寄托在仪式活动中，又在仪式活动过程中不断发生交互，形成思想共识。

"在任何社会，统治阶级都会为了有效地维持社会秩序，在舆论宣传、教育等形式上给予一定的价值观引导，让人们在多元价值的环境中，形成利于个体与社会发展的价值观，增强社会凝聚力。"[②]高校仪式教育之所以可以凝聚社会主义核心价值观的思想共识，是因为仪式既是程序的集合也是价值的集合，大学生社会主义核心价值观仪式教育具有显著的思想引导和凝聚功能，反映了一个社会的主流价值观。大学生社会主义核心价值观仪式教育有着很强的参与性，能够给大学生带来很强的价值体验感，而社会主义核心价值观凝结着民族精神和时代精神，仪式教育将社会主义核心价值观融入声音、动作、道具等仪式符号中，将核心价值观变得可见、可观、可触、可感。正如习近平总书记强调的，"一种价值观要真正发挥作用，必须融入社会生活，让人们在实践中感知它、领悟它。要注意把我们所提倡的与人们日常生活紧密联系起来，在落细、落小、落实上下功夫"[③]。社会主义核心价值观既高于日常生活，又是在日常生活实践中加以提炼而成的。仪式教育既能经由实践来传播社会主义核心价值观，也能把社会主义核心价值观放在实践中来检验。

伴随经济全球化、政治多极化、文化多样化、社会信息化的发展，我国社会呈现出价值趋向多元化的特点。当今世界正经历百年未有之大变局，引导正确的价值能够稳定社会秩序、推进社会发展。社会主义核心价值观是我国的主流价值观念，既是促进我国社会发展的精神动力，又是高校仪式教育承载的重要内容。高校仪式教育作为一种用感性手段传递意义符号的教育载体，首先要在集体共同参与的情感场域中，传

---

① [德]马克思：《1844年经济学哲学手稿》，人民出版社2018年版，第104页。

② 邵献平、吴璐曦：《仪式之于思想政治教育：机理、功能与路径》，《思想教育研究》2020年第8期。

③《习近平谈治国理政》第1卷，外文出版社2018年版，第165页。

递包括科学知识、政治观点、思想道德、历史文化在内的教育内容。其次，仪式活动环节链接着个体与群体的互动交融，体现为学生群体间的从众和模仿行为。如表彰仪式选出的榜样示范，一方面能够在一定程度上把个性化魅力辐射到群体性中间，另一方面群体性示范则能框定或修正个体。这种相互作用并不局限于学生群体，更包含学校与社会、学校与老师、学校与学生、学生与老师之间。再次，个人通过一定的角色扮演和参与，不自觉地接受精神的洗礼，而当这种相互作用的范围逐渐扩大，形成集体的情感共鸣，就会在群体间转化为更大的凝聚力、吸引力和向心力。最后，仪式以其重复性的展演、程序化的要求、独特的表现形式将抽象的价值观转化为可感可知的象征物，通过仪式参与使大学生感受仪式蕴含的价值内涵，不断深化价值认知，增进价值共识。

（二）仪式教育呈现社会主义核心价值观的主要内容

仪式承载着丰富的思想文化，是人类优秀文化和历史记忆的“存储器”。从仪式的发展历程来看，仪式活动本身是一种传承文化的过程，通过仪式操演将过去的记忆搬到现实的舞台上，将人们置于一个生动的文化情境中进行熏陶，以达到传递思想文化的目的。教育者在运用仪式载体过程中将文化观念附着在象征符号上，将晦涩难懂的理论通过仪式教育转化为受教育者能够理解的内容，在互动中宣扬社会主义核心价值观的基本价值并建立参与者共同的认同与记忆，编织仪式事件与价值内涵之间的“网”，以此加深大学生对社会主义核心价值观内容的理解与肯认。

德国学者扬·阿斯曼研究发现，在没有文字记录的社会中，仪式是最重要的文化记忆方式，是把文化内涵的扩展情境制度化的最典型形式。仪式使其内含的文化价值内容得以彰显，以确保信息被再次载入，从而确保其“仪式纽带”。“仪式属于文化记忆的范畴，是因为它展示的是对一个文化意义的传承和现时化形式。”[①]高校仪式教育之所以可以呈现社会主义核心价值观的主要内容，是因为内容要素是通过仪式表演过程中的象征符号所表现出来的，因而仪式教育被看作是价值理念的“传感器”和

---

① [德]扬·阿斯曼：《文化记忆：早期高级文化中的文字、回忆和政治身份》，金寿福、黄晓晨译，北京大学出版社2015年版，第12页。

集体记忆的“黏合剂”。一方面,大学生对社会主义核心价值观的解读往往存在表面化、形式化、片面化等问题,大多只是被动地接受课堂理论灌输和传统媒体宣传,缺乏对价值观念的亲身感受和主观了解。而高校仪式教育则借助各种具有象征性的符号承载了主观化的客观内容,让大学生更好地理解空洞、“冰冷”的价值内涵,有效填补了人们对抽象概念认知上和情感上的空白。例如,物件服饰作为仪式教育的外在性象征符号,用大学生可以直观感知到的外在形式呈现了仪式教育内容的象征意义,使其对内容要素由感性认识上升为理性认识。比如在国庆庆典仪式上习近平主席身穿中山装阅兵,就展现出一种对革命历史的尊重和爱国主义的情怀,让大学生在观看仪式过程中自觉将爱国的价值观内涵内化于心。另一方面,“培育和弘扬核心价值观,有效整合社会意识,是社会系统得以正常运转、社会秩序得以有效维护的重要途径,也是国家治理体系和治理能力的重要方面”①。一些大学生对社会主义核心价值观的认知停留在单一的、僵化的理论层面,而忽视了价值观于国家、社会、个人三个层面强调的人与国家、人与社会、人与人的关系,缺乏对民族整体性的文化认同和价值取向。而高校仪式教育的功能就在于强调社会主义核心价值观的内在联系并形成共同关注的焦点,通过向大学生发出集体性“邀请”唤醒其对核心价值观内容的共同记忆。如果说社会主义核心价值观内容只是普通的政策主张,那么高校仪式教育则是一出有关核心价值观内容的表演,目的是通过仪式活动邀请大学生集体投入表演之中,在集体参与的情况下相互影响、相互感染,形成对价值观内容的共同记忆与集体认同,进而用联系的、全面的、统筹的视角看待价值观内容。

大学生社会主义核心价值观仪式教育是国家意识形态和社会主流价值观的重要载体,承载着一定的情感、思想,致力于通过仪式活动从国家、社会和个人三个维度对大学生进行政治价值观、社会价值观、人生价值观教育。

一是政治价值观是人们关于政治生活的基本看法和态度,是统治阶级对公民应该形塑什么样的政治生活的具有鲜明意识形态色彩的价值追问。对于一个国家和政党而言,政治价值观处于价值体系的核心地

① 《习近平谈治国理政》第1卷,外文出版社2018年版,第163页。

位，发挥着为公民提供价值引领和行动指南的作用。马克思曾说：“统治阶级的思想在每一时代都是占统治地位的思想。”[①]作为直接反映统治阶级政治思想观念和价值诉求的政治价值观最能体现统治阶级的利益和意志，具有鲜明的阶级性。政治价值观教育也因此在价值观教育体系中处于极为重要的位置，在教育内容方面，要求大学生延续和强化集体记忆和国家历史、传承与发展民族优秀习俗与传统文化以及维护与认同国家政权与阶级统治；在教育载体方面，主要以重大历史事件纪念日、民族传统节日、主题政治生活为契机举行价值导向鲜明的高校仪式。

二是社会价值观是社会成员达成的较为普遍的价值共识，旨在传播社会规范与社会价值。社会价值观的培育和践行事关国家和社会的长远发展以及人才的培养质量，是仪式教育的应有之义。社会价值观教育在内容层面集中体现在培养责任公民和凝聚社会共识两个方面，既致力于培养大学生的个体责任，教会大学生对自身言行负责，也侧重对大学生作为社会成员应具备的公民责任意识和社会共识的养成教育；在载体层面，则是以日常生活类仪式和榜样示范类仪式为重要依托。

三是人生价值观是“人们对人生的内涵、过程、方式、意义、目的的价值判断与选择，是对个人的人生与社会、与集体、与他人之间的关系等进行认识和评价时所持的基本观念”[②]。大学生是国家的未来、民族的希望，其价值取向决定了未来整个社会的价值取向，引导大学生树立正确和科学的人生价值观对国家未来发展意义深远。在教育内容的侧重方面，学校注重培育大学生的个人奋斗观和职业道德观，强调只有奋斗的人生才称得上幸福的人生，激励大学生形成服务国家和社会发展的奋斗意识；同时，大学会更重视大学生正确职业道德观念的培养，以期为其下一人生阶段奠定良好基础。在实施载体的选择方面，高校主要依托成长发展类仪式和校园庆典类仪式对大学生进行人生价值观教育。可见，社会主义核心价值观教育是价值观教育、理想信念教育，而仪式教育因为重视理论传播、推进价值认同、产生集体记忆而使得社会主义核心价值观内容更容易为大学生所理解与接受，并为内涵逐渐内化于心、外化于行打下坚实基础。

① 《马克思恩格斯选集》第1卷，人民出版社2012年版，第178页。

② 黄希庭、郑涌等：《当代中国青年价值观研究》，人民教育出版社2005年版，第46页。

(三)仪式教育创设社会主义核心价值观的情境氛围

我们要高质量完成教育目标,需要以理服人,更要以情动人。因为人的情感是主观自发的,在有人际交往的社会关系里,情感是人们交流互通、凝聚共识的基础,也是高校仪式活动发挥作用的心理前提。在仪式教育中,各参与者都享有共同参与、共同体验、共同感受仪式符号、程序与场域的机会。仪式教育借助符号、程序和场域让参与者平等地参与到社会主义核心价值观教育之中,并在特殊的教育情境下让参与者对核心价值观内容做到真正的认同与信奉。同时,让参与者在共同体验核心价值观教育的过程中搭建个人间情感沟通的桥梁,形成对社会整体的维系力量。

根据特纳的象征符号分类,仪式中的象征符号包含解释性符号、操作性符号、位置性符号三类。典礼组织者通过"场景""流程"两个渠道与参与者沟通。"场景"对应仪式表演的舞台,是仪式建构的情境,"流程"对应仪式表演的剧本,是仪式包含的具体议程和程序。"场景"和"流程"都是通过象征符号建构而成,参与者对仪式角色的掌握、对符号内涵的获取,也是通过使用象征符号参与互动而达成的,象征符号在仪式传播中发挥着连接组织者与参与者的纽带作用。因而特纳认为,仪式"能够唤醒、引导和控制各种强烈的情感,比如仇恨、恐惧、爱慕,以及忧伤"[①]。高校仪式活动的情境创设和情感激发功能可以从仪式进程的三个阶段划分。仪式之初,高校仪式活动由组织者在特定的时间和场域,凭借一系列内含教育意义的象征符号,创设含有社会主义核心价值观主题的仪式情境。仪式参与者置身于与众不同的活动形式中,视觉、听觉等感官系统不断地受到冲击,从而产生了原始的、无意识的情感变化。仪式之中,随着仪式活动流程的层层递进,参与主体在严肃神圣的仪式氛围中强化了信念,个人的仪式情感在群体互动中也促使着更高层次的情感生成,形成与教育主题相契合的"共同情感"。仪式结束后,这种由内而生的情感不断地刺激着参与者本身,为他们留下积极且深刻的活动体验,从而达到修正个体思想和行为、凝聚集体意识和共识的目的。

---

① [英]维克多·特纳:《仪式过程:结构与反结构》,黄剑波、柳博赟译,中国人民大学出版社2006年版,第41页。

高校仪式教育之所以可以创设社会主义核心价值观的情境氛围，是因为情境从情感角度反映了参与者与环境、主体与客体间的相互关系。大学生在仪式活动中对环境的感知是主观把握与客观存在的统一，离开了主观认知，情境就变为了单一的客观环境。由此，仪式创设社会主义核心价值观的情境氛围是指在培育和践行核心价值观的过程中借助仪式的力量，将核心价值观置于仪式所创设的情境氛围中，激发大学生对价值观的主观情感认同，从而达到核心价值观入脑入心的效果。一方面，社会主义核心价值观的情境氛围是由一系列仪式程序构建起来的。仪式教育程序成为连接大学生日常校园生活与社会主义核心价值观教育的桥梁，借助仪式程序的“分享”与“沟通”，将核心价值观理论与大学生日常学习生活相交融，将核心价值观内容渗透到大学生的校园活动和常规仪式之中，使空洞的理论更加贴近大学生，并由此强化了大学生主体与仪式程序客体的关系，构建了社会主义核心价值观指导下的仪式教育路径。例如，将“友爱”的价值观内涵渗透到毕业典礼仪式之中，让学生在授予学位、领导致辞、论文表彰、教师寄语、毕业生朗诵等仪式程序中感受“友爱”的意义。另一方面，社会主义核心价值观的情境氛围是由仪式场域营造出来的。仪式教育与培育和践行大学生社会主义核心价值观的过程是同一的。仪式教育强调对话、强调平等，主张以一种平等协商的方式呈现社会主义核心价值观，社会主义核心价值观指导下的仪式活动也只有以民主集中参与的方式才能开展。要言之，仪式教育的核心目标是唤醒集体记忆，其实现方式就是营造民主的仪式场域，民主是仪式教育开展的前提条件。同时，民主代表着大学生平等、自由而广泛的参与，也是社会主义核心价值观教育的必由之路，而民主本身也是社会主义核心价值观的重要内涵之一。因此，仪式教育过程与社会主义核心价值观教育过程都应该在一种平等沟通、协商的民主场域中进行。对于大学生来讲，相对于被动地接受教师灌输的思想，他们更愿意接受亲身参与仪式活动所形成的观点。所以，通过营造民主场域让大学生自主接受价值观，才是实现核心价值观教育实效性的必选路径。

具体来说，高校通过各种解释性符号、位置性符号建构仪式情境。仪式情境对内具有聚集性、对外表现出排他性，宣告着仪式的重要性，赋予仪式“媒介事件”的性质，参与者进入“神圣庄严的时空”，在无数目光的注视下接受仪式的“洗礼”；同时，仪式情境也为个体使用象征符号进行互动提供了平台，包括参与者受情境感染而沉浸其中、参与者主动参加表演，符号互动触发了参与者的直觉的情绪。而操作性符号是对这种直觉情绪的进一步提炼与升华。操作性符号主要包含音乐、致辞两种声音符号，其作用在于唤醒集体记忆，引导个体对集体概念的理解，它们作为参与者的共同关注点，从不同个体的情绪中提炼出相似的情感并产生共鸣，成为个体进一步互动、沟通、聚合的条件。这表现为参与者受大学精神、家国情怀的感染，对崇高的人生理想、爱国情怀产生一致情感。仪式传播的种子已经植根于他们的记忆中，内化到他们的意识中，影响着他们的思想和行动。仪式“通过”的不仅是身份，而且是集体精神的传承，仪式教育的意义在这样的情境氛围中被共享。

（四）仪式教育强化社会主义核心价值观的践行效果

涂尔干认为：“信仰是舆论的状态，是由各种表现构成的；仪式则是某些明确的行为方式。这两类事实之间的差别，就是思想和行为之间的差别。”[①]行为也即在思想支配下表现出来的外表活动，在仪式活动中，仪式的操演本身就依赖仪式行为。仪式展演形式种类繁多，但都具有同一个目标指向，即向参与其中的每一个个体传递出共享的价值理念与共有记忆，在意识导向下调动参与者的个体性行为与集体性行为，以外在神圣化的情境氛围来展现行为内在的价值认知和审美蕴含，使参与者在潜意识的参与中统合成为一个想象的共同体，使参与者自觉或不自觉地表现出仪式内在精神所引导的仪式行为，使之趋和于主流价值观下所共有的行为方式。同样，中国古代的“三纲五常”内含封建社会君与臣、父与子、夫与妇之间一种特殊的道德约束关系，反映出统治阶级为在思想上达到统一，将代表社会主流意识的道德观念普遍渗透在人们的社会关系中和日常行为中，悄然无声地形成礼节习俗。当这种礼仪规定上升到国家层面，就成为正式的行为准则和制度要求。可见，行为规范是统治阶级维护社会秩序的意义旨归，也是高校开展仪式活动的终极目标。

① [法]涂尔干：《宗教生活的基本形式》，渠敬东、汲喆译，商务印书馆2017年版，第45页。

当前，中国正面临世界百年未有之大变局和中华民族伟大复兴的战略全局，社会出现的矛盾和失序现象，充斥的多种社会思潮、多元价值观、西方国家的意识形态渗透等，对大学生理想信念的树立和坚定产生不利影响，如何培育和践行大学生社会主义核心价值观变得尤为重要。社会失序和信仰危机的背景下，要求我们探寻解决问题的方法。但很多时候我们往往片面地用理论灌输的方法让大学生生硬地了解社会主义核心价值观，努力通过理论教育让大学生接受并认可价值观理念并上升为理想信念，而没有思考我们应该借助什么方式让大学生自觉将核心价值观理念内化于心、外化于行，让大学生自觉为构建和谐社会贡献自己的力量。大学生在这种教育方式下，往往可以将核心价值观理念倒背如流，知道“是什么”“为什么”“怎么做”，却往往不能促使学生“主动去做”，致使核心价值观教育缺乏实效性。社会主义核心价值观教育的最终目的就是要扭转失序的社会现实，寻求价值观与理念信念的重构，在这一点上仪式教育的价值立场是一致的。因此，在培育和践行大学生社会主义核心价值观的过程中，我们既要在理论上教导大学生辨别社会各种思潮与失序现象，也要通过仪式教育在实践上凝聚集体共识、达成社会认同、涵化价值信仰，强化社会主义核心价值观的践行效果。从这样的视角出发，仪式教育作为打造集体记忆、凝聚情感共识的方式，不仅对社会主义核心价值观教育具有理论上的指向性，更对核心价值观教育具有实践上的适切性。大学生仪式教育之所以能够强化社会主义核心价值观的践行效果，是因为仪式教育能够建构让大学生保持一致的中心，让大学生通过彼此间语言、姿态、举止、行为互动来表达对公共情境的尊重，让大学生在共享的理想信念中和谐相处，进而通过集体记忆强化对核心价值观的认识和认同，为构建和谐有序的社会环境奠定基础。反之，“群体界限”将会导致大学生对核心价值观产生不同认知，难以凝聚共识，情感凝聚也会大打折扣。在参与仪式活动的过程中，正是通过学生们集体性的仪式行为与相契合的象征符号打造具有强烈感染性的仪式场域，这一套重复性的、程序化的仪式化行为在情感、态度、价值观方面激发大学生的心灵感应、提升其集体共鸣，使其不仅内化于心，更外化为行，表现出仪式目标所期望的行为实践。人的行为具有共同规律性，仪式教育使大学生可见、可感，变抽象化的仪式内涵为具象化的仪式行为，为大学生建构起直观性的仪式体验，使其契合其内心想象，激发大学生的内心一体感与意识共识性，并在主观意识指导下规范其行为。

高校仪式活动的行为规范功能是集强制性、非强制性、显性、隐性于一体的，体现在严格的程序要求上，如敬礼、宣誓、默哀等特定动作，历史既定的校训校规以及个人意识上升到群体共情，最终实现行为规范的教育目的。这种规范过程可以分为入场、在场和出场三个时段，其中仪式在场衔接前后，与前后两个阶段的规范行为有所交叉。仪式入场阶段，参与者提前获知仪式活动的时间、场地、主题等相关信息，基于常识和个人素养能够遵守按时到场、着装合适、保持肃静、网络签到等基本要求。仪式在场阶段，随着程序的逐步深入和象征符号的感官刺激，参与群体在互动环节中有了情感共鸣并出现行为模仿，促使参与者修正个人的言行举止，体悟仪式所传递的教育内容，引导参与者实现价值内化，形成自己的行动指南。仪式出场阶段，通过仪式收获的个人感悟和体验，敦促着个体自省，自觉地向优秀典范学习，最终将价值理念外化于行。倘若在实践中取得了成就，则会更加深刻地体悟该仪式所传递的价值观，更加有意识地规范自身行为。同时，通过仪式活动周期性重复举行，也在不间断地刺激和鼓舞着学生进行持续模仿行为。

二、大学生社会主义核心价值观仪式教育的功能表达

大学生社会主义核心价值观仪式教育是融入特定价值理念、带有特定教育目的的仪式活动。教育者和受教育者在参与过程中，可能是主动、有意识地，也可能是自动、无意识地形成彼此之间共同的情绪感受和情感体验在主体间交互感染、彼此强化，进而产生情感共鸣和价值共识，从而使仪式所蕴含的特殊意义内化为受教育者的价值观，实现特定的教育目的。大学生社会主义核心价值观仪式教育的这一特点，使它在社会主义核心价值观教育中具有独特的作用和优势，要发挥这一优势，就必须对仪式教育的功能表达有深刻的认识和把握。大学生社会主义核心价值观仪式教育的功能表达过程，即当教育者和受教育者参与仪式程序时，主体间就共享一套价值规范，并不可避免地经过仪式主体的思想凝

聚、文化传承、情感升华和行为规范四个环节。而大学生社会主义核心价值观仪式教育功能的发挥正是通过这四个环节,逐层推进并有效地触及大学生的灵魂,从而实现教育的目的。

（一）思想凝聚环节

思想凝聚就是“铸魂”,决定了能否将仪式的价值真正融入学生的灵魂,实现仪式的价值和意义。马克思主义理论的“灵魂”主要是指“具有自我目的性的社会意识”,“铸育思想灵魂是意识形态的本质要求”,“不同的意识形态,可以铸造各异的思想灵魂”,“作为意义世界核心的‘信仰’、作为观念世界核心的‘价值’和作为情感世界核心的‘精神’构成意识形态的核心内容,即意识形态之魂”。[①]思想凝聚就是使主体坚定信仰、铸塑价值、凝练精神的改造过程。大学生社会主义核心价值观仪式教育的思想凝聚过程,也是大学生社会主义核心价值观仪式教育最终希望实现的目标。大学生社会主义核心价值观仪式教育经过了价值识别、主体共鸣与情绪强化三个关键环节,仪式所蕴含的信仰、价值和精神逐渐为主体所认知、认同,并在对主体“灵魂”的不断冲击、强化中固化下来,最终融入主体的价值观,此时仪式的教育过程也就真正完成。通过仪式教育思想凝聚功能的发挥,仪式价值的内化会变得更加容易,而这也正是仪式教育的重要意义和价值所在。

仪式的思想凝聚过程根据程度不同,可以大致分两个层次。第一层是凝聚仪式参与主体对仪式程序和价值的思想认同。这是一个仪式主体不断整合内化的过程,借助仪式活动让主体感受到仪式价值以及仪式情感的信息,与自身既有的规范、观念和价值进行归纳、整理、融合,进而重构自身的观念。虽然仪式的价值是客观的,但重构和内化的程度却是因人而异的。在这一层次,会产生几种不同的情况和效果。比较理想的是主体知识结构、价值观念和思想认识与仪式所蕴含和表达的价值相一致,此时,主体更愿意接受仪式的情感信息,更容易认同仪式的价值,更积极地将仪式的价值融入自身的价值观念;比较困难的情况是主体知识结构、价值观念和思想认识与仪式所蕴含和表达的价值存在差异,甚至

① 参见李忠军:《中国梦、社会主义核心价值观、中国精神三位一体的铸魂逻辑》,《社会科学战线》2015年第6期。

有矛盾冲突，此时主体可能产生两种结果：一种是接受，接受仪式的价值，用仪式的价值改变甚至重构自身的价值观念，这是比较理想的结果，同样能够达到仪式的目的；另一种是抵制，抵制仪式的价值，用自身的价值观念抵制仪式的价值，在这一过程中主体可能更加强化了自己原有的价值观念，这是一种与仪式的初衷完全背离的、非常糟糕的结果。思想凝聚的第二层表现就是使主体能够自觉主动参与仪式的程序，积极传递仪式的价值观念。仪式的价值经过主体的建构而成为其自身观念的一部分后，主体就会主动传播和参与仪式活动。例如在大学生入党的过程中，只有将共产主义的理想信念内化为自己思想观念的一部分，将入党宣誓等各类仪式中的价值内化于心，才会去主动地“言马”“信马”“学马”“懂马”“爱马”“传马”，最后“行马”。大学生社会主义核心价值观仪式教育的思想凝聚也是相同的道理，只有大学生主动去传递仪式所包含的程序及其价值观念时，才真正实现了仪式的目标。

（二）文化传承环节

美国人类学家克利福德·格尔茨认为，人是一种编织意义之网而又囿于其中的动物，这意义之网就是文化，而人的行为不过是一种传达意义的直接表现，因此只有理解人们行为背后的社会意义才可能达到对文化的准确理解。[①]文化不是孤立的存在，而是一定时代背景、社会情境下的产物，必须以具体的时间、地点、条件而综合分析。同时，格尔茨认为，文化是一种通过符号在历史上代代相传的意义模式，它将传承的观念表现于象征形式中。通过文化的符号体系，人与人得以相互沟通、绵延传续，并发展出对人生的知识及对生命的态度。[②]文化作为维系社会关系的纽带，通过仪式深入人心并延续至今。

习近平总书记强调：“无论什么时候，我们都要坚守在中国大地上形成和发展起来的社会主义核心价值观。”[③]社会主义核心价值观作为文化的精髓，植根于中华民族传统文化的血脉里，经过历史长河的冲刷与积

① 参见邹琼：《理解与解释：深描的文化观》，《青海民族研究》2007年第1期。

② 参见梅琼林：《从文化人类学的角度开启传播学研究的新视野》，《南京社会科学》2007年第6期。

③ 习近平：《青年要自觉践行社会主义核心价值观——在北京大学师生座谈会上的讲话》，人民出版社2014年版，第12页。

淀，通过习俗节庆、礼法祭祀等仪式载体得以代代相传。节日本就是中国传统文化的组成部分，连接中华民族的传统风俗和思想理念，是培育和践行社会主义核心价值观的重要来源和传播载体。由此，节日仪式作为大学生社会主义核心价值观的教育方式之一，早已融入中华民族传统文化之中，起到继承发展传统文化的作用。节日仪式通常以庆典等人们喜闻乐见的形式将社会主义核心价值观渗透到大学生的生活中，既传播了主流价值观，让大学生了解国家的繁荣昌盛，也为核心价值观提供了精神滋养，增添了价值观内涵的厚重感。具体体现如下。

第一，国庆节期间组织大学生观看国庆阅兵式，在“整齐划一”“号声嘹亮”“声势浩大”的气氛中、在海、陆、空战队的联合军演中、在一批批“听党指挥”“能打胜仗”“作风优良”的士兵形象展示中体会当代中国的强大，引发大学生的强烈情感共鸣，潜移默化地在大学生心中刻上了“富强”的价值观符号。

第二，我国将5月4日定为“青年节”来纪念五四运动，并在当天举行成人仪式，让大学生在国旗下宣誓的过程中，牢记历史，铭记和缅怀五四运动牺牲的优秀学生代表，以五四精神指导自己的实践活动，在庄严的仪式中领会“爱国、进步、民主、科学”的精神，追忆并思考进步学生为追求国内“民主”政治局势作出的贡献，将“民主”的价值观思想内化于心、外化于行。

第三，春节作为人们最为期待的节日传承至今，象征除旧迎新、万象更新，传承着中华民族丰富多元的传统艺术，像是春联、中国结、剪纸等传统民俗作品以及燃放鞭炮、开联欢会、大扫除、走亲戚、贴春联、祭祖等传统民俗活动，展示了中华文明的丰富多彩，让大学生在制作民俗作品、体验民俗活动时体会中华文明的博大精深。此外，端午节也称“龙舟节”“粽子节”“屈原日”，在节日期间通过组织赛龙舟、悬艾叶、吃粽子、喝雄黄酒、祭祀等民俗活动，纪念屈原抱石投江、以身殉国的爱国主义壮举。同时，引导大学生在参与端午节仪式活动中体会节日的来历和含义，理解国家层面“文明”的价值意蕴，增强对传统文化的认同和归属感，唤醒爱国主义与民族精神。

第四，在重阳节，会组织登高爬山、赏菊饮酒、举办庙会、吃重阳糕、插茱萸等节日仪式。如今,将9月9日赋予"长久"的意蕴,象征长寿,寄托对长辈的祝福,符合大学生的心理期待,形式朴实却意味深长,易于为大学生所理解接受,传递"敬老尊老""满善和谐""和睦友善"的价值观思想,唤醒大学生对家人、朋友、社会、国家的情感,激发大学生的家国情怀,激励大学生珍惜家庭生活,共创和谐社会,追求美好明天。

(三)情感升华环节

仪式的不同参与主体能够通过彼此间情绪的感染、情感的共鸣,达到一种交互的感染效果,使主体的情绪在交互中得到升华。在仪式情感的交互感染过程中,仪式价值作为传递和传播的内容,是与参与主体的情感体验耦合在一起的。因而在交互感染过程中,主体体验到的价值既可能是仪式行动所蕴含的客观价值意义,也可能是仪式的其他参与主体表现出来的主观想法。但无论是哪一种情绪或者价值,一般都不会采用强制的手段或者直接灌输的方式,更普遍和有效的方式都是通过某种间接的表达,使参与者感知、接受一种观点、情绪或者行为,并使这种观点、情绪或行为以异常的速度在人群中蔓延开来。在交互感染过程中,参与者的相互认同和情感暗示,在很大程度上会激发主体的情绪行为,而降低参与主体的理性行动。因而在仪式价值的传播过程中,主体间相互的情绪暗示和感染程度越深,某种观点、情绪或行为就越能够快速传递,并支配整个群体,也就更能发挥情感升华的作用。同时,仪式的情感升华又是在传播过程中不断循环放大的。在仪式活动中,主体间的交互感染在参与主体中产生循环,一个传递一个或多个,再传递到一个或多个,被传递的主体又会反馈传递者,通过循环往复在群体间不仅产生交互,而且形成循环传递的效果,使感染力度不断加大,从而增强仪式感染性的效果。

社会主义核心价值观仪式教育作为一种体验式的教育方式,一方面让大学生在参与仪式的过程中形成"社会共同体",另一方面让大学生形成对社会层面价值观的情感认同。情感认同是接受思想信息的基础和前提,大学生在仪式中参与感、愉悦感越强,对社会主义核心价值观内容的接受度就越高。

第一,仪式教育通过创设神圣的场域,构建出具有特定情境的空间,营造出一种与价值理念相呼应的氛围，形成教育者、教育对象、教育环境相互作用的反应场。在这个反应场中，参与主体可以在自由交流、自由表达中共享经历、共享信息，进而实现了真正的平等。例如，在仪式场域中模拟角色扮演，颠倒传统固有的社会关系，在这个"游戏"体验中学生可以扮演老师等。仪式场域的角色扮演可以暂时消除社会关系的不平等现象，解决校园中因地位差异带来的矛盾冲突，让学生以游戏的心态获得轻松、愉悦的体验，让每个参与者都可以自由表达观点、宣泄情绪，在自由、平等的仪式场域中体会社会层面"自由""平等"的价值观。

第二，仪式教育结合特定主题，创设出或庄严肃穆、或掌声鼎沸的抽象氛围，让大学生受仪式气氛感染，自觉向着仪式传达出的价值观念靠拢。仪式教育的主体是成群结队的人，情感的集聚和思想的统一相比个人更容易受到集体心理的引导，或萌生对历史的敬意，或获得心灵的触动，或增强集体的归属感，这种经历的融通让个体更容易感知到彼此的"共同性"和"共存性"，为构建社会共同体打下思想基础。同时，为了保证大学生仪式教育的实效性，除了对环境、主题、形式等客观因素的要求，仪式教育的对象也要作出相应的准备。"仪式的参与者必须遵循仪式所要求的礼仪规范，如穿着、言语、行为等，可以影响并指导学生日后在人际交往中的言行举止、穿着打扮、气质风度等。"[①]仪式教育具有明确的程序意识，对仪式场所、物品摆放、时间设置、背景音乐、观礼者着装、精神状态等都有细致的、严格的要求，突出了仪式教育的严肃性，让大学生在仪式过程中正视价值观内容，激发情感上的共鸣。例如，高校针对毕业生开展的职业体验型仪式教育，结合生动的国家公务人员就职宣誓仪式，让大学生亲身体验受神圣氛围感召的庄严感，让大学生提前了解职业特征和职业纪律。根据公务员法和相关规定，国家公务人员入职前需要进行宪法宣誓仪式，以此捍卫宪法的权威性和崇高性，并通过宣读誓词保证自己在入职之后严守法律、公正做事，将"公正""法治"价值思想贯彻落实到日常工作中。大学生通过体验宪法宣誓仪式形成对"公正""法治"价值观思想的情感认同，并在宪法的约束下自觉履行其规定的义务，承诺在未来从事的岗位上克己奉公、廉洁自律、遵纪守法、公平公正，

① 孙冬青：《试论新时期高校仪式活动的德育价值》，《学校党建与思想教育》2016年第8期。

做一名为社会主义现代化建设贡献自身力量的合格公民。

综上，大学生作为社会成员的一部分，承担着凝聚价值观共识、构建和谐社会的责任，而仪式教育正是在培育和践行社会主义核心价值观中提高大学生情感认同，使大学生感悟社会层面的价值观内容，接受价值层面的精神熏陶和道德教育。

（四）行为规范环节

社会主义核心价值观仪式教育隐含对大学生的德育教育，深刻体现着“个人—社会—国家”层面的价值理念和行为准则。“核心价值观，其实就是一种德，既是个人的德，也是一种大德，就是国家的德、社会的德。国无德不兴，人无德不立。”①个人、社会、国家都需要推动核心价值观培育，而仪式教育正是在培育和践行核心价值观中提高大学生对多元社会思潮和多样网络信息的辨别能力，规范大学生言行举止，使大学生积极承担起服务社会的责任，加强思想道德修养，形成内外兼修的道德人格。习近平总书记指出：“道德之于个人、之于社会，都具有基础性意义，做人做事第一位的是崇德修身。这就是我们的用人标准为什么是德才兼备、以德为先，因为德是首要、是方向。”②习近平总书记在党的十九大会议中明确提出：“推进社会公德、职业道德、家庭美德、个人品德建设，激励人们向上向善、孝老爱亲，忠于祖国、忠于人民。”③党的二十大报告进一步提出“用社会主义核心价值观铸魂育人”④。为此，社会主义核心价值观仪式教育的本质就是要引导人们广泛了解核心价值观内涵，倡导人们严私德、守公德、明大德，倡导广大青年要“立大志、明大德、成大才、担大任”⑤，倡导学生要“品德润身、公德善心、大德铸魂”⑥。只有立德，才能更

① 习近平：《论党的宣传思想工作》，中央文献出版社2020年版，第72页。

② 习近平：《论党的宣传思想工作》，中央文献出版社2020年版，第78页。

③ 习近平：《决胜全面建成小康社会　夺取新时代中国特色社会主义伟大胜利——在中国共产党第十九次全国代表大会上的报告》，人民出版社2017年版，第43页。

④ 习近平：《高举中国特色社会主义伟大旗帜　为全面建设社会主义现代化国家而团结奋斗——在中国共产党第二十次全国代表大会上的报告》，人民出版社2022年版，第44页。

⑤《习近平在清华大学考察时强调：坚持中国特色世界一流大学建设目标方向　为服务国家富强民族复兴人民幸福贡献力量》，《人民日报》2021年4月20日。

⑥ 习近平：《论党的宣传思想工作》，中央文献出版社2020年版，第347页。

好地立学、立言、立行。

社会主义核心价值观仪式教育作为一种实践性的教育方式,一方面让大学生在参与仪式的过程中促进个人社会化,另一方面将社会主义核心价值观对个人层面的价值要求内化为大学生的道德行为规范。具体表现为以下四个方面。

第一,以仪式教育激发大学生的爱国主义精神。"爱国"是一种强烈的国家认同和神圣的情感归属,是大学生必备的公民素养和道德修养。仪式教育通过开展纪念仪式实现对大学生"爱国"价值观的传递和爱国主义精神的培养。纪念仪式作为社会主义核心价值观的教育方式之一,从时间角度设立,有利于激发大学生的爱国主义情感,提高大学生的国家认同度。例如,我国将9月3日设为"中国人民抗日战争胜利纪念日",并举办阅兵仪式,在这一过程中传递出"勿忘国耻、振兴国家、珍爱和平"的思想,引发大学生情感上的强烈共鸣,潜移默化地在大学生心中刻上了"爱国"的价值观。纪念仪式通过典礼、阅兵等方式营造出神圣、严肃的氛围,打造了一个固定性的纪念空间,有利于大学生增强国家认同,自觉将抽象的、概念化的价值观理解为纪念仪式的中心思想,由情感上的共鸣引发对价值观的思考并上升为服务社会的践行。

第二,以仪式教育培养大学生的敬业精神。"敬业"是对事业全情投入的精神境界,是大学生实现人生价值的前提条件和职业要求。仪式教育通过借助媒体仪式实现对大学生"敬业"价值观的传递和敬业意识的培养。现如今,随着网络化和信息化时代的到来,仪式教育形式也得到全方位扩展,教育方式也实现了从单一到多元的转变,媒体仪式教育在高校应运而生,通过潜移默化、大众互动的形式为价值观内涵提供实物参照,可以让大学生迅速直观地聚焦媒体树立的人物,反省自身在价值观层面上的缺陷,规范言行举止。例如,CCTV《感动中国》颁奖典礼,通过表彰具有崇高精神和价值追求的全国道德模范,释放榜样的力量,引导大学生在学习模仿的过程中树立奉献意识和职业理想。全国道德模范"或充满爱心、助人为乐,或见义勇为、舍生忘死,或诚实守信、坚守正道,或敬业奉献、虔诚勤勉,或孝老爱亲、血脉情深。你们的高尚品德,温暖了人心，感动了中国，为全社会树立了榜样”[①]。感动中国人物的选择角度与社会主义核心价值观内容紧密联系，有为乡村振兴作贡献的张顺东、李国秀夫妻，有坚守高原的国测一大队，有保卫国家的空军原司令员王海，他们都是各行业爱岗敬业的优秀人士，他们的感人故事背后承载着“敬业”的价值观，让大学生感动于道德模范事迹的同时，将榜样事迹中蕴含的敬业精神内化于心，同时反省自身在敬业层面的不足，树立榜样典范，净化心灵、提升境界、完善自我。

第三，以仪式教育规范大学生的诚信行为。“诚信”是中华民族的传统美德，是大学生为人处事的立身之本。仪式教育通过禁止型和引导型仪式教育实现对大学生“诚信”价值观的传递和诚信品德的培育。习近平总书记指出：“青年的价值取向决定了未来整个社会的价值取向，而青年又处在价值观形成和确立的时期，抓好这一时期的价值观养成十分重要。”[②]如今，一些大学生受复杂的社会环境和多元网络世界的诱惑，在行为上往往缺乏自制力，甚至怀有许多非理性情绪。教育大学生树立正确的价值理念和品格，高校成为至关重要的环节和阵地。高校要通过禁止型仪式和引导型仪式引导大学生秉持诚信的态度，自觉践行“信以待人、当必有成”的诚信原则，不断完善自身言行。例如，期末考试前组织学生签署考试诚信承诺书，用强制性甚至带有惩罚性的方式规范考生纪律，禁止学生在考试期间出现作弊等任何不良行为。此外，学校可以举办一场大学生物品交易活动，引导学生在交易过程中自觉坚持诚信原则，不强买强卖，不哄抬价格，不虚假宣传，在体验引导型仪式中践行诚信行为。

第四，以仪式教育培养大学生的友善品格。“友善”是人与人交往最基本的要求，是大学生融入集体的前提条件。仪式教育通过日常校园仪式和网络仪式实现对大学生“友善”价值观的传递和友善品格的培养。“友善”作为情感层面的价值理念，单靠传统理论灌输方式很难触动大学生，情感的培养需要仪式的情境和氛围。日常校园仪式就是将仪式教育与校园日常活动相结合，借助特定主题、固定程序而重复开展的活动，利用特殊的时间节点增强严肃性和仪式感，让大学生在重复参与过程中养

① 《习近平谈治国理政》第1卷，外文出版社2018年版，第158、159页。

② 《习近平谈治国理政》第1卷，外文出版社2018年版，第172页。

成友善品格,达到价值观教育的目的。例如,上课前的问好礼仪、教师节的感恩仪式、毕业典礼的谢师典礼,让大学生充分体会到礼、爱、尊的价值理念,为引导学生养成尊师重教的友善品质创设情境。此外,除了传统仪式教育形式外,高校借助网络形式拉近了学生与父母间的距离和感情,通过在父亲节、母亲节的特殊时间节点,让大学生利用微信等网络媒介发送一条给父母的祝福语,以此让大学生懂得亲情友爱的真谛,建立和谐、融洽的家庭关系。

第四章　大学生社会主义核心价值观仪式教育的现实审视

大学生社会主义核心价值观仪式教育固然具有重要的理论和现实意义，并且在高校得以广泛宣传应用，然而也面临日趋复杂的外源性挑战，即多种社会思潮的交织碰撞、多元化价值观的激烈交锋、算法推荐时代的网络意识形态风险；面临不容回避的现实问题，如思想认识层面主观认识不足，策划实施层面形式化严重，组织参与层面参与度不高，管理机制层面保障机制不健全，社会环境层面受多种社会思潮的影响。这成为横亘在大学生社会主义核心价值观仪式教育路径探寻面前必须逾越的障碍。究其原因，主要是仪式教育的主体意识不够强、仪式教育的文化意义不充足、宣传和组织参与不到位、高校对保障机制投入不够多、仪式教育的外部环境不稳定等。

一、大学生社会主义核心价值观仪式教育的外源性挑战

事物的发展不是自发的，而是历史与现实、现象与本质、偶然与必然共同作用的产物。大学生社会主义核心价值观仪式教育的推进，也是由所处时代的社会制度、社会秩序、社会心理、社会环境等因素共同决定的。新时代多种社会思潮的交织碰撞、中西意识形态的激烈交锋、算法推荐时代的网络意识形态风险等外源性挑战，为新的条件下如何持续推进大学生社会主义核心价值观仪式教育提供新的思考。

(一)多种社会思潮的交织碰撞

如今,我国正处于世界百年未有之大变局和实现中华民族伟大复兴的关键时期,多种社会思潮交织碰撞,多元价值观相互激荡,意识形态领域的斗争日趋激烈。特别是伴随改革开放的深入推进,社会面临从封闭到开放、从传统到现代的双重转型,这一转型造成的开放性社会环境、多样性社会存在决定了社会思想的开放性和多样性,传统的、现代的、本土的、外来的多种社会思潮共存、交融、交锋。这些社会思潮中既有科学的、进步的、文明的,也有错误的、消极的、落后的。在多种社会思潮的影响下,在利益多元分化和主体意识觉醒的时代背景下,部分异质性社会思潮趁机发声、制造舆论、混淆视听、扰乱人心,撼动主流意识形态和主流价值观的地位,对社会主义核心价值观的传播和教育造成不良影响。

根据2010—2020年度《人民论坛》的“年度重大社会思潮”调查评选(如表4-1),部分社会思潮的依托载体和传播空间得到拓展,对主流意识形态和主流价值观的传播造成挑战。

我国经济社会领域的深刻变革,不仅为多种社会思潮的滋生提供了现实基础,而且也为价值观的多元化提供了有利的社会条件,传统的集体主义价值观和道德观在市场经济物质利益的驱动下受到冲击,国家民族观念、全局观念也日渐淡薄,而新自由主义、极端个人主义、精致利己主义、拜金主义、享乐主义开始抬头,部分民众开始摇摆不定,出现价值紊乱和价值真空,一些社会成员甚至崇尚这些消极错误的价值观念。尤其在各种消极价值观念的影响下,部分党员干部出现观念上的迷失与行为上的失范,少数党员干部甚至出现生活腐化、权力腐败、唯利是图、道德沦丧的行为,而这些党员干部观念的迷失与行为规范的扭曲不仅关涉他们个人,更是给广大社会公众带来了严重的消极影响。

表 4-1　2010—2020 年度《人民论坛》"年度重大社会思潮"调查评选

	1	2	3	4	5	6	7	8	9	10
2010年	新自由主义	民族主义	社会民主主义	文化保守主义	道德相对主义	新左派	历史虚无主义	功利主义	大国心态	伪科学
2011年	普世价值论	新自由主义	创新马克思主义	道德相对主义	社会民主主义	文化保守主义	新国家干预主义	民族主义	民粹主义	公正正义
2012年	民族主义	创新马克思主义	新自由主义	拜物主义	普世价值论	极端主义	新儒家	民粹主义	道家相对主义	社会民主主义
2013年	新自由主义	历史虚无主义	民族主义	创新马克思主义	普世价值论	宪政思潮	民粹主义	新左派	新儒家	伪科学
2014年	新自由主义	民族主义	新左派	民粹主义	普世价值论	生态主义	历史虚无主义	极端主义	新儒家	宪政思潮
2015年	民族主义	历史虚无主义	新自由主义	民粹主义	新左派	普世价值论	新儒家	生态主义	极端主义	道德相对主义
2016年	民粹主义	新权威主义	民族主义	极端主义	新自由主义	虚无主义	新左派思潮	功利主义	消费主义	生态主义

续表

	1	2	3	4	5	6	7	8	9	10
2017年（国内）	民粹主义	民族主义	生态主义	消费主义	泛娱乐主义	激进左派	文化保守主义	历史虚无主义	新自由主义	普世价值论
2017年（国际）	民粹主义	分离主义	种族主义	极端主义	逆全球化	生态主义	泛娱乐主义	新自由主义	普世价值论	西方左翼思潮
2018年（国内）	民族主义	历史虚无主义	民粹主义	泛娱乐主义	新左派	消费主义	文化保守主义	生态主义	女性主义	新自由主义
2018年（国际）	贸易保护主义	民粹主义	单边主义	排外主义	极端主义	新自由主义	生态主义	种族主义	女性主义	普世价值论
2019年	逆全球化	贸易保护主义	民粹主义	多边主义	民族主义	科技本位	消费主义	泛娱乐主义	生态主义	女性主义
2020年（国际）	反全球化	霸凌主义	民粹主义	极端右翼	国家主义	科技至上主义	技术民族主义	反智主义	平等主义	生态主义
2020年（国内）	民族主义	生态主义	网络民粹主义	泛娱乐主义	消费主义	文化保守主义	个人主义	实用主义	科技本位主义	国家主义

多元价值观的相互碰撞、摩擦、冲突、交锋必然导致部分民众在价值判断上的犹豫不决和价值追求上的迷茫,影响了培育和践行社会主义核心价值观的效果。此外,社会主义市场经济体制的建立在推动经济发展的同时,也带来了一些消极因素。受市场经济利益规则的影响,部分人唯利是图,为了个人利益而忽略社会和集体利益,甚至损害社会和他人利益,集体利益、国家利益和全局利益观念淡漠。同时,由于社会主义市场经济体制还处于不断健全完善的过程中,许多体制机制还没有建立,部分已经建立的体制机制也不尽合理,这些制度的缺失和不完善使部分社会成员的正当利益得不到保障,而少数以不正当手段获取利益者也得不到应有的惩罚,甚至缺乏对真善美和假恶丑的辨别能力,这些都从根本上制约着社会主义核心价值观的传播和教育。加之,部分西方发达国家利用其在经济、技术、军事等领域的优势掌握着国际规则的制定权,肆意将自己的价值体系渗透到其他发展中国家,弱化部分国家人民的民族意识和国家观念。而部分发展中国家人民只看到本国同发达国家的经济水平差距,滋生对发达国家的盲目崇拜、对本国妄自菲薄的错误认知。这种思想和心理不可避免地影响着人们对主流价值观念和主流意识形态的信心和信念,给培育和践行社会主义核心价值观带来挑战。

社会主义核心价值体系自2006年提出后,虽然发挥了凝聚思想认识共识的作用,但在多种社会思潮的冲击下,仍然面临着外源性风险挑战。例如,历史虚无主义通过视角转换裁剪历史事实,通过边缘化的论据消解歪曲历史主流声音,通过散布不实言论抹黑英雄人物历史事迹,通过碎片化的信息取代历史全貌,通过猎奇的观点扰乱主流思想,通过公开质疑和否定英雄事迹真实性割裂共同历史记忆和民族情感,用“去历史化”“去英雄化”的歪风传播错误思想观点。近年来,西方国家更是凭借其技术优势,利用海外代理服务器、“网络马甲”等新技术新手段,制造网络思想渗透“原材料”,倡导“历史虚无”和“价值虚无”,将中国共产党领导人民革命、建设、改革的历史“编排”成为若干“历史故事”“历史秘闻”,对既有历史观、价值观进行颠覆、解构和重构,对中国网络空间和社会舆论开展“精准影响”,深度建构中国民众政治心理。[①]为此,习近平总书记

① 参见阚道远:《西方话语霸权建构的新动向及其政治影响》,《思想理论教育导刊》2018年第11期。

指出:“要旗帜鲜明反对历史虚无主义,加强思想引导和理论辨析。”[①]我们应当时刻保持清醒的思想认知,勇于揭露历史虚无主义等错误社会思潮的虚假。又如,网络民粹主义以网络话语的形式存在于网络空间之中,借助符号表意、文本建构等,将社会舆论事件进行包装,将事件引向民粹主义的话语框架,从而左右舆论的风向,影响人民群众的思维判断。2009年12月,《人民论坛》发表《未来10年10大挑战》的调查报告,指出了未来十年的十大挑战:(1)腐败问题突破民众承受底线;(2)分配不公激化社会矛盾;(3)基层干群冲突;(4)高房价与低收入矛盾;(5)诚信危机、道德失范;(6)民主政治改革低于公众预期;(7)环境危机凸显;(8)人口老龄化矛盾凸显;(9)大学毕业生就业更加困难;(10)主流价值观边缘化。[②]这些社会问题经由网络民粹主义的包装而呈现对抗性、情绪性和伪装性,极具煽动力和感染力,容易引发公众情绪激化和盲目跟风。在这些富有“吸引力”的话语煽动下,主流价值和主流意识形态难免显得暗淡,社会主义核心价值观的广泛传播面临重大考验。再如,泛娱乐主义以戏谑恶搞、幽默反讽的叙事风格对经典作品和社会现象进行歪曲和丑化,满足人民群众的猎奇心理、窥探心理以及媚俗心理,引发部分群众出现精神懈怠、道德败坏、价值沦丧、盲目追随等问题,对主流意识形态和主流价值观的传播教育构成很强的干扰,从侧面反映出人们在价值认同和信仰方面的危机。

不断更新的传播媒介无孔不入地出现在大学生的学习生活中,大学生借助网络技术接触到更多的社会思潮。而多种社会思潮的出现并没有让大学生的理解力和认知力提高,相反,社会思潮的多元化往往使大学生的头脑更加混乱,让主流的价值观教育变得更加艰难。社会思潮的碎片化、无序化、多元化侵蚀了大学生的思想,损害了大学生接受社会主义核心价值观仪式教育的精神力量,助长了大学生唯利是图的物质主义倾向、自私自利的个人主义倾向、及时行乐的享乐主义倾向、崇洋媚外的民族虚无主义倾向,严重损害了大学生感受仪式教育过程、理解仪式教育内容的积极性、主动性和创造性。具体体现在以下四个方面。第一,物质主义强调物质利益至上,将金钱看作是为人处事的唯一标准。随着

① 习近平:《在党史学习教育动员大会上的讲话》,人民出版社2021年版,第25页。

② 参见高源、马静:《“未来10年10大挑战”调查报告》,《人民论坛》2009年第24期。

物质主义在高校的广泛传播,大学生对仪式教育的文化传承、行为规范等功能越来越忽视,对核心价值观内容的理论学习和实践运用越来越漠视,只是片面地看重物质利益而轻视价值观教育。第二,个人主义强调个人主宰一切,把满足个人物质需求和情感需要看作人际交往的目的和归宿。随着个人主义在大学生中间蔓延,高校容易出现"人心涣散""集体意识淡漠"等问题。大学生对仪式教育凝聚情感、团结集体等功能不再看重,而只看重自身能否在仪式参与过程中得到个人感官享受。由此,在个人主义思潮的影响下,仪式主体参与的集体性特征无从谈起,通过形成集体记忆而增进集体情感的作用更是不复存在。第三,享乐主义强调及时行乐,与仪式教育规范大学生言行的功能相悖。随着享乐主义思潮逐渐出现在高校仪式教育之中,仪式教育出现泛娱乐化、低俗化等问题,仪式教育原本承载价值观念、增强情感认同的目的慢慢被宣泄情感、娱乐大众的目的取代,仪式教育自身的神圣性、庄严性被剔除,只剩下视觉感官享受的外衣。第四,民族虚无主义一味推崇外来文化而否认中华民族传统文化。大学生由于对外来文化及价值观念缺乏全面、系统的认知,常常为外来文化"鲜艳"的外表包装所欺骗,盲目地认为"外国的月亮比较圆",进而出现贬低本土文化、蔑视传统价值观等不良心态,这不利于大学生社会主义核心价值观仪式教育的开展,甚至引发大学生价值观扭曲、责任意识淡薄、政治信仰危机等问题。可见,多种社会思潮通过现代传播媒介不断冲击我国传统文化与价值观念,不断影响大学生的思维方式和认知能力,破坏大学生仪式教育的开展,造成仪式内涵的消解和仪式教育功能的失效。

(二)中西意识形态的激烈交锋

意识形态具有世界普遍性和民族特殊性的双重属性,不同的国家制度引发意识形态领域的中西方碰撞交锋。二战之后,世界形成两极格局,以美国为首的资本主义阵营与以苏联为首的社会主义阵营呈现出明显的政治对抗、经济竞争、军事对峙、价值观较量、意识形态分化的态势。从20世纪50年代美国国会议员杜勒斯提出的"和平演变战略",到70年代尼克松执行的"不战而胜"计划,再到80年代里根实施的"超越遏制"战略,在一定程度上加速了东欧剧变、苏联解体,西方民主体制和普世价值一度成为很多人崇尚的制度和理念。1990年，美国学者约瑟夫·奈在出版的《注定领导世界：美国权力性质的变迁》一书及同年在《对外政策》杂志上发表的题为《软实力》一文中，最早明确提出并阐述了“软实力”概念，即一个国家除了经济、科技、军事等“硬实力”之外，还有文化、价值观、意识形态、舆论等方面的“软实力”。1992年，美国学者弗朗西斯·福山出版《历史的终结与最后的人》，指出“自由民主是唯一的最佳选择”，从理论上总结资本主义所取得的胜利而社会主义则走向终结。1993年，美国学者塞缪尔·亨廷顿在《外交事务》杂志发表《文明的冲突》一文，提出了“文明冲突”理论。此后，资本主义国家将自身倡导的“自由”“民主”“人权”等“普世价值”在世界范围内大肆宣扬、甚嚣尘上。

进入21世纪，西方资本主义国家开始通过发动“颜色革命”推行意识形态霸权和价值渗透战略，其中包括格鲁吉亚的“玫瑰革命”（2003年）、乌克兰的“橙色革命”（2004—2005年）、黎巴嫩的“雪松革命”（2005年）、伊拉克的“紫色革命”（2006年）、吉尔吉斯斯坦的“黄色革命”（2005年）、缅甸的“番红花革命”（2007年）、伊朗的“绿色革命”（2009年）、突尼斯的“茉莉花革命”（2010—2011年）以及“阿拉伯之春”（2010年）。在西方强硬的军事干预和软性“普世价值”的渗透下，伊拉克、阿富汗、叙利亚等国家至今四分五裂、热战此起彼伏。

如今，世界正处于百年未有之大变局，不确定不稳定因素增多，意识形态领域的斗争更加尖锐复杂，国家安全的边界从传统的政治、经济、军事领域开始向意识形态领域延伸，中西方意识形态的碰撞不可避免。综观国际局势，政治上，“东升西降”“自西向东位移”的新态势日益凸显，单边主义、孤立主义抬头；经济上，贸易保护主义的手段更加多元、针对性更加明确、内容更加复杂、关涉的范围更加广泛、相关政策更加极端，西方国家积极推行“制造业回流”“本土化制造”“再工业化”等经济政策；文化上，非理性主义情绪蔓延，诱发极端民族主义、民粹主义思潮、宗教激进主义等情绪；社会上，草根阶层与精英阶层的矛盾激化和分化；生态上，全球生态治理能力和意愿趋弱，频繁“退群”。[①]“逆全球化”思潮愈演愈烈，世界秩序和国际格局进入大发展大变革大调整时期，和平与发展的时代主题

① 参见徐艳玲、张琪如：《新一轮“逆全球化”本质的多维反思》，《毛泽东邓小平理论研究》2018年第12期。

在全球化发展中受挫，主流意识形态和主流价值观的确立传播面临严峻考验。反观国内局势，政治上，一些西方主观话语一度甚嚣尘上；经济上，面临增长速度换挡期、结构调整期、前期刺激政策消化期“三期叠加”；文化上，“普世价值”、利己主义、历史虚无主义等错误思潮通过人员交往、社交网站、新兴媒体等渠道大肆涌入；社会上，不平衡不充分的发展问题仍然存在；生态上，资源和能源约束、生态系统退化的问题日益突出。主流意识形态和主流价值观的确立传播面临新挑战。可见，培育和践行社会主义核心价值观不仅指向国内社会发展的主流价值观和主流意识形态，更是与资本主义价值体系和西方意识形态较量、抗衡中形成的精神纽带、价值共识、民族基石。正如习近平总书记所说，“如果我们的人民不能坚持在我国大地上形成和发展起来的道德价值，而不加区分、盲目地成为西方道德价值的应声虫，那就真正要提出我们的国家和民族会不会失去自己的精神独立性的问题了。如果没有自己的精神独立性，那政治、思想、文化、制度等方面的独立性就会被釜底抽薪”[①]。

当前，各种文化和形形色色的价值观被全球化、信息化压缩到同一个时空，而这种东方与西方意识形态和价值观的交流碰撞容易造成大学生价值观的紊乱，导致大学生对传统价值观的理解度和认同度下降。传统价值观被社会上形形色色的物质主义、利己主义、消费主义、自由主义、历史虚无主义冲击并面临消解风险，同样，东西方意识形态和价值观的交锋也会导致大学生为西方价值观所诱导，感到认知混乱、思维困惑、信仰迷茫。繁杂的信息和多元的价值观需要大学生具备极强的处理信息和辨别是非的能力，需要大学生消耗更多的时间和精力理解信息内容、分析深层意蕴、应对价值渗透，否则就有可能陷入“信息主宰大脑”的风险中。这种潜在风险让大学生无法在日常仪式教育中保持足够清醒的头脑，容易引发大学生对价值观教育的无所适从，由此传播主流价值、传递情感导向的仪式教育也面临被消解的困境。与此同时，社会转型、社会变革造成传统与现代、封闭与开放的碰撞。传统社会是一个建立在互动交往紧密基础上的熟人社会，人们之间有极强的情感纽带和伦理约束，像是夫妻关系、君臣关系、父子关系、师生关系等。人们处于这种关

① 中共中央文献研究室编：《习近平关于社会主义文化建设论述摘编》，中央文献出版社2017年版，第139页。

系中并在其中形成仪式教育模式，比如婚嫁仪式、祭天大典、冠礼、拜师礼等，在参与这类仪式时明确自身权利并履行自身义务，例如对丈夫忠贞、对君王忠诚、对父母孝敬、对老师尊重等。有了情感纽带和伦理约束，个人在同辈压力和长辈教育下自觉履行义务、规范自身言行。当前，人与人之间的直接交往逐渐被现代科技传媒交往取代，传统仪式形式中通过伦理规范行为的功能也日益消解。加之，市场经济体制在带来经济腾飞的同时，也造成市场竞争不规范、生态失衡、资源浪费、贫富差距等社会问题；在冲击封建保守思想的同时，也造成重利轻义的价值失范。面对中西方意识形态和价值观的交锋碰撞，面对社会转型期传统价值观念的消解，面对升学考试、人际交往、职业选择的压力，大学生往往陷入迷茫、焦虑的情绪中，在进行社会主义核心价值观仪式教育过程中容易产生思想的混乱和情感的迷失。

（三）算法推荐时代的网络意识形态风险

当前互联网、大数据等现代技术应用逐渐普及。2023年8月28日，中国互联网络信息中心发布第52次《中国互联网络发展状况统计报告》。报告显示，截至2023年6月，我国网民规模达10.79亿人，互联网普及率达76.4%，标志着我国成为全球最为庞大、生机勃勃的数字市场。在网站等新媒体得到广泛应用的同时，各种论坛、交友平台等社交媒体和微博、微信等自媒体也普遍受到人们的青睐。可以说，互联网思维、互联网文化的发展引发了人们的思想观念、思维方法、学习方式、价值观念等的深刻变革。然而，算法推荐时代的文化商品化助推新媒体的泛娱乐化，网络文化过分追逐精神娱乐功能，忽视了价值观的传播，甚至歪曲社会审美，排斥理性思维，一定程度上消解了社会主义核心价值观。核心价值观不再是人们关注的焦点，媒体宣传教育日渐式微。习近平总书记指出："互联网已经成为舆论斗争的主战场。有同志讲，互联网是我们面临的'最大变量'，搞不好会成为我们的'心头之患'。西方反华势力一直妄图利用互联网'扳倒中国'……在互联网这个战场上，我们能否顶得住、打得赢，直接关系我国意识形态安全和政权安全。"[①]而习近平总书记所

① 中共中央文献研究室编：《习近平关于社会主义文化建设论述摘编》，中央文献出版社2017年版，第28—29页。

说的“最大变量”，是指网络领域的意识形态斗争还处在此消彼长的阶段，红色地带、黑色地带、灰色地带依然处在博弈之中，社会主义核心价值观的引领任务依然艰巨、引领作用亟待加强。

算法推荐时代虚实意识形态之间难免发生斗争，网络技术复杂性、隐匿性和双向性特点，也给算法推荐时代主流意识形态和主流价值观的传播带来许多新的挑战。其一，网络的双向性特点一定程度上消解了主流意识形态和主流价值观的权威性。在大数据出现之前，党政宣传部门能够较好地控制舆论和信息的传播，但算法推荐体现出的独特化、个体化的特点，为主流意识形态和主流价值观的传播设置了障碍。其二，网络意识形态的碎片化和非理性化的特点弱化了主流意识形态和主流价值观的说服力。网络空间充斥着大量信息，部分非理性网络意识形态以迷惑性和隐蔽性的手法遮蔽了主流意识形态和主流价值观的真实性，导致主流意识形态和主流价值观凝聚思想认识共识的难度加大。其三，网络意识形态去中心化的特点削弱了主流意识形态和主流价值观的吸引力。网络空间出现了“自媒体造谣”“网络水军”“网络戾气歪风”等乱象，喧嚣的舆情和话语狂欢极易淹没主流意识形态和主流价值观，娱乐化、随意化的网络用语对正规化、权威化的主流意识形态和主流价值观构成挑战。

算法推荐时代网络的应用普及延伸了广大学生的交流边界，也拓展了高校仪式活动的实施空间，给予高校学生更多参与仪式的渠道。其相较于传统的仪式活动具有显著的技术优势，弥合了仪式时间与空间的缝隙，给“不在场”的参与者随时随地回看仪式内容、感受仪式韵味、体味仪式内涵创造了契机，但这种媒介参与方式无法直接传递给参与主体真正的教育意蕴，参与主体更加体会不到特定仪式情境下的神圣感。与此同时，现代媒介手段衍生出的网络仪式符号，由于娱乐性强、时效性短，很容易被新的网络热点替代，这在无形中会淡化高校仪式活动的庄严感，消解仪式活动本身要传递的价值观念。在算法推荐时代，各种网络信息交互呈现，为大学生获取知识信息提供了便利与通道。而与此同时，去中心化、碎片化的虚拟空间给大学生提供了狂欢性场域，身处这一场域的大学生关注网络的娱乐性与新颖性，强调娱乐导向，表现出“去政治化”“去学术化”“去主流性”的特征。正如尼尔·波兹曼在《娱乐至死》中所言：“一切公众话语都日渐以娱乐的方式出现，并成为一种文化精神。我们的政治、宗教、新闻、体育、教育和商业都心甘情愿地成为娱乐的附庸，毫无怨言，甚至无声无息，其结果是我们成了一个娱乐至死的物种。”[①]作为算法推荐时代网络空间巨大信息流中的微小分子，仪式教育的权威性与神圣性逐渐被消解，传统的价值理念被弱化。大学生对内含娱乐性的仪式教育形式较感兴趣，而忽略仪式活动传递出的价值观念是什么。与此同时，极少部分仪式教育组织者为了迎合网络受众的口味而提升娱乐性，降低政治性、教育性，这样的做法不仅泛化了仪式内核，也向大学生传递了一种错误讯息，即仪式教育形式大于内容、表演性大于价值性。面对娱乐性与主流价值的张力，大学生倾向于选择前者；当娱乐性跃居高位，主流价值落至谷底，大学生社会主义核心价值观仪式教育必然内力不足，其价值导向、政治意识逐渐消解，功能日益式微，效用愈显不足，大学生无法感受与体悟社会主义核心价值观内容，集体意识得不到凸显，已有的共识不断被弱化。同时，在大学生未能认识到仪式教育内在价值与意蕴的情况下，就不能有效发挥仪式教育的凝聚思想认识共识、规范言行举止的功能，进而不能引导大学生进行集体的身份角色认同，规范其行为实践。

二、大学生社会主义核心价值观仪式教育存在的问题

习近平总书记指出：“每个时代总有属于它自己的问题，只要科学地认识、准确地把握、正确地解决这些问题，就能够把我们的社会不断推向前进。”[②] 新时代十年来，习近平总书记提出一系列关于社会主义核心价值观的重要论述，取得了许多培育和践行社会主义核心价值观的历史性成就，为大学生社会主义核心价值观仪式教育提供了基本遵循。然而，我们也要清楚地看到，当前大学生社会主义核心价值观仪式教育仍然存在思想层面主观认识不足、策划实施层面形式化严重、组织层面参与度不高、管理层面保障机制不健全四个主要问题。

① [美]尼尔·波兹曼：《娱乐至死》，章艳译，广西师范大学出版社2011年版，第3—4页。

② 习近平：《之江新语》，浙江人民出版社2007年版，第235页。

（一）思想认识层面：主观认识不足

长期以来，我们都认为大学生社会主义核心价值观仪式教育内容是明确的、过程是可触可感的、主体是简单的、教育意义是毋庸置疑的，这曾经是高校推崇的教育模式。然而，仪式教育不仅是价值观念的理性传达，更是大学生对价值观的主观认知与认同。随着改革开放以来大学生自我意识的增强，思想的多样性、独特性、差异性凸显，而高校仪式教育组织者没有真正做到关注学生、关注实际、关注生活，直接造成了大学生对核心价值观仪式教育的主观认识不足，具体表现为以下三个方面。

第一，社会主义核心价值观仪式教育“功利化”“工具化”严重，导致大学生对仪式过程的主观情感体验不足。仪式本身是一种富有表现力、感染力的情感体验活动。大学生作为仪式教育的主体，本应在仪式参与中表达自己的观点、平等互动交流，然而近年来个别高校却把仪式教育作为迎合国家政策、展现领导功绩的工具，对于学生对仪式内容的感受、需求、看法置之不理，甚至把学生机械地看作烘托氛围、营造声势的“工具”，淡化学生在仪式过程中的主体地位，挫伤了学生参与仪式活动、学习核心价值观的主观能动性，致使仪式教育不仅难以触动学生情感，而且让学生对仪式教育产生厌倦甚至出现厌恶、抵触等消极情绪，严重阻碍价值观内容的传递并影响价值观教育的效果。

第二，大学生社会主义核心价值观仪式教育强调权威性，造成仪式过程缺乏交流互动，大学生“主人翁”地位削弱。仪式本是一种形成集体记忆的行为，大学生本应在仪式教育活动中实现自由交流、凝聚集体情感、强化集体认同，然而近年来部分高校在推行社会主义核心价值观仪式教育过程中过分强调教师权威，而忽视大学生的主体性、能动性和创造性，无形中将大学生置于社会主义核心价值观教育之外，不仅造成学生自我意识与教师权威之间的冲突，不利于集体情感的凝结，而且导致大学生对社会主义核心价值观的冷漠甚至拒绝态度，降低了仪式教育应有的教育效果。具体来说，高校受尊师重教、师道尊严的传统观念影响，仪式教育偏重自上而下的权威教育而不是仪式主体互动教育。这主要体现在三个方面。在仪式开始前的策划方面，教师占据仪式教育的中心地位，可以决定仪式教育的价值方向，并按自身喜好筛选仪式教育内容；

在仪式实施过程中，教师运用自身权威控制仪式运行过程，包括场域的设计、程序的规划、时间的进度等，忽视了学生作为主体的感受和体悟；在仪式监管层面，教师拥有绝对干预和规范学生言行的权力，采用外部压迫式塑造代替学生自主道德决断的方式，用权威命令代替德育教化。这直接造成了大学生主体性地位的丧失，大学生由仪式教育的主体变为被动接受管理的旁观者，间接造成学生的主观参与意识和主观能动性发挥减弱，致使仪式过程中无论是集体成员内部还是教师与学生之间都缺乏应有的互动沟通，影响了大学生对社会主义核心价值观仪式教育的主观体验。

第三，对培育和践行社会主义核心价值观的重要意义认识不足，“知行合一”的价值观认同实践有待深化。总体来看，当前社会主义核心价值观官方传播多，大学生自觉践行少，部分大学生只是生硬背诵社会主义核心价值观的“二十四个字”，在现实中却存在“知而不信”“知而不行”“行而不坚”等“知行分离”现象，导致大学生社会主义核心价值观仪式教育陷入应景式、阶段性、从众性的困境，更多的是“不得不做”，而不是“我愿意做”。具体来说，大学生对社会主义核心价值观的主观认识存在碎片化理解，与中共中央培育和践行社会主义核心价值观的整体化部署存在矛盾。“无论在理论研究上还是宣传层面上，对社会主义核心价值观的接受有一种碎片化、空虚化的倾向。”[①]很多大学生只关注社会主义核心价值观的“三个倡导”“二十四个字”，而忽视了社会主义核心价值观的意义、作用，以及与社会主义文化强国建设、中国式现代化发展战略、大中小思想政治理论课一体化等方面的关系。习近平总书记关于社会主义核心价值观的重要论述，内涵丰富，体系完备，如果只是简单地理解核心价值观的基本内容，容易导致社会主义核心价值观仪式教育的空泛化、形式化、片面化，进而弱化大学生对社会主义核心价值观的深刻理解与深度践行。

（二）策划实施层面：形式化严重

仪式作为一种体验式活动，是通过一系列特有的声音、事件、情境、语言、服装等符号将仪式内容及其背后的文化意蕴表现出来的，场域的

① 邱仁富：《社会主义核心价值观培育研究》，上海大学出版社2015年版，第285页。

氛围、表演的艺术、象征性物件的介入具有增强仪式教育效果的功效。当然,大学生社会主义核心价值观仪式教育归根结底是传递价值观、传承文化的教育方式,其目的是通过这些象征性符号潜移默化地使仪式教育内容渗透到大学生的脑中、心中。然而,在当前的高校价值观仪式教育中,很多仪式程序与设计脱离自身所承载的内容,成了表面化、视觉化、浮夸化的形式,仪式内容空洞而单薄,参与其中的大学生难以通过仪式感知、体验、认同象征符号所代表的价值内容,具体表现为以下三个方面。

第一,仪式教育过度追求器物服饰、表演形式、场景渲染程度等外在表象。在高校开展仪式教育的过程中,仪式形式的正式性、严肃性、规范性是必要的,像是学生统一的着装、庄重的舞台布景等无疑更好地将大学生带入仪式情境之中,增添仪式教育的神圣感。同时,每一种类型的仪式活动都需要与之匹配的场域,特定的背景音乐、特定的服装搭配、特定的程序设计等符号,可以通过听觉、视觉、触觉激发大学生参与仪式教育的情感,让其主动、自愿地融入仪式氛围中。然而,仪式教育不是仪式表演,其最终的目的还在于达成大学生领悟仪式内容、理解文化意义的功效,过分注重外在表演不仅不利于学生集体意识的集中,而且造成了高校资源的浪费。例如,部分高校为了让场面隆重、热闹,邀请专业主持人主持、知名歌星表演,使原本承载价值观的教育活动被舞台绚丽的灯光、富有吸引力的娱乐表演冲淡甚至消解。而且,部分高校之间出现了仪式形式攀比的不良现象。高校出于招生宣传的目的越来越倡导仪式形式的奢华,造成形式主义、奢靡之风在高校蔓延,与社会主义核心价值观倡导的勤俭节约的社会风气相背离,导致仪式内容与形式的严重脱节,致使大学生在学习、理解价值观内容及其背后文化意义的过程中出现混乱,而这些"形象工程""面子工程""秀场工程"给大学生社会主义核心价值观仪式教育带来了不良的风气,引发大学生对仪式教育的诟病。

第二,仪式教育过程及程序设计过于表层化,文化意义与教育意蕴空洞而淡薄。内容与形式的统一是高校仪式教育有效发挥其功能价值的必要条件,因为内容是仪式的灵魂,形式是灵魂的外在表现。仪式教育设计应从学校办学理念和大学生主体需要出发,充分展现学校的校园文化与文化意义，使仪式内容真正触及并撼动大学生的内心世界。而现实中，高校学生面对学院通知的各种活动，往往给它们贴上"无趣""强制""浪费时间"等标签，造成这种局面与高校仪式活动内容空洞乏味有关，使各类活动变成"名存实亡"的空壳。甚者，部分高校举办的仪式活动存在应付性、重复性、套路性的嫌疑，仪式形式程式化明显，无论什么主题都复制或采用同一种模式，仪式教育所蕴含的特定价值内涵与文化意义难以让大学生感知、体会，仪式教育的文化传承、情感认同、行为规范功能被冲击得无影无踪。《中国青年报》调查表明：67.7%的人认为秉承传统文化内涵的仪式太少；52.4%的人认为当前仪式教育缺失，很多人不了解仪式内涵。[①]显而易见，仪式具有特定的时间节点和场景设置，每一种仪式形式都是特殊的而不是同一的。大学生的性格发展与认知水平都是不断变化的，高校仪式教育应考虑到学生成长发展的渐进性，设计具有层次性、多元性的仪式形式，而不应只是遵循重复"老皇历"。加之部分高校开展仪式教育的观众席、主席台座次都不变，仪式程序的设置都是重复之前的，学生们失去了对参与仪式活动的新鲜感和期待感，对仪式内容更是没有兴趣，只是机械化参与，致使仪式过程流于形式、仪式效果远没有实现。

第三，大学生社会主义核心价值观仪式教育载体运用不够充分。一方面，媒体载体在社会主义核心价值观教育中的内容针对性不足。"当前的社会主义核心价值观传播在总体上还停留在政策文本、思想理论、制度文件、标语口号的宣传阐释层面，更多地局限于公民道德、社会规范层面的思想文化教育。"[②]这种宣传方式以强制灌输为主，采取"我说你听""我呈现你接受"的单向宣传教育模式，容易导致宣传主体与受众对象之间产生隔阂。缺少对等互动交流、缺少平等对话的居高临下的宣传教育必然带来受众的消极应对。加之，政府通过媒体报道，相关部门通过召开会议、开展活动、媒体宣传、户外广告等形式的宣传话语，除了"二十四字"原文及刻板阐释外很少有所创新，而这些表述的政治性、理论性太

① 参见王聪聪：《82.8%的人希望强化中国人自己的仪式》，《中国青年报》2011年4月21日。

② 邓纯余：《论社会主义核心价值观传播的动力机制》，《社会主义核心价值观研究》2022年第1期。

强，如果不转化为群众语言，找准与群众结合的切入点，就很难引起群众的感应与共鸣，自然也就谈不上切实践行。正如习近平总书记所指出的："面对新媒体带来的深刻变化，新闻舆论工作理念、方式、手段还没有跟上，管好用好新媒体能力还不够强。面对受众阅读习惯和信息需求的深刻变化，一些媒体还是按老办法、老调调、老习惯写报道、讲故事，表达方式单一、传播对象过窄、回应能力不足，存在受众不爱看、不爱听的问题，时效性、针对性、可读性有待增强。"[①]另一方面，文化载体与社会主义核心价值观内容契合度不高。一些文化场所和载体在社会主义核心价值观教育中的开发利用不够，并未有效发挥其中的价值导向意蕴；一些文化产品缺乏深厚的理论基础和人文关怀，创造导向脱离群众、脱离实际、脱离生活，存在有故事没思想、有语言没精神、有数量没质量等问题；一些文化载体彼此脱节，相对独立，教育者将其加以综合运用以增强仪式教育实效性的能力不足，从而在一定程度上造成大学生社会主义核心价值观仪式教育的形式化。

（三）组织参与层面：参与度不高

仪式是产生集体记忆的集体性活动，可以构造主体间性的参与主体关系。传统仪式教育大多通过营造情境吸引更多的大学生参与其中，以此增强大学生对仪式内容的体认感并潜在提高大学生的集体意识，这是一个由外在刺激到内心自觉建构的过程。传统型仪式教育像舞台剧一样，首先需要有表演者，更重要的是参与主体在场，因为只有这样才有可能实现进一步的情感互动、言语交流、文化记忆、心灵感召等。因此，大学生的参与度也就是仪式教育的周知度，是仪式教育能否顺利开展、价值观教育能否顺利进行的前提，这也是高校开展仪式教育尽可能要求全体师生到场参与的原因所在。

随着宣传方式的多元化和传播技术的先进化，人们往往更容易、更便捷地接收信息、相互沟通，理应有利于扩展仪式教育的周知度，使大量的大学生能够参与其中。然而，仪式教育的周知度和大学生的参与度并没有随技术的更新换代而得到扩展和提高。相反，目前很多高校学生的

① 中共中央文献研究室编：《习近平关于社会主义文化建设论述摘编》，中央文献出版社2017年版，第39页。

到场率和参与度都呈现走低趋势，表现为学生的主动性不强，部分学生仅仅以观众的身份被要求参加，仪式活动举办被量化，逐步沦为失去参与感的表演。不可否认，在现代信息技术的支持下，仪式教育宣传大大拓展了信息接收范围和学习资源，使大学生不再因上学还是放假的时间因素或是在校还是离校的地域因素而错失参与仪式的机会，也使社会主义核心价值观内容传播得更快、更广，还为大学生的个性化发展提供了强有力的支持，对丰富大学生社会主义核心价值观仪式教育的方式具有一定意义。例如，国庆节期间举办的阅兵仪式、春节期间举办的联欢晚会等，如果不借助现代传媒技术，将只有极少部分人可以亲身感受仪式氛围，体会仪式传递的内容及文化意义，而借助网络、电视等媒介则可以让全国大学生甚至海外留学生在同一时间共同参与仪式过程、感受仪式氛围、理解仪式内容。但与此同时，仪式教育的目标是让大学生领悟和内化仪式过程中传达的价值理念，而不是组织仪式活动本身。在这样的现代教育背景下，传统的社会主义核心价值观仪式教育受到挑战。

第一，现代技术的介入破坏了传统仪式教育的场域，参与者距离的空间感削弱了亲身参与时直接反应和交流互动的体验感。现代传媒手段虽然可以传递大量信息到更广泛的人群中，但是信息传播的效果仍然不达标，因为技术永远不能代替人际互动，信息传递永远不能代替人际交流。换句话说，现代技术削弱了仪式教育表演者与参与者、参与者之间的沟通交流，淡化了仪式教育场域或庄严或热烈的氛围，冲击了仪式教育在大学生心中的神圣地位。这种情况改变了大学生参与仪式教育的方式，他们更愿意随意、便捷地通过网络、电视等媒体观看仪式表演，而不是穿戴整齐去现场参与仪式。此外，网络、电视等媒体参与缺乏过程纪律监管，大学生往往因为缺乏自控力无法完整观看仪式庆典，或被网络其他的娱乐节目吸引离场，这些问题自然会造成大学生仪式教育参与度的降低、社会主义核心价值观教育效果的弱化。

第二，现代技术的介入使仪式教育面临过去与现实脱节的问题，仪式教育传达的价值存在脱离大学生实际生活的问题。由于没有根据当前大学生关注的热点问题及时更新仪式教育的内容，因此仪式教育过程无法凸显主体性，大学生难以在仪式活动中获得共享性的情感体验。而大学生作为社会主义核心价值观仪式教育的主体，若不能感知和接受仪式教育传递的价值观念，便难以真正参与到仪式场域之中，便会削弱仪式教育的实效性和影响力。

第三，当前大学生的学习行为具有更强的自主性和个性化趋向，而大学生社会主义核心价值观仪式教育却延续传统的仪式操演，未能关注现代技术介入下大学生个性化的发展，试图用统一的言行建构集体记忆，忽视了大学生的实际学习生活体验。高校在开展仪式教育之前很少征求学生的意见，通常情况下都是用通告的方式将仪式活动的具体时间、地点告诉学生，这种被动性加上一些仪式本身创造性的缺失，导致仪式教育与现代大学生群体相脱离。

毋庸置疑，现代大众传媒技术、网络信息技术等方式为社会主义核心价值观仪式教育提供了更广泛、更多元的传播条件，并日益成为大学生喜闻乐见的教育方式，但是，我们也必须看到正在出现的技术形式对仪式内容的替代、网络信息对价值导向的曲解、现代技术介入对传统仪式教育形式的挑战，进而认清当代大学生参与社会主义核心价值观仪式教育普遍积极性较低的问题。

（四）管理机制层面：保障机制不健全

仪式教育作为一个长期性、周期性的教育方式，从程序设计到过程开展再到效果评价，每个环节都需要坚实的保障机制支撑。一方面，其特性决定仪式活动需要长期存在于高校教育环境中，并以一定的时间规律重复演绎；另一方面，培育和践行社会主义核心价值观需要规章制度进行硬性约束。然而，当前大学生社会主义核心价值观仪式教育普遍出现“简单化”“刻板化”“功能异化”等问题，这些都与仪式教育的队伍保障、监督保障、资金投入机制、评估机制不健全密切相关，导致很多高校仪式教育还处于短期行为阶段，仪式教育效果还有待增强。

第一，组织队伍保障不健全，没有形成专业化、职业化的社会主义核心价值观培育队伍。高校中的每个个体都是社会主义核心价值观仪式教育的主体，然而很多大学生没有意识到自身“主人翁”的地位和责任，甚至一部分人在仪式教育过程中存在价值缺失、价值紊乱、价值失范、观念冲突、精神空虚、道德失序等问题，不利于培育和践行社会主义核心价值观。此外，宣传、组织与教育队伍的能力素质有待提升。高校作为开展社会主义核心价值观仪式教育的主阵地，仍然存在部分教育工作者忽视教育对象主观诉求、工作能力不足、工作方法僵化、现代技术应用能力较弱、自身职业道德水平较低等问题，不仅不能发挥仪式教育典型示范的作用，而且其行为举止对社会主义核心价值观教育也会产生负面影响。

第二，监督保障机制不健全，仪式教育缺乏实效性。2014年，国家出台了《关于在各级各类学校推动培育和践行社会主义核心价值观长效机制建设的意见》，其中明确提出建立和规范学校仪式制度，丰富仪式教育活动的文化内涵，强化仪式神圣感和教育意义。然而，部分学校却没有依照国家规定建立相应的制度保障机制，造成高校仪式活动的内在规范性和程序操作性缺乏监督和保障。例如，部分高校只是口头强调仪式过程的完整性和规范性，但在组织实施过程中却缺乏对学生行为的约束和监管，造成在宣誓仪式、升旗仪式、纪念仪式等严肃、神圣的场域中出现部分学生态度不端、交头接耳、服装各异等不规范现象，由此导致仪式教育效果大打折扣。

第三，资金投入保障机制不健全，仪式教育缺乏整体性。仪式教育的开展需要资金支持，无论是场地的租借、气氛的营造、象征道具的使用都需要经费保障。然而，部分高校为了节省开支而有选择地举办仪式活动，那些缺乏文化意义和价值导向却可以提高收视率和引发关注度的仪式表演往往赢得高校经费的支持，而那些真正可以引发大学生情感认同的具有教育意义的仪式活动却简而化之。部分高校甚至将大学生社会主义核心价值观仪式教育看作商业价值低的文化产品，认为不应对其进行过多资金投入。例如，部分高校打着“节省开支”的名号，取消学生的红色基地参观考察活动，简化节日庆典晚会，将颁发证书改为口头表扬等，严重打击了学生参与仪式教育的热情，致使仪式教育形式无法全面表现出来，仪式内容无法全部表达。

第四，评估机制不健全，仪式教育缺乏长期性。仪式教育是需要时间重复演绎的活动，通过前期准备、中期实施、后期反馈形成一个教育闭环，每一次的轮回都需要不断反思优化。这个螺旋式上升的过程能确保高校仪式活动收到良好的教育效果。节日仪式、纪念仪式、宣誓仪式、开学典礼、毕业典礼等仪式类型都有固定的时间节点，因而可以通过反馈评估机制推进仪式教育的长期开展，以提升仪式教育的实效性。然而，制度的缺失普遍存在于高校仪式教育的管理之中，尤其是后期反馈评估环节。部分高校为省时省力省财，只是把仪式教育当作“例行公事”对待，不注重学生意见反馈，也不重视学生情感体验，甚至没有规范的评估设计。仪式活动的举行仅仅只是“留痕”，无章可循、无章可依，而缺少评估机制的仪式教育是短时的、敷衍的、形式化的，无法根据学生的意见反馈而得到改正完善，也无法根据时代变化、政策变动而适时调整。长此以往，仪式活动就会被忽视、被架空，仪式教育就会沦为应付检查、例行公事的工具。

三、大学生社会主义核心价值观仪式教育存在问题的原因分析

要实现以仪式教育之功效助力社会主义核心价值观培育与践行，不断激发、增强或重塑个体成员的主流价值观和认同感，促进其理论、信仰和情感的高度一致性，就需要探究当前仪式教育因何存在问题，为提升大学生对社会主义核心价值观的认同寻找突破口，从而“对症下药”，探索大学生社会主义核心价值观仪式教育的可行性路径。大学生社会主义核心价值观仪式教育在开展过程中面临的外源性挑战、存在的问题背后隐含着一系列原因，主要表现为仪式教育的主体意识不够强、仪式教育的文化意义不充足、宣传力度和组织参与不到位、高校对保障机制投入不够多。

（一）仪式教育的主体意识不够强

大学生是否认同和接受社会主义核心价值观教育抑或是仪式教育，归根结底取决于大学生本身，取决于他们参与社会主义核心价值观仪式教育的主观体验。为此，高校应倡导“主体—场域”的引领模式，以大学生为主体、为中心，充分尊重大学生的主体意识、发挥大学生的主观能动性。然而，当前高校却面临“主体意识不够强”的困境，在开展社会主义核心价值观仪式教育过程中没有充分意识到大学生的主体地位，没有将

实现主体对价值观的认同当作仪式教育的最终目的,因而简单地将仪式教育看作是客观理论传递,而忽视了价值观内化于心、外化于行最终要依靠大学生来完成这个事实。

马克思曾指出:“从前的一切唯物主义——包括费尔巴哈的唯物主义——的主要缺点是:对对象、现实、感性,只是从客体的或者直观的形式去理解,而不是把它们当做人的感性活动,当做实践去理解,不是从主体方面去理解。”[①]当前高校的问题就在于习惯地把社会主义核心价值观仪式教育看作与主体无关的客体形式,认为社会主义核心价值观能否“入脑入心”,在于价值观内涵本身是否科学,而忽略了大学生作为主体对价值观内涵的认知水平和接受程度。由此,高校在开展社会主义核心价值观仪式教育时要突出主体性,强调大学生的主体意识,这是因为以下四个原因。

第一,社会主义核心价值观本身属于价值范畴,而价值范畴指的是外部客观世界是否满足主体需要的范畴,本质在于客体对主体需要的意义。而当前大学生社会主义核心价值观仪式教育往往伴随着命令式、强制式的参与方式,初衷是以大学生为主体,现实却是组织者成为主人公。这种本末倒置的做法无疑使仪式教育难以发挥潜移默化地传递社会主义核心价值观理念的作用,更何谈内化于心、外化于行。所以,我们必须从主体的大学生的视角看待价值观仪式教育,探究大学生在其过程中的想法与收获,唯有管理者、组织者、参与者在理念认知上达成共识,深化高校仪式活动这一客体的独特属性,才能更好地以学生为主体,满足他们的价值需求。

第二,仪式教育通俗来说是指通过仪式形式对大学生进行教育,既然落脚点在教育,那么大学生一定为教育主体。加之仪式教育的功能之一在于形成对价值观内容的集体记忆和群体认同,为了更好地发挥仪式教育的功能,必然要发挥主体对客体的引领作用。仪式教育本身作为一种实践性活动,是各参与主体在一定时间、空间要素条件下进入仪式场域,通过亲身体验形成对学校各类仪式活动的相关认识,这种实践性认识相对于科学系统的理论性认识而言带有较强的主观色彩。

第三,仪式教育主体自身的认知具有不稳定性,极易受到外界社会

① 《马克思恩格斯选集》第1卷,人民出版社2012年版,第137页。

的影响。仪式教育是一个实施主体与参与主体双向互动的过程,如果参与主体不能有效接收仪式教育内含的价值信息,仪式教育就会流于形式而无内涵。在这一过程中,仪式参与主体就容易受到其他仪式参与主体的影响,如其他参与主体忽视仪式内涵,做自己的事情或者专注于电子产品,呈一种参与的漠然性,则会给大学生一种这样的认知:其他人都在玩耍,没有认真参与,仪式没有意思。在这种认知下,他们也不自觉地玩起手机或者做其他的事情。加之大学生获得的知识主要来自书本与学校学习,社会经验不足,未充分了解相关知识信息,在未能深刻认识仪式教育的基础上,容易对仪式教育作出浅显的评价,认为参加仪式就是一个安排的任务或者就为了走个形式,参与即可,没有真正认识与了解仪式的本质内涵,把自己定位成一个看客,而不是仪式的参与主体。

第四,社会主义核心价值观仪式教育的实效性最终体现在价值观是否为大学生所接受、所认同、所运用,这是大学生的主体选择问题。主体对高校仪式活动的认知程度与其社会主义核心价值观价值实现之间的关系可以理解为从认知水平到主体行为再到价值实现。换句话说,仪式主体的认识程度,直接影响着主体参与仪式教育的状态和行为,积极的态度和行为促使仪式教育价值的实现,消极的态度和行为阻碍仪式教育价值的实现。对于大学生而言,如果不在头脑中接受、情感上认同、实践中运用,那么教师再多地灌输、校领导再加大宣传力度也无济于事。

总之,我们要明确的是,开展大学生社会主义核心价值观仪式教育,大学生是出发点和落脚点。要凸显主体性、强调主体意识、发挥主体的引领作用,要把仪式教育看作人的感性体验活动、人的实践活动,而不是自上而下理论灌输的另一种形式;要从社会主义核心价值观如何转变为大学生的价值取向来开展仪式教育,要从仪式教育如何增强大学生对价值观的集体认同来设计仪式程序,以此实现教育的实效性。

(二)仪式教育的文化意义不充足

仪式教育是一个象征符号与文化意义相交融的整体,而社会主义核心价值观仪式教育过程则是一个价值观的文化意义被大学生理解、认同或运用到社会实践的过程。我们经常单纯地、僵化地认为内容的传递就是仪式教育目的的实现,由此导致了“只有内容、没有意义”的仪式的形式化问题。事实上，仪式教育不仅承载着内容传递的功能，还具备价值观作为“文化意义构建”的规范性向度，指向社会主义核心价值观仪式教育的终极目标：大学生理想信念的树立。然而，就现状来看，校领导、教师更多强调的是内容传递的效果，对在内容传递基础上文化意义教育的重视程度不够，而文化意义教育的欠缺恰恰是仪式教育的核心所在。究其原因所在，主要有以下三个方面。

第一，仪式的文化资源和教育资源缺乏传承与创新。一方面，仪式教育作为培育和践行社会主义核心价值观的重要载体，有义务挖掘并传承中国优秀传统文化、弘扬革命文化和社会主义先进文化。中华文化精神始终在时代的浪潮中引导着人们进步，这些文化资源是符合时代要求和人格发展需要的重要教育资源。然而，高校仪式教育反映当下校园文化或时政的内容居多，反映主流意识形态和主流价值观的内容相对较少。同时，全球文化交流碰撞，新时代适配教育新内容，学生集体性发展、个性化发展和可持续发展的新任务，也敦促着高校仪式教育要把新的时代基因注入具体的仪式实践中。当下实际开展的仪式活动缺乏对内容的思考与创新，导致其逐渐形式化、空洞化。另一方面，仪式的教育要素不丰富。时间、空间、器物、声音等要素条件是填充高校仪式活动不可或缺的内容，现存于高校仪式活动中的象征符号是被大众认可接受，利于社会与个人发展需要的文化教育精华。如国徽象征着中华人民共和国主权、校训象征着学校的治校精神，这些符号要素都服务于高校仪式活动的教育内容，是教育价值实现的基础。当前，媒介技术应用日益数字化、智能化，高校网络型仪式活动应运而生，仪式要素的内容呈现还有上升空间，合理开发并选择有时代新意的象征符号，能够更好地凸显仪式的教育价值。

第二，由于高校管理层出现严重的行政化、官僚化倾向，导致高校仪式教育也呈现出自上而下的指令性、机械性特点。部分高校领导、教师、管理人员只是把仪式教育看作是形式化的校园活动之一，而忽视了仪式背后的主题内容；只是把仪式教育看作是走过场的烦琐程序而盲目加以删减，削弱了仪式的育人功能，使大学生错失了学习、了解仪式内容及其文化意义的机会。甚至，部分高校为避免麻烦，仅开展传统且形式单一的仪式活动，从活动预设初期、中期到后期均出现对仪式主题不够重视、议程设置缺乏科学性、仪式氛围缺乏庄重感、制度技术缺乏保障力等问题。例如，部分高校在进行仪式教育设计时出于节省经费、简化程序的目的删减“支配性象征符号”，像是学位授予仪式没有“拨穗礼”环节、入党仪式没有宣誓环节等做法，使“拨穗”背后期冀学生像麦穗成熟般走向社会的文化意义难以表达，使“宣誓”蕴含的向对党忠诚的革命先烈致敬并效仿的教育意义难以实现，造成仪式教育的象征性作用发挥不出来，仪式程序出现简单化、形式化的现象，消解了仪式教育的文化意义传递的功能。

第三，社会风气的逐利化、标准化趋向，造成高校仪式教育缺乏深度、流于表面、内容缺失。市场经济的深入推进，在带动国家经济发展的同时也导致了文化生产的敷衍和接受文化意义的浮躁心态。在教育商业化的不良风气的带动下，部分高校纷纷走向了盲目追求经济利润的道路，为吸引生源而举办的仪式活动也越来越商业化，只强调浮夸的外在表现形式，不注重信息的内在价值意义，进而造成仪式教育在整体上缺乏文化意蕴。文化意蕴的缺失是当下快餐式商业文化的必然产物。高校为追逐“收视率”“招生率”“政绩观”，让大学生单纯地参与文艺表演而失去了对表演背后价值、意义、理想、信念等深刻的崇敬与虔诚。这种具有商业意图的仪式教育程序对社会主义核心价值观教育产生了极大的不利影响，而正是这些被高校商业理念遗弃的价值、意义、理想、信念才能使社会主义核心价值观“入脑入心”、传承延续，使校园环境友善和谐。

总之，高效管理层行政化倾向和社会风气的逐利化趋向，导致大学生社会主义核心价值观仪式教育缺乏对文化意义的阐述及价值取向的引导，由此社会主义核心价值观仪式教育仅仅做到了形式化、简单化的信息传递，难以真正激发大学生对社会主义核心价值观的认同和信仰。

（三）宣传力度和组织参与不到位

仪式教育目的是构建具有共同记忆、共同认同感的集体，而这种集体不仅是数量上的集合，而且是情感方面的凝聚。大学生只有亲自到场，亲身参与到仪式过程中，才能在与他人言语互动中获得情感体验，才有可能形成集体记忆和集体认同。然而，就目前的情况来看，高校开展的社会主义核心价值观仪式教育的周知度和学生的参与度都较低。究其原因，是高校的宣传力度和组织参与不到位，以及高校仪式组织者较少对仪式参与者的心理倾向、信息接收方式等进行科学分析。

第一，高校的宣传力度不够，造成社会主义核心价值观仪式教育的周知度不强。要提高大学生仪式教育的参与度，高校相关部门需加强关于仪式教育的宣传力度，尽可能地让全体学生接收到开展仪式活动的通知。然而，在实际操作中却有很多学生没有接到关于仪式活动的通知。对于校内仪式教育而言，相关宣传组织部门只是简单地在校园官网、论坛上发布时间、地点、主题通知，没有全面考虑大学生接收信息的情况，如大学生是否有经常浏览官方网页的习惯，全体学生是否都能看到此类信息，发布的通知是否会被新的新闻冲刷掉，仪式教育活动开展的时间是否与学生上课时间、讲座等学术活动冲突，等等。对于校外仪式而言，高校宣传部门也没有及时对大学生进行告知和倡导，致使仪式活动信息严重滞后。例如，五四青年节期间，各地政府或民间团体会开展各类知识竞赛、名人讲坛、联合文艺汇演等仪式教育活动，然而部分高校却没有相应作出宣传报道，导致很多学生错失参与仪式活动、接受价值教育、丰富校园生活的机会。

第二，高校的组织参与不到位，造成大学生参与度不高。亲身参与仪式教育的效果远远大于通过其他技术工具参与的效果，因而仪式教育往往要求全体领导、老师、学生到场参与，甚至还邀请社会上知名主持人、学者、艺人到场支持，以此营造仪式教育的气氛，提高学生参与的积极性。这种亲身参与、亲身体验的方式能促使大学生更好地理解仪式内容、传承文化意义、唤醒集体记忆。然而，很多高校往往为了简化程序、节省费用，用“派代表”参与来代替“集体”参与。例如，毕业典礼不是组织全体毕业生参与，而是选择学生代表或是党员干部参加，而这种“少数代表多数”的参与方式却与仪式教育的初衷相悖，大部分学生也因此无法体会到仪式教育带来的价值内容和情感意蕴。此外，组织参与不到位还体现在部分校领导、教师带头作用的缺失，他们本应在仪式教育过程中发挥模范带头作用，用自身严肃、认真、自律的参与态度和参与行为引导学生，但却在现实中不顾自身形象，带头缺席、交头接耳、中途离场的现象屡见不鲜，导致大学生不重视仪式参与、轻视仪式内容等消极现象，不利于自身行为规范的建立，也间接破坏了仪式的神圣性、严肃性。

第三,高校仪式组织者较少对仪式参与者的心理倾向、信息接收方式等进行科学分析。要有效实现对仪式参与者的价值观教育,既需要仪式组织者将仪式内涵内化,通过仪式展演的“外显”来达到目的,也需要仪式组织者对受众进行客观科学的分析,在明晰受众特点的基础上有针对性地进行仪式环节、仪式过程等方面的设计与操练。大学生具有自身心理发展特点,有其独特的信息接收方式与意义转换方式,其价值观的确立与建构也呈现出所属阶段独有的特点。要实现运用仪式教育培育和践行社会主义核心价值观的目标,仪式组织者应该对仪式参与者的接受特点等进行科学分析,实现仪式教育既具有价值内涵又能使大学生“入脑入心”。然而,在仪式教育过程中,仪式组织者主要关心仪式的举办与否,很少关注仪式的功能价值,也很少考虑与分析仪式参与者独有的性格心理特点与接收信息的特征,导致仪式教育逐步沦为一种“表演”仪式,极少参与者关心其价值意蕴,大大削弱了大学生的仪式参与度和积极性。

总之,以上三种问题影响了社会主义核心价值观仪式教育的实效性,导致仪式教育的周知度和大学生的参与度大打折扣,由此从源头上阻断了仪式教育对大学生的价值引导和情感触动,阻碍了大学生对价值观内容的学习和集体意识的树立。

(四)高校对保障机制投入不够多

仪式教育不是短期或者一次性活动,而是长期性、周期性、重复性的教育活动,通过固定选取特殊节点开展不同类型的仪式活动,有利于引导大学生形成历史记忆,强化大学生对仪式内容的理解和认同。然而,在现实生活中,很多高校因为保障机制不健全、投入不够致使仪式教育缺乏实效性、整体性和长期性。

第一,高校仪式教育制度保障机制与国家、社会体制互联性不足,导致仪式教育缺乏系统性、整体性、协同性。仪式教育本身是一个系统化方式,在国家、社会、学校、家庭、个人层面都有各自的仪式形式,也有各自的保障机制。为此,高校仪式教育应该建立完善自身机制,将标准的设立、程序的设计、实施过程的监督、效果的评估作为一个体系来规划,让高校仪式更好地与国家、社会、家庭仪式体制对接,更好地利用国家、社会、家庭仪式教育的场域与资源。高校作为仪式教育的主要阵地，应该发挥建立制度保障机制的主体作用，为自身仪式活动的准备与设计、开展与宣传、组织与监督、反馈与评估制定一套完备的、权威性的制度，以此与家庭、社会、国家意识教育体制相协调，减少由于制度相异而引发的矛盾冲突。此外，由于时代发展迅速，国家和社会许多新兴领域还缺乏相关法律法规的规范引导，例如个人信息安全保护、新媒体从业人员管理以及人工智能技术的引导管控等。而目前社会主义核心价值观主要以价值原则的形态融入法律法规建设，存在价值导向不够鲜明、针对性和实际操作性弱、制度建设精细化程度低等问题。

第二，高校仪式教育经费保障机制不健全，造成仪式教育资源开发不足。大学生社会主义核心价值观仪式教育效果不明显，除了仪式活动的组织者和参与者主观方面的因素外，在制度建设等客观方面也存在一定的缺陷。仪式教育的制度保障没有达到仪式教育长效化的要求，由于缺少组织活动经费，对仪式教育资源开发不够，直接造成仪式教育的形式化、简单化、碎片化。例如，仪式教育无论是内容还是形式均植根于中国优秀传统文化之中，高校应思考如何将传统典籍文献中的文化价值转化为现代化的仪式内容，如何将传统“礼仪”“拜师”等仪式形式转化为当代高校的重要教育资源。而传统文化的资源开发，无论是象征性符号的物化即道具，还是具体“冠礼”“拜师礼”“开笔礼”等仪式形式的教学，均需要高校的资金投入和经费支持。若经费保障机制不健全，将直接导致仪式教育资源开发不足，进而影响仪式形式的多元性和大学生仪式教育的实效性。

第三，高校仪式教育宣传机制不健全，造成仪式教育效果不延续。高校仪式活动的宣传大多数是通过仪式教育组织者自上而下地发布通知公告，可以看出，高校对大学生社会主义核心价值观仪式教育开展宣传时，只停留在告知层面，而部分大学生并不清楚仪式活动的核心主题和价值内容，更有甚者对仪式活动的开展情况一无所知。而对于这种“告知”，部分高校采取仪式活动开展之前口头发布的形式，部分高校采用简单的文字方式，宣传方式较为单一和粗略，而且在宣传过程中不会提前收集调查参与主体的主观需求，这就导致了仪式教育的宣传效果不佳。大学生对仪式活动的主题、内容、目标等漠不关心，只是被动参与、接受。大学生社会主义核心价值观仪式教育是一种体验过程，应通过一系列重复性、过程性、神圣性的基本程式演示，唤醒大学生的认同感，让大学生真心在场而不是走“过场”。

第四，高校仪式教育组织机制不健全，造成仪式教育的互动性、集体性减弱。目前，高校负责大学生社会主义核心价值观仪式教育的组织者，除了思想政治理论课教师，一般还有学工办、团委、院办的教师。这类教师有本职工作，难以花费巨大的时间精力对仪式本身的流程进行设计和规定，导致仪式活动开展过程中容易出现随意化、形式化现象。部分高校组织者在仪式教育之后不会对大学生参加仪式的感受、效果进行反馈评价和追踪调研，不会及时了解大学生的思想认知状况和情感体验情况，缺少反馈途径。还有部分高校以布置“心得体会”等作业形式进行评价反馈，这种反馈形式较为单一，且仪式活动组织者很少针对大学生的反馈结果进行再完善、再反馈，这使得大学生难以在参与仪式教育活动后产生持续性情感，仪式教育也就难以达到持久的教育效果。

总之，保障机制不健全将在客观层面影响大学生社会主义核心价值观仪式教育的开展，导致仪式教育出现短视化、碎片化，不仅不利于高校自身仪式过程的开展，而且不利于与社会、国家仪式教育相衔接和互动。因此，高校作为大学生社会主义核心价值观仪式教育的主战场，有责任建立更加完善的组织、宣传、监督、评估保障机制，有责任为学生打造更具有稳定性、长期性、系统性的仪式教育环境。

第五章　大学生社会主义核心价值观仪式教育的路径探寻[①]

仪式教育作为一种集体性实践活动，能有效将过去、现在与未来关联起来，唤醒集体观念与情感，展现和传播其信仰或价值理念，并促进大学生对其形成主观认知与认同，践行仪式所倡导的规范与责任。但是，在实践中，当前大学生社会主义核心价值观仪式教育还在一定程度上存在主观认识不足、过程流于形式、参与度不高、保障机制不健全、实施效果不明显等问题。明者因时而变，知者随事而制。针对以上各种问题与挑战，我们要从内容、形式、宣传、组织、机制、环境等方面探寻相应的解决对策，从仪式资源的整合、仪式情境的创设、仪式主体意识的提高、仪式形式的丰富、仪式机制的健全、仪式环境的塑造等方面进行改进与提升，以此不断完善仪式教育，提升大学生对社会主义核心价值观的理解与深化，进而实现仪式功能的有效发挥，达到社会主义核心价值观内化于心、外化于行的教育目的。

一、充分认识仪式教育价值，有效整合仪式教育资源

仪式教育是传承中华优秀传统文化的载体，是引导大学生培育和践行社会主义核心价值观的重要教育方式。高校要在思想层面充分认识到仪式的教育价值，树立仪式教育思维，从校内和校外资源中丰富仪式

① 本章的主体部分已经发表，详见张琪如：《大学生社会主义核心价值观的仪式教育初探》，《思想理论教育导刊》2017年第7期。

教育的活动形式；充分挖掘传统和现代的资源，汲取更多仪式教育符号的象征含义；借助国内和国外的仪式教育经验，实现对仪式教育内容及形式的反思与发展，避免仪式教育成为“空壳子”“花架子”。

（一）有效整合校内与校外仪式教育资源

实现大学生社会主义核心价值观仪式教育，要坚持仪式内涵的丰富性。高校仪式设计之初就应该具有内涵性的主题和教育性的价值，避免形式主义和功利主义现象，这是高校仪式教育的基础前提。为此，我们要充分挖掘仪式教育内容的源泉，从校内与校外两个方面扩充仪式资源要素。从校内仪式资源来看，促进仪式活动与学校文化的融合，即高校在深度挖掘自身教学理念的基础上创造性地设计价值观仪式教育，使其蕴含深刻的思想内涵和鲜明的办学特色，避免高校仪式的单一化和同质化。从校外仪式资源来看，推动高校仪式活动的组织形式更具多样性，贴近学生实际生活，“一种价值观要真正发挥作用，必须融入社会生活，让人们在实践中感知它、领悟它。要注意把我们所提倡的与人们日常生活紧密联系起来”①。

一方面，探寻校园文化的深层意蕴，将社会主义核心价值观仪式教育与校内文化资源相融合。每所高校都有属于自己的建校背景和文化底蕴，而凝聚办校理念的高校仪式活动能放大自身特色，更能做本校的“代言人”。在特殊历史背景下建成的高校，有区别于其他高校的校园文化和历史习惯，这种文化和习惯会间接影响高校学生的思想和行为，进而使学生形成自己独特的行为方式。这种行为方式又会让原本具有共性的仪式活动彰显出个性，形成独一无二的仪式名片。校园文化涵盖了大学的办学传统、校风校训等诸多方面，在广大师生中有很大的影响力和感召力，要积极发挥校园文化对大学生潜移默化的陶冶、塑造、激励和感召作用。②借助校内独有的文化资源，将大学生仪式教育日常化、生活化，让仪式教育内容渗透到大学生学习生活的方方面面。在高校仪式活动中获得认同感、荣誉感、归属感的大学生，能够充分释放集体情感，引

① 《习近平谈治国理政》第1卷，外文出版社2018年版，第165页。

② 参见韩雪青：《引领大学生践行社会主义核心价值观的路径探析》，《思想理论教育导刊》2014年第12期。

发群体共情,从而有利于仪式教育功能的发挥。

打造校内特色仪式名片不是为了标新立异,而是为了将高校的办校理念、建校历史用一种容易产生记忆点的方式融入学生日常生活中,如此一来,高校仪式活动就不是枯燥乏味的形式主义活动,而是拥有自身亮点的,为该校师生量身定做的仪式活动。

打造属于本校的仪式名片,一是依托校内原有特色资源。如具有红色文化资源的临沂大学,源起于1941年中国人民抗日军政大学第一分校。这所具有优良革命传统的大学,为新时代大学生再现了本校历史、传承了抗大基因、弘扬了沂蒙精神,策划并举行了“沂蒙红嫂救伤员”“纪念大青山战役英雄”等一系列特色主题仪式活动。陕西师范大学自2007年就使用毛笔字手写录取通知书,这种开笔仪式的习惯已经延续16年之久,其目的在于唤起大学生对书写乃至中华优秀传统文化的重视;同时,该大学的这一历史习惯也让“千篇一律”的纸质通知书有了新意和深度。

二是设计专属的校内文创产品。通过文创产品,让校园文化、办校宗旨、榜样示范以全新的形式“复活”,同时彰显趣味,增加教育实用性。清华大学创意与新意迸发,利用当下流行的积木元素,将标志性的校门造型浓缩于桌面之上,设计一系列积木拼装模型;华东师范大学别具匠心设计食品文创,如校园特色的创意雪糕、咖啡礼盒等,把校园文化特色烙印在师生脑海中。大学文创不仅传播大学特色文化,更多的是作为中华文化乃至中国形象的仪式载体。

三是设计组织大学生喜闻乐见的校内仪式活动。例如,通过举办校庆仪式,让大学生在亲自设计流程、编排歌舞、校内宣传、组织参与的体验中感受仪式教育内容以及所蕴含的价值观意义。又如,通过开展校园道德先进人物评选、奖学金评定活动,发挥先进模范在仪式教育过程中的模范带头作用,引领大学生树立正确的“三观”,对照模范自省自身言行。再如,将校内仪式资源的时间节点与大学生的生命成长阶段相呼应,以此为契机将社会主义核心价值观内涵融入通过型仪式之中,通过组织开学典礼、毕业典礼、升旗仪式、成人仪式等仪式活动引导大学生树立爱国、友善、尊师、奉献等价值理念。

另一方面,充分利用仪式教育的校外资源,将社会主义核心价值观教育融入社会实践。社会主义核心价值观来源于实践,而大学生社会主义核心价值观仪式教育也与实践紧密相连。而今大学生核心价值观的仪式教育多侧重于时间节点的开展,如节日仪式、纪念仪式等,而忽略了实践的多样性、广泛性。仪式教育应将核心价值观内容渗透到大学生的实践之中,全方位、多维度地让大学生参与仪式活动,使其在实践中自觉领会价值理念。

一是高校应积极组织开展系列实践活动,动员大学生积极参与各类公益事业、志愿者服务、支教援助活动。“继续推进青年马克思主义者培养工程、青年社会主义核心价值观培养工程、青年体质健康提升工程、青年就业见习计划、青年文化精品工程、中国青年志愿者行动等重点项目”[①],向社会展示大学生蓬勃向上的精神面貌,同时从社会上感受民众的热情和回馈,体会到仪式教育的真正意义所在,使大学生在参与和服务社会过程中认同和内化价值观涵养。

二是高校应充分利用“校地联合”的有利资源,充分发掘与价值理念相呼应的地方特色文化资源,让原本停留在书本中抽象的价值观找到富有生命力的场景依托。高校可组织大学生参观当地具有特殊意义的纪念广场、纪念馆、红色遗址等场所,在庄严肃穆的气氛下感受烈士为国家英勇奋战的爱国精神。例如,在12月13日“南京大屠杀死难者国家公祭日”,带领学生去纪念场所扫墓,通过亲身参与实践引发大学生自觉将传递的价值观念与实践活动联结,将概念化的价值观还原为仪式传达的中心思想,引起情感上的共鸣,进而引发对价值观的思考,最终达到增强大学生民族认同感和国家归属感的目的。

三是高校可以带领大学生参观党和国家的历史基因库,长城、大运河、黄河等国家文化公园,公共图书馆、博物馆、文化馆等文化场所,非物质文化遗产等文物古迹,以及爱国主义教育基地、国防教育基地和新时代文明实践中心等文化基地,中华优秀传统文化传承发展工程、文化惠民工程等文化工程。这些场所将博大精深的中华传统文化寓于特色文化之中并通过特色文化表现出来,让大学生看得见、摸得着、离得近,在体验和观摩过程中领会价值观中的文明理念,实现中华文明认知、区域

① 吴炜生、张雪梅:《新时代青年的担当图景及其精神熔铸》,《中国青年社会科学》2023年第1期。

特色文化感知、社会主义核心价值观仪式教育三者的融会贯通。

(二)合理整合传统与现代仪式教育资源

中华传统文化源远流长,内容及意义博大精深。“要认真汲取中华优秀传统文化的思想精华和道德精髓,大力弘扬以爱国主义为核心的民族精神和以改革创新为核心的时代精神,深入挖掘和阐发中华优秀传统文化讲仁爱、重民本、守诚信、崇正义、尚和合、求大同的时代价值,使中华优秀传统文化成为涵养社会主义核心价值观的重要源泉。”[①]同时,中国传统仪式资源丰富,仪式形式种类繁多。例如,国家层面,封建王朝通过举办祭天大典、祭祀仪式,巩固封建统治;社会层面,通过组织士相见礼、乡射礼,凝聚社会情感、规范社会秩序;个人层面,通过举行冠礼、婚嫁礼,纪念人生重要节点并增强个人的社会责任感。

然而,在传统仪式资源与现代仪式资源的整合方面还存在部分问题。一方面,部分仪式教育比较侧重于传统文化,而传统仪式距离人们记忆久远,与人们所处时代和现实社会生活脱节,往往削弱了社会主义核心价值观的教育效果。另一方面,部分仪式教育忽视传统仪式资源,盲目将现代流行却意义浅薄的元素加入仪式教育之中,扭曲了仪式教育的文化传承和价值导向的功能。针对现实中出现的遵循传统还是抛弃传统的问题,我们应该辩证地看待:对于传统仪式资源中适应时代要求、利于学生成长、传递价值思想的仪式,应当予以保留,让大学生在参与仪式教育中自觉传承传统文化、继承民族精神;对于传统仪式资源中背离时代发展、破坏校园风气、混淆学生认知的仪式,应当予以剔除,避免传统文化中的封建迷信思想、三纲五常伦理禁锢学生的头脑;对于现代仪式资源中教育效果欠佳、流于表演形式、存有价值渗透嫌疑的仪式,应当加以辨别,引导大学生树立正确的价值观。为此,我们要充分挖掘历史和传统价值,丰盈仪式主题建构。事物皆有其本源,仪式教育也有其渊源与历史。仪式教育在发展历程中,必定是取其精华、去其糟粕的过程,但也存在历史与传统价值挖掘与运用不深的情况。因此,当代仪式教育的发展需结合发展实际与价值目标,大力挖掘符合主流价值与意识形态的传统仪式资源,使其与现行的主题内涵相融合,不断延伸其内涵边界。

---

① 《习近平谈治国理政》第1卷,外文出版社2018年版,第164页。

首先，要充分挖掘优秀传统文化中的仪式教育资源。作为中华民族5000多年来的文化结晶，中华优秀传统文化具有源于道德、基于道德、重视道德的特点。在大学生社会主义核心价值观仪式教育中融入中华优秀传统文化，能够明确仪式教育的道德意义，提高大学生的思想认知。新时代、新征程，高校仪式活动更要继承并发扬这些宝贵的中华优秀传统文化资源，精准对接现阶段的文化需求和精神需求，促进传统仪式活动创新性、创造性转变。一方面，高校既要吸收借鉴古代传统礼仪教育的丰富思想内涵与有效实践，又要结合当代大学生实际需要，丰富仪式活动中价值观教育的内容与形式，从而增强大学生对社会主义核心价值观的认同。例如，有选择性地借鉴古代尊师礼等礼仪文化，借鉴拜孔仪式、开笔仪式等传统学校仪式形式，通过象征性和规范性的行为方式教育学生形成尊师重道的人生价值观和社会价值观。另一方面，要加强对中国传统节日的开发、整合与利用，挖掘其与高校仪式教育、价值观教育的契合点，使大学生的情感与信仰在节庆仪式中得到顺利表达，从而提升高校价值观仪式教育的温度与深度。例如，通过打造具有仪式感的系列传统节日活动，引导大学生传承和保护民族文化基因、认同民族精神、树立正确的政治价值观。

其次，要充分挖掘革命文化中的仪式教育资源。革命文化作为中国特色社会主义文化的重要组成部分，集中体现了中国共产党领导人民进行伟大革命斗争的革命精神，因而在高校仪式教育中融入革命文化的精神内涵，能够巩固大学生对中国共产党提出的一系列政策方针的理论认知和政治认同。为此，我们要多渠道运用红色文化资源，深入高校仪式全时空，实现显性教育与隐性教育的相互渗透、理论教育与实践教育的相得益彰。红色资源是马克思主义中国化的实践产物，具有马克思主义主流意识形态的属性，是经过实践检验的、科学的优质教育资源。一方面，要用好、用活各种红色物质资源。如党支部可以选取各种革命遗址、纪念馆、博物馆开展研学，通过这些物质载体让大学生更好地沉浸在活动氛围中。另一方面，各高校可以有针对性地结合当地红色资源的特点，开展具有特色的仪式活动。高校可以在国家重要纪念日或红色教育基地等特定时空组织开展价值观教育仪式，在增强仪式感染力与说服力的同时滋养学生思想、引导学生行为、凝聚群体共识。

最后，要充分挖掘社会主义先进文化中的仪式教育资源。社会主义先进文化是中国特色社会主义文化的当代表达形式，为深化社会主义核心价值观教育提供现实基础，形塑核心价值观的价值属性、气质格调及民族气魄。要不断吸收社会主义先进文化中"以人民为中心"的主体精神，"与时俱进"的价值取向，"以文化人、以文育人"的核心内容等相得益彰的价值功能，以此来滋养大学生社会主义核心价值观仪式教育的核心主题。例如，在2018年马克思诞辰200周年纪念仪式上，习近平总书记在缅怀马克思的同时也集中展示了中国共产党人的马克思主义观。这一仪式活动鲜明展示了中国共产党人高举马克思主义伟大旗帜，坚定走中国特色社会主义道路的重要意义，这就是社会主义先进文化仪式教育活动的生动体现。

(三)吸收整合国内与国外仪式教育资源

中国以礼仪之邦闻名遐迩，通礼乐、行仪式是我国的历史传统，让我国在人类文明的舞台上大放异彩，甚至对周边国家的教育方式产生极大的影响。如今，我们处于全球化、信息化时代，如何构建中国特色的价值观教育方式，如何让国内仪式资源在世界舞台上重放异彩值得深思。

促进国内仪式资源在世界舞台的神奇回归，首先需要继承发扬国内优秀仪式资源。国内仪式资源广博而丰富，承载着发人深省、凝聚共识的民族精神，是中国人民团结奋进的动力，也是社会主义核心价值观教育的主要支撑。此外，社会主义核心价值观教育的目的和归宿在于形成中国特色社会主义共同理想，这种理想是建立在中国人共同记忆的基础上的，而国内仪式资源自身隐含着中国人对历史传统的情感认同和精神归属，有利于加深其对价值观内涵的共同认知以及坚定其对中国特色社会主义的理想信念。

其次，需要把国家认同的建构理念有机融合其中，深化仪式主题意蕴。把国家认同的内涵有机融入高校仪式活动过程中，既能延伸其内涵，也能为国家认同提供载体，促进二者的共同发展。大学生正处于价值观不断形成并定型的阶段，仪式教育内涵的延伸能促进大学生把已有的价值理念与新吸收的价值理念有机融合，实现已有价值理念的修正与完善，并自然而然地体现在日常行为实践中。因而在仪式教育过程中，须以党和国家的主流价值观为遵循，吸收内化具有营养价值的传统仪式内涵，摒弃不符合时代发展、不利于人们团结的消极因素，旗帜鲜明地向大学生参与者展现主题内涵与主题风采。

最后，增强社会主义核心价值观教育的实效性，提高国内仪式资源在世界范围内的影响力，还需要借鉴国外仪式教育的先进经验，让社会主义核心价值观仪式教育以一种教育方式的相近性更好地被世界认可和接受，同时借鉴国外优秀经验不断完善中国仪式教育的开展方式。国外学校通过学生参与决策、自主设计、多形式互动等方式开展仪式教育，坚持以学生为中心，提升学生的参与感与体验感，教育学生将情感体验和理性思考相结合，实现主流意识形态的隐性渗透。可见，国外仪式开展方式贴近学生、贴近生活，为学生所喜闻乐见。当前，国外节日仪式就深受国内大学生的追捧，甚至把“过洋节”看作是一种时尚。而国外节日仪式自身承载着丰富的价值观思想，如果将其与社会主义核心价值观内容进行整合并加以辨别、改造、宣传，将会增强大学生对社会主义核心价值观内容理解、运用的积极性。例如，美国的感恩节源于1620年。当时，英国受迫害的清教徒乘“五月花”号到达美洲，善良的印第安人送来食物，解救了饥寒交迫的英国人，英国移民因此心生感恩。直到今天，美国人仍会在感恩节期间邀请移民和穷人到家中共度佳节，在欢聚的时刻让人们感受到温暖，体现友善、平等等情感意蕴。因此，我们不仅要重视社会主义核心价值观与本民族文化资源的合力建构，也要借助西方仪式对核心价值观教育的作用，解释西方节日的由来，让人们在欢度节日中了解西方节日所蕴含的价值观思想，找出与社会主义核心价值观相通的内容进行宣传介绍，以此更为有效地构建大学生共同认可的价值观体系。

二、精心设计仪式教育程序，创设良好的仪式教育情境

仪式教育是一种情境式的教育方式，是通过对各种象征性仪式符号的感知，达到自我理解或彼此之间的情绪感染的仪式过程，其本质是强化集体对价值理念的认同，以促进集体情感的凝聚。大学生社会主义核心价值观仪式教育的实现需要良好仪式情境的构建，只有让大学生在情

境中产生深刻的情感认同，才能促使他们在实践中自觉用仪式传递的价值观来约束自己。因此，高校需要精心策划仪式教育程序，满足学生的主体需要，抓住仪式教育的关键；综合多符号艺术渲染，营造适宜的仪式氛围；利用网络新媒体，打造仪式教育的新平台，从而使大学生在仪式程序中获得深刻的情感体验。

（一）满足学生的主体需要，抓住仪式教育的关键

仪式教育主要是通过仪式活动等有别于课堂的实践资源，将社会主义核心价值观渗透其中，让大学生在不知不觉中受到氛围的感染和思想的熏陶。而今，高校仪式教育面临形式单一、学生积极性弱的挑战，仪式活动往往侧重于强化价值观理论教育而忽视大学生日常需要的生命仪式教育，因而要发挥仪式教育主体性优势，针对大学生特点开展喜闻乐见的仪式活动。

习近平总书记在全国高校思想政治工作会议上强调："高校思想政治工作关系高校培养什么样的人、如何培养人以及为谁培养人这个根本问题。要坚持把立德树人作为中心环节，把思想政治工作贯穿教育教学全过程，实现全程育人、全方位育人，努力开创我国高等教育事业发展新局面。"[①]高校开展思想政治教育工作，其出发点和落脚点都是为了学生，为了实现立德树人目标。同样，高校仪式活动归根结底也是以学生为主体开展的教育活动。但处于教育被支配地位的大学生，仅仅依靠教育者组织千篇一律的仪式活动来单向灌输思想政治教育内容，除了加深他们对硬性任务的厌恶排斥心理外，是不可能使教育内涵深入人心的。所以，只有激发参与者的主观能动性，让他们感受到举行仪式活动是有价值且对他们有莫大帮助的，才能创造更大的教育活力。加之新时代大学生自我意识觉醒和个性化需求，这就要求我们必须正视新一代学生群体的心理发展特征，以他们的感观为第一视角，相互给予尊重，才能让教育内涵以润物无声的方式进入大学生的头脑，进而在活动过程中促使其主动配合，使各类仪式活动的教育效果达到最佳状态。

为此，高校仪式教育应尊重学生的主体地位、发挥学生的主体作用，

① 《习近平在全国高校思想政治工作会议上强调：把思想政治工作贯穿教育教学全过程开创我国高等教育事业发展新局面》，《人民日报》2016年12月9日。

引导学生深度参与仪式筹备、设计和组织的全过程，转变其被动接受价值观念灌输的旁观者身份。

首先，教育工作者应转变教育观念，明确学生的主体角色。学生虽是知识的习得者、主流价值观的接收者，但其通常具有一定的主动性。简单来说即是学生通常会基于自身兴趣与意愿，对高校仪式活动所传递的教育内容与讲授方式进行有选择的接受。因此，教育工作者应该注重因势利导，组织开展以教师为主导、学生为主体的仪式教育，避免学生产生抵触、厌倦等情绪，引导学生在自主参与的过程中真正理解和掌握仪式所传递的情感态度与价值观念。

其次，高校应满足主体需要，以学生为中心设计仪式，革新原有程序烦琐、形式单一的仪式教育，组织开展日常化、生活化的小型仪式活动，尊重大学生在仪式教育中的主观诉求和创新行为，提高大学生接受和认同核心价值观内容的积极性。“一种价值观要真正发挥作用，必须融入社会生活，让人们在实践中感知它、领悟它。要注意把我们所提倡的与人们日常生活紧密联系起来，在落细、落小、落实上下功夫。”[①]教师应对学生群体进行有意识的了解、分析，把握学生的思维模式、认知能力与情感支点，策划开展贴近学生现实生活和思想实际、符合学生认知规律和心理特点的价值观仪式教育活动。例如，通过组织周期性升旗仪式，利用具有符号性的五星红旗向大学生传递爱国思想；通过组织诚信考试宣誓仪式，让大学生在严肃的环境中理解诚信的重要性；通过组织宣誓类学校仪式，组织学生自行设计誓词或纪念物等具有象征意义的元素符号以理解仪式内含的价值观。这样日常化的组织设计在一定程度上能够发挥学生的主观能动性、满足学生的成就感，充分激发学生参与的主动性和情感的体验性，促使学生在不知不觉中接受仪式传递的价值观并内化为高尚的思想认识和道德修养、外化为规范的行为举止和处事方式。

最后，应针对大学生特点将仪式教育与课堂教学结合起来，二者相互影响、相互作用，达到价值观教育的双重功效，并在最大程度上反映大学生意愿，即关注大学生的需求、倾听大学生的心声、接受大学生的审视、引领大学生的舆论、争取大学生的信任、规范大学生的行为、涵化为

① 《习近平谈治国理政》第1卷，外文出版社2018年版，第165页。

大学生的价值信仰。这就要求高校以学生为本,努力了解大学生最需要、最关切、最热爱什么,并将这种“需要、关切和热爱”巧妙地融入仪式程序之中,以此更好地实现大学生对社会主义核心价值观的认同。在这方面,组织学生在课堂观看《感动中国》节目成为两者结合的有益探索。《感动中国》作为大学生喜闻乐见的仪式形式,通过树立典范将大学生内心的价值尺度用仪式庆典的方式呈现出来,实现了媒体仪式与课堂理论教学的“价值同构”,同时形成了大学生的群体性认同,使之成为激发大学生情感归属的“催泪弹”,成为引导大学生服务社会的“指向标”,促使大学生认同“感动人物”身上承载的社会主义核心价值观。可见,高校在进行大学生社会主义核心价值观仪式教育过程中要坚持贴近实际、贴近生活、贴近群众的“三贴近”原则,做到仪式教育真正以学生为本、满足学生需要、解决学生关切的问题,找到仪式教育理论化与生活化之间的平衡点。

(二)综合多符号艺术渲染,营造适宜的仪式氛围

大学生社会主义核心价值观仪式教育之所以能够传达价值理念,就在于仪式能够通过创设情境,引起主体间的情感共鸣,走进主体的精神世界。多米尼克·吴尔敦认为,最终决定传播性质与效果的因素有三个:“一是象征空间,以保证所有的事物都能够通过词语而不是“拳脚”来表达;二是协商与共处的语境;三是信赖他人的举动。”[①]由此可见,象征性的仪式教育场域可以保证生生、师生之间平等地对话与交流,大学生在适宜的仪式氛围中容易产生对他人的信赖,社会主义核心价值观的认同正是在群体间相互信赖的基础上构建起来的。

第一,仪式教育借助具有象征性的仪式符号创造了丰富多彩的仪式形式和仪式情境,为社会主义核心价值观教育创设了极具吸引力的仪式空间。情境是影响事物发生或有机体行为产生的环境条件,是在一定时间内各种条件相对或结合的境况。在大学生社会主义核心价值观仪式教育开展过程中,参与主体、仪式程序、舞台布置、背景音乐、灯光搭配、物品摆设等要素,通过特定的时空要素的排列组合,构建出一个不同于

① [法]多米尼克·吴尔敦:《拯救传播》,刘昶、盖莲香译,中国传媒大学出版社2012年版,第210页。

日常生活的、具有特殊象征意义的符号集合场景，能够营造不同的仪式氛围、体现不同仪式类型，从而让置身于仪式空间之中的大学生产生不同的情感体验。为此，我们需要构建能够冲击参与者感官的场景，根据仪式教育类型布置仪式场地及选择背景音乐。例如，入党仪式布置上要配置党旗、党徽等象征元素，使得现场庄重严肃，让参与者自觉遵守秩序，树立对党的忠诚意识和爱国价值观念。同时，我们需要强化仪式情境的艺术化表达，注重德育和心育，凭借语言、色彩、音乐等艺术符号，通过夸张、比喻等艺术手法将理论知识变得通俗易懂，以感性的方式带动受教育者的情感体验，引导受教育者的思想行为。例如，开学典礼通过炫目的灯光、长长的红色地毯、隆重的背景音乐以及动情的代表发言等仪式符号，让大学生不自觉流露出或激动或喜悦的情感，从而为社会主义核心价值观教育提供了适合的仪式空间。

第二，仪式教育为形成集体记忆、呈现核心价值理念提供了特殊仪式空间。大学生社会主义核心价值观仪式教育本身还具有“超时空性”的特点，仪式活动产生的效力不仅仅局限于仪式发生的物理空间，还能超越时空的限制。部分仪式参与者在仪式活动结束后在网络空间广泛传播仪式内在的价值，形成了一定的群体影响，唤醒个体参与者共同的历史记忆，让个体产生一定的归属感，在此过程中情感不断被强化，在群体间交互感染，使仪式教育的效果不断提升。具体来说，特殊的仪式场域提供了一个糅合具体与抽象空间形态的阈限空间。置身于阈限空间内，进入或经历阈限的仪式参与者可以感受到各种仪式符号熔化并锻造成为象征。仪式参与者通过感染性的仪式场域，进入仪式的阈限空间，使自己在身份上转换成仪式的一员，在记忆上与仪式内含的历史记忆和集体记忆共通，在目标上与仪式实施者一致，在行动上按照仪式规范行动，空间的政治属性跃居首位。在如此情势下，有利于实现大学生心理情感与仪式价值理念的交融与转换，强化其心理上的认同与情感上的共鸣，使仪式的合法性得到彰显，大学生的价值认同得到提升。例如，在“5•12”汶川大地震纪念仪式中，通过降半旗、宣读纪念誓词、庄严肃穆的背景音乐、默哀行为以及统一暗色着装，让大学生有重回现场之感，通过营造特定的仪式空间，既让大学生形成了共同的、完整的、深刻的集体记忆，又生动地呈现了价值内涵及精神。

（三）利用网络新媒体，打造仪式教育的新平台

当今世界是一个跨时空、跨地域互联的世界，互联网技术的革新打破了人与人之间交流的界限，改变了人类的生活方式和受教育方式。随着网络技术的广泛应用，大学生仪式教育的网络化也应运而生、不断发展。利用网络载体更新大学生社会主义核心价值观仪式教育的平台，符合大学生追求快捷、高效、时尚的理念，有利于吸引大学生广泛参与。

首先，高校可以借助网络载体丰富社会主义核心价值观仪式教育的资源，通过网络平台提供给大学生更具时效性、多样性的价值观信息，如党中央关于核心价值观的最新政策解读、各地近期举办具有价值意义的仪式活动、国外仪式教育的先进经验等，让大学生以一种更具创意、开放的方式参与网络发起的仪式活动。由于受众广泛，大学生可以通过网络参与形成对价值观的集体性记忆，有利于激发大学生对于价值观念的情感认同。同时，网络仪式创造了一个"大学生—网络—世界"的教育模式，在这一模式中，网络作为桥梁使大学生接触世界信息变为可能，实现了大学生仪式教育与社会仪式、国家仪式的有效对接。

其次，大学生还可以通过网络互动深度讨论各种价值观，提高对各类价值观信息的辨别能力，不断强化形成正确的价值观。网络消弭了传统时间、空间界限，建构了全新的网络空间，创造了新的阈限，实现了虚拟空间与现实空间的深度融合。大学生在虚实一体的世界中可以自由地表达自我，情感化得以突出，情感共同体得以建立。仪式教育具有规范性的展演程序，大学生彼此可能是陌生的，但当以个体身份参与网络仪式活动时，网络仪式所呈现出的语言、音乐等一系列象征性符号则能唤起大学生对现实场景的历史记忆与集体记忆，激发其内心的情感认同。他们凭借想象把自己融入仪式，成为仪式的一分子。在这个精神共同体中，大学生内心的价值观念在仪式参与中得到确认，建构出具有感召力的集体意识，价值认同度也得到了肯认与提升。为此，高校仪式活动组织者要充分认识到网络空间的重要性，并积极运用网络空间宣扬仪式教育的价值内涵。高校可以鼓励大学生参与网络"感动中国"人物评选，从每个平凡而伟大的道德模范身上学到可贵的价值观念和品格，在

大学生心中树立具体生动的价值标准,引导大学生向具备正确、高尚、美好品格的典范靠拢。此外,网络参与人数众多,其中有来自不同区域、各行各业的普通民众,通过对具体仪式活动的讨论互动,让大学生有机会了解不同民众对价值观正面或负面的评价。正面的观点有利于强化大学生的认知认同;对于负面的观点,可以组织大学生利用课堂所学知识进行辨析,起到检验课堂知识、强化大学生正确认知的独特效果,实现以大学生仪式教育为原点向民众生活空间的延伸。

最后,网络技术的运用为大学生提供了更为广泛的表达语境,促使其更加积极地表达情感。网络空间为仪式组织者与参与者的实时交流互动提供了平台。网络凸显出“解压阀”的作用,仪式呈现出的共时感与在场感使其逐渐成为大学生群体不断寻求认同的重要方式。并且,置身于新建构的网络化仪式空间中,大学生可以在同一场域接收仪式教育传递出的共享信息,与他人进行实时互动,产生情感上的交流,以此增强大学生群体间的情绪代入感,个体情感更易融入集体共享情感,从而建立共同的信仰。为此,仪式组织者要主动融入大学生的情感之中,积极参与大学生的互动话题讨论,进行仪式相关问题的解答,同时要对互动话题进行积极引导,使其朝着有利于仪式教育意义建构的方向发展,使大学生在潜移默化中内化仪式意蕴,并在讨论互动中影响其他参与者,实现情感的共享与价值的共鸣。例如,仪式组织者可以通过微信公众号留言板与大学生进行交流互动,或是邀请大学生参与仪式活动的策划与设计。这种方式具有匿名性,在某种程度上可以激发大学生表达自己观点的积极性,使大学生在仪式活动主题的选择、仪式活动的策划、仪式内容的编排方面充分发挥其创造性,让仪式活动更贴近生活。可见,社会信息化的深入发展使教师与学生之间不再是单向的教育者与受教育者的关系,而是逐渐形成互相促进的关系。这就需要教育者和仪式组织者充分尊重大学生的自主性、发展性和创造性,在保留高校传统仪式活动的基础上,充分借助网络仪式活动形式,在网络仪式互动中注入教育性思想,同时保持生活化、娱乐化。这样的网络仪式活动更容易为大学生所接受。

三、加强仪式宣传和组织参与，提高大学生参与度

仪式教育是一种体验式的教育方式，强调个人参与，其内涵是通过组织大学生参与仪式活动，传递价值理念和文化意义，其本质是强化社会主义核心价值观仪式教育中情感体验与理论学习之间的联系。任何教育方式的存在与发展都需要特定的宣传路径和组织框架，社会主义核心价值观仪式教育作为高校重要的教育方式，内在地规定着它应有的宣传组织结构。为此，高校应加大宣传力度，提高仪式教育的周知度；积极组织学生参与，提高大学生的参与度，从而最大限度地发挥仪式的教育功效。

（一）加大宣传力度，提高仪式教育的周知度

大学生要参与仪式教育活动，首先需要了解仪式活动程序和教育内容。仪式教育向大学生传递的教育内容是否达到"入脑入心"的效果，很大程度上取决于学生的参与性，这就需要仪式组织者从仪式活动前期准备阶段入手来提升大学生参与仪式活动的积极性。做好仪式活动的宣传工作，增加大学生对仪式活动主题、内容、形式、要求的熟悉度，这是大学生社会主义核心价值观仪式教育顺利开展的首要步骤。当前高校大多以传统的方式告知大学生有关仪式活动的信息，例如开会通知或同学们之间的相互转告，这就使大学生对仪式活动本身了解得不够全面。因而仪式组织者应该加强宣传力度，探索新的宣传方式。

就宣传而言，其目的在于通过对某一主题仪式的持续集中报道，使原本被大学生忽视的仪式活动转变为大学生关注的焦点。就具体宣传方式而言，主要体现在以下五个方面。

第一，高校可以通过张贴海报、悬挂宣传标语、宣传栏讲解等方式吸引学生眼球，让学生准确了解高校组织的各项仪式活动的时间、地点、主题、内容，保证大学生对仪式活动的基本参与度。大学生正处于探索世界的年龄段，各种各样的活动都可能引起他们的好奇与兴趣。因此，要充分利用大学生的这一特性，在保证仪式价值内核的基础上采用丰富多彩、引人注目的宣传形式，大大增加仪式活动曝光度，吸引大学生的注意

力，提高其关注度与参与性。例如，筹备大型仪式活动前期，可开展与之相关的小活动进行预热，让大学生对仪式概况有相应的时间和心理准备。同时，拓宽学生周知渠道，不能仅仅局限于老师要求和官方媒体通知，还应该重视校园文化符号的传播效果，增添教育的趣味性以吸引学生广泛参加。如很多高校灵活运用毕业季热点，在学校标志处设置不同风格的“毕业典礼拍照墙”等亦庄亦谐的校园文化符号。

第二，高校可以通过网络、广播、校园刊物等媒介大力宣传仪式教育活动的意义、目标，实现传统媒介与现代媒介的综合使用，多方面提高仪式传播效能。虚实结合扩展仪式作用空间，聚集流量的优势不容小觑，故而可以最大限度地利用其特点，汇聚更多的大学生参与其中，扩大受教育群体的范围。例如，可以在学校的官方网页上设置仪式活动宣传专栏，对各类仪式活动的详细信息进行介绍，让学生能够很好地了解到仪式活动举办的时间、地点、主体等；可以通过微博、微信、QQ、主流视频播放软件等进行仪式的实时直播与重播，或者把仪式教育全过程通过技术剪辑成大学生喜爱的短视频，以短视频的方式投放到哔哩哔哩、抖音、快手等平台，使大学生在重复性、连续性的仪式展演中感受国家的发展，深化情感，提升认知。

第三，高校可以通过开设名人讲座、专题论坛、仪式排演，让学生提前了解仪式活动的具体内容，增强大学生对仪式内容的理解力。在仪式教育理念内涵设定、流程设计、方案策划等仪式展演前系列流程中，应该邀请学生代表参与其中，听取参与主体的意见与建议；在仪式操练过程中，部分环节可以由学生代表进行组织或参与。在仪式前、仪式中均吸引大学生的全程参与，以部分带动整体，提升大学生的参与感与积极性。

第四，在特殊的节日或纪念日时期，高校可以借助社会仪式、国家仪式的宣传氛围，让大学生深切感受到仪式活动或神圣、或激动、或庄严的气氛，增加大学生参与仪式活动的热情。例如，2021年中国共产党成立100周年纪念仪式、2022年党的二十大的胜利召开、2022年北京冬奥会等事件在高校宣传平台的转播，让大学生通过媒体平台成为历史的见证者；通过媒体的内容宣传、程序展现，让事件承载价值观意义，进而实现大学生对主流价值观的价值内化。

第五，加强宣传队伍建设是做好大学生社会主义核心价值观仪式教育宣传的前提保障。高校应把政治上坚定和理论上、笔头上、口才上有专长的教师选拔到高校宣传思想工作队伍，努力培养一批社会主义核心价值观坚定信仰者、传播者和践行者。为此，宣传队伍自身的核心价值观理论认识、情感认同和践行能力要不断提升，既要深化对宣传规律和方法的认识，也要增进对社会主义核心价值观内容、对象、现状的认知，更要科学把握社会主义核心价值观仪式情境对宣传队伍提出的新要求。这些都要求宣传队伍聚焦理论阐释，提升价值认同，创新话语表达，促进方法创新，增强践行能力。

（二）积极组织学生参与，提高大学生的参与度

习近平总书记指出："青年的价值取向决定了未来整个社会的价值取向，而青年又处在价值观形成和确立的时期，抓好这一时期的价值观养成十分重要。"[①]教育大学生树立正确的价值理念和品格，积极组织学生参与仪式活动至关重要。仪式不是一种单向度的实践活动，而是组织者与参与者交融其中，双向互动的集体行为。仪式教育是由各要素协调互动构成的系统性工程，具有一定的作用规律与运行机理。仪式组织者与仪式参与者即为政治仪式系统不可或缺的核心构成要素，无仪式组织者，仪式就不能得到举办；无仪式参与者，仪式的"所指"就是枉然。在满足仪式组织者与参与者二要素基本条件后，二者之间的互动就成为仪式价值彰显的前提与关键。通过双方互动，可以化紧张关系为平和心态，变自由散漫为坚强团结，促个体差异为群体共识。

对于校内仪式而言，应建立起校领导、教师、辅导员共同参与的立体式仪式教育组织网。

首先，校领导作为高校组织管理主体，肩负着"培养什么样的人、如何培养人以及为谁培养人"这个根本任务。他们对高校仪式活动的重视程度，决定了高校仪式活动的目标方向和主体内容。如果高校仪式活动经由一批教育思想水平高，能精准把控仪式活动方向，对其教育内涵有清晰认知，并不动声色地将教育内容贯穿于仪式活动中的管理者来组织，那么高校仪式活动的作用才能得到充分认可。反之，倘若他们缺乏

①《习近平谈治国理政》第1卷，外文出版社2018年版，第172页。

对高校仪式活动的正确认识，只是将其当作没有灵魂、缺乏内涵的单一宣传工具，那么其结果必是社会主义核心价值观教育效果化为泡影。为此，一是要强化组织管理者的政治素养，确保高校仪式活动在多元价值观的冲击下，仍能保持政治定力和政治方向。二是加强组织管理者的理论素养，对组织管理者进行相关理论培训，使之掌握最为系统、最为时兴、最为专业的仪式理论知识，学习领会习近平总书记关于社会主义核心价值观的重要论述，更好地将高校仪式活动嵌入社会主义核心价值观教育工作中。三是提高组织管理者的工作素养。为应对高校仪式活动形式主义泛滥问题，管理者必须摒弃“仪式活动无用论”的错误思想，重视仪式承载的价值内涵和实践意义，将仪式教育列为高校开展教育活动的常规方式，建立相关监督、资金投入、评估制度以保障仪式教育的合法化、规范化、合理化；同时，发挥校领导的权威作用和表率作用，组织并确保仪式教育活动的有效开展。

其次，教师是仪式教育的组织主体，在仪式展演全程中起着统领全局的作用。运用仪式提升大学生对社会主义核心价值观的理论认知和情感认同，首要的是必须增强仪式组织主体的思想认知和行动自觉。具体来说，一是要加强对仪式组织主体的培训教育。不同的仪式教育具有差异化的仪式性质，因此需要专业人员进行解读与讲解，以加深仪式组织主体对仪式独特性的认识，科学地挖掘其独特价值。仪式组织主体要加强对仪式教育相关内容的学习，深刻认识与理解仪式教育的历史渊源、发展历程、群众评价、文化积淀等方面的内容，内化仪式所具有的内在价值；要对大学生参与者的身心特点与接收方式进行深入分析，在此基础上结合实际进行有意识有目的的仪式全过程全方位的设计、操演与评价，使政治仪式的展演既内蕴其价值又符合大学生接收特点与认识规律，以此来获得大学生的关注。例如，在革命英烈纪念仪式活动中，仪式组织主体要提前了解革命英烈的生平事迹，体悟其蕴含的革命精神，结合当代大学生自我意识强、善于接受新事物但易于从众等特征，对革命英烈纪念活动进行科学有效的设计，增强革命英烈纪念活动的吸引力与价值性。二是要加强理论学习，使仪式组织主体积极认识到自己的角色，承担角色所赋予的职责。仪式组织者应以正确的理论武装头脑，树立正确的价值观，克服形式主义与功利主义，端正思想、端正动机，深刻认识到仪式教育是传达主流意识形态、凝聚思想认识共识、提升主流价值认同的教育性活动，而不是一种形式化活动。

最后，辅导员是组织、设计、操演与评价仪式的主体，应积极配合校领导制定的仪式活动方案并落实具体工作，注意在日常仪式操演中把握时机、赋予内涵、布置合理、引导得当，保证仪式有序高效运行。[①]组织高校仪式活动对于辅导员来说不只是一项日常组织管理工作。辅导员的根本职责是教育人、引导人、鼓舞人、鞭策人，因而他们必须发挥模范带头作用，积极参加仪式活动，规范自身行为举止，这样才能在实践中深化理论认知，才能在下次组织策划中发现不足、精进完善，才能在组织层面发挥教师对学生的隐性教育作用。此外，辅导员要承担起监督学生参与仪式活动的责任，在仪式开展之前，叮嘱学生必须遵循的礼仪规范，比如服装、言行、举止等；在仪式开展过程中，监督学生不能交头接耳、擅自离席；在仪式结束后，及时收集学生的意见反馈并倾听学生对仪式活动的心理感受，整合学生的意见，不断完善仪式程序。

对于校外仪式而言，要发挥学校、家庭、社会合力对大学生仪式教育的组织动员作用。学校、家庭、社会是青年成长成才的沃土与基础，加强大学生社会主义核心价值观仪式教育应发挥学校、家庭、社会三位一体的有机合力。

首先，大学生的大部分时光在学校度过，高校教育在很大程度上影响着大学生对社会主义核心价值观的认识、理解与践行。为此，高校要加强大学生的素质教育与主流价值观的养成教育，不断提高大学生发现问题、分析问题、解决问题与评价问题的能力，增强其思辨能力与把理论应用于实践的意识。并且，高校要积极引导大学生参与各类主流价值观仪式教育，营造积极健康的仪式氛围，当大学生置身于健康向上、符合主流价值导向的仪式活动时，能够不断地感知仪式背后所呈现的价值理念与意义表达，在参与中体悟，在学习中提高。例如，积极组织党员过“政治生日”。把“政治生日”与支部生活相结合，支部每月组织一次“政治生日”仪式活动，其他党员与积极分子也共同参与，开展重读入党申请书、

① 参见吴超：《再论我国思想政治教育仪式的扬弃与创新》，《继续教育研究》2017年第1期。

重温入党誓词等活动，使支部所有成员共同受教育，时刻牢记入党初心，在参与仪式过程中自觉深化党员的职责使命。

其次，家庭是大学生情感、态度、价值观形成的起点，家庭要肩负起对大学生的引导与教育。家庭成员是大学生的第一任人生导师，家庭成员的观点看法、行为实践对大学生具有深远影响。为此，家庭成员要对大学生进行积极引导，向他们传达社会主流价值理念，在潜移默化中提高大学生的认知能力。同时，家庭成员要积极融入大学生社会主义核心价值观仪式教育活动之中，认真学习内化，为大学生作出行动表率。例如，在毕业学位授予典礼上增加家庭成员互动环节，让家长亲自见证孩子的阶段性成长，也让大学生感受到家人的关怀与鼓励，共同形成对亲情、友善等价值观念的认同。

最后，社会作为一个大集体，社会环境极大影响着大学生对社会、对国家的认识和理解。为此，要净化社会环境，在全社会积极倡导和践行社会主义核心价值观，努力营造和谐向上的社会氛围。比如，在国庆阅兵仪式中，社会成员积极参与，感受仪式传达出的国家富强、欣欣向荣的图景；在中秋节庆祝仪式中，分享团结的喜悦，共享中国人共有的情感与信仰，增强文化身份的确认与文化认同。同时，社会各界要大力支持大学生仪式教育活动，积极与高校建立“校企合作”和“校地合作”，鼓励大学生参与社会实践，在参观企业、服务社会中培养大学生敬业、友善、诚信等道德品质。

因此，学校、家庭与社会三者之间应共同发力，不断提高大学生对社会主义核心价值观的认识与理解，以此来增强大学生社会主义核心价值观仪式教育的实效性。

四、健全相关保障机制，确保仪式教育长期开展

习近平总书记指出：“要发挥政策导向作用，使经济、政治、文化、社会等方方面面政策都有利于社会主义核心价值观的培育。要用法律来推动核心价值观建设。各种社会管理要承担起倡导社会主义核心价值观的责任，注重在日常管理中体现价值导向，使符合核心价值观的行为得到鼓

励、违背核心价值观的行为受到制约。”[①]由此，高校为了保证大学生社会主义核心价值观仪式教育日常开展的独立性、自主性和神圣性，应健全相关保障机制，即完善经费保障机制、建立反馈评价机制、构建仪式教育监督机制，确保仪式教育顺利进行，效果稳步提升，避免形式化和功利化。

（一）完善经费保障机制，确保仪式教育顺利进行

仪式教育活动的开展需要一定的经费支持。各类高校仪式活动的经费来源不尽相同，但大体上可以分为高校财政经费，包括教学经费、活动经费等；社会捐赠收入，包括企业捐赠、校友捐赠以及学生自筹经费等。其中，高校仪式教育开展主要依靠财政拨款，而社会集资则是高校仪式活动经费的部分来源。高校应完善经费保障机制，按照仪式的教育性目的合理分配资金，杜绝铺张浪费、消极腐败现象，确保仪式教育顺利进行，并确保仪式经费得到合理利用。

高校的经费保障机制要解决的是如何得到重点资金支持、如何避免过度花费、如何发动社会各界力量集资的问题，确保花钱花在增强仪式教育性效果上，省掉表面性、功利性、浮夸性的仪式花费；同时，积极推动校地、校企联合，寻求社会各界对大学生仪式教育的赞助。

首先，哪些仪式形式应得到高校的重点资金支持呢？答案是自身具有教育性、日常性、便捷性特征的仪式类型，像是通过型仪式、竞争型仪式、生命型仪式等。这类仪式形式都与大学生学习生活息息相关，反映大学生阶段性成长要求，且本身对资金要求不高，高校容易借助校园现有场地、布景、校服设计仪式程序，并能够有效发挥学生协助布置场景、营造氛围、安排流程、组织参与的能动性、创造性，既节省经费开支，又让学生体验到参与仪式整体过程的成就感、自豪感，为其主动理解核心价值观仪式内容打下良好基础。在经费支持方面，部分高校专门设置仪式课程，相较仪式活动而言，仪式课程有相对明确的目标、内容和方式，可以使用课程经费。此外，由于高校仪式活动承载着重要的社会主义核心价值观教育功能，其开展经费多从德育经费中划拨。教育部2014年印发的《中等职业学校德育大纲（2014年修订）》明确规定，在日常德育经费中

① 《习近平在中共中央政治局第十三次集体学习时强调：把培育和弘扬社会主义核心价值观作为凝魂聚气强基固本的基础工程》，《人民日报》2014年2月26日。

应有学生的日常思想道德教育、学生社会实践、大型德育活动以及表彰奖励等所需经费，即在学生德育活动经费中拨出仪式教育专项经费。

其次，哪些仪式形式应该避免过度花费呢？答案是缺乏教育意义，盲目追求功利性、娱乐性、表演性的仪式类型，像是为展现领导功绩的表演型仪式，以及为营造声势、吸引生源而邀请明星助阵的娱乐型仪式等。这类仪式本身要求巨额的经费投入，过度强调仪式形式而消解了仪式教育内容，对大学生价值观的树立、勤俭节约品德的养成造成不利影响，且导致校园形式主义、官僚主义、奢靡之风盛行。高校在完善经费保障机制的过程中应将这类问题重点讨论并解决，用谢师礼代替谢师宴、用知名人士讲坛代替明星嘉宾表演，保证经费合理运用。

最后，哪些仪式形式可以发动社会各界力量集资呢？答案是能够并且需要与社会进行联合的仪式类型，像是节日仪式、纪念仪式等。这类仪式形式无论高校还是社会都遵循共同的时间节点、借助相同地点、营造同样的气氛。那么，出于节省开支的目的，高校可以与社会共同举办仪式活动，或以寻求赞助、服务社会的方式寻求社会各界的资金支持。近年来，我国也正在完善多渠道教育经费筹措体制，倡导调动全社会的力量兴办教育。财政部和教育部曾于2009年出台《中央级普通高校捐赠收入财政配比资金管理暂行办法》，鼓励高校积极拓宽筹资渠道；《国家中长期教育改革和发展规划纲要（2010—2020年）》也明确提出，要充分调动全社会办教育积极性，扩大社会资源进入教育途径，多渠道增加教育投入。这样一来，不仅可以为高校仪式教育活动的开展提供必要的资金支持，也有助于开展不同于往常的仪式活动，吸引学生有效参与，更好地传递仪式内容，还可以让学生提前参与社会、服务社会、体验社会，将所学理论、价值观内容运用到实践当中，以此循环，增强学生学习、理解、接受价值观内容的积极性。

（二）建立反馈评价机制，促进仪式教育效果的稳步提高

实现大学生社会主义核心价值观仪式教育的有效性不仅要求仪式参与者的正确理解、组织者的科学引导、教育者的理论疏导，还要求针对仪式效果反馈不断完善仪式过程，以此避免仪式行为的短期性、敷衍化。而仪式反馈评价机制的建立健全能够充分发挥导向功能和激励功能，推

动仪式教育有序开展、提升组织者与参与者的积极性与责任感，为仪式教育中的价值观教育提供路径参考。

仪式教育与理论灌输、政策调控、思想政治教育、舆论导向等传统教育方式有所区别。仪式教育是一种实践性教育，侧重于让大学生通过参与仪式来捕捉信息、理解内容。评价反馈作为仪式开展的最后一个环节，为大学生社会主义核心价值观教育的实施提供提升进路，能够推进高校进一步完善仪式活动的管理机制、配套政策、经费来源，解决好人员配置等问题，提升执行效率，最终促进学校以更高站位、更严标准、更实举措、更深情感利用仪式扎实开展价值观教育工作。因此，仪式教育反馈评价机制应注重对实践过程的观察、测评与诊断。在仪式实践操作过程中，“可以成立包括参加仪式的组织者、班主任、任课教师以及学生代表组成评价小组成员，建立包括评价目标、评价对象、评价内容、评价方法、评价反馈等在内完善的评价机制”[①]。

在组织者层面，一是应构建一套具有引导性、判断性、动员性的仪式教育评价指标机制，充分尊重学生的反馈意见并鼓励学生自由行使完善仪式教育活动的权利，保护学生“说真话、说实话”的底线。二是仪式的组织者应建立仪式评议小组，借助实践参与、心得分享、问卷调查、随机采访、召开研讨座谈会等形式收集信息，通过学生自评、师生互评、网上盲评等反馈评价方式统筹部署评议小组各项工作，全面了解学生对仪式中所蕴含的价值观念的认知水平与接受程度。三是组织者应明确仪式反馈评价内容。在仪式活动策划前期，广泛收集意见征询。例如，仪式活动的举办时间、地点以及形式的选取；学生是否想主动参与仪式活动的筹备策划；学生是否有更好的策划思路；等等。尊重学生合理诉求，能调动学生的主动性和积极性，为高校仪式活动发挥社会主义核心价值观教育功能提供情感基础。在仪式活动结束后期，及时听取总结反馈。如听取相关层面汇报，包括活动部署、活动风貌、活动效果、学生感受等，从而为下一次仪式活动的举行积累经验。四是组织者应将收齐后的反馈意见分类、整合，判断各项反馈意见的有效性和客观性，挑选出具有实效性、广泛性的反馈意见用以完善仪式教育程序，保障仪式教育的长期性、

① 王小凤：《仪式教育改革之路》，《中国德育》2012年第15期。

周期性、重复性开展。同时,仪式组织者也要展开自我评价,通过对比仪式活动预期效果和实际开展结果,查漏补缺。

在教育者层面,注重教师指导性反馈评价。教师是高校仪式活动的引导者,在价值观教育中起着主导作用。教师对仪式主题选取、象征符号运用、互动环节设定等的整体把握深刻影响着学生参与的积极性以及仪式育人的实效性。为此,高校应从前期准备、组织开展、成果反馈等多个维度评价教师的工作质量,并考虑将教师对仪式活动的组织指导纳入年度工作评价指标体系,列入绩效考评,以此形成目标激励,鼓励教师对标相关要求完成指导任务,确保仪式组织程序的科学规范、价值意蕴的充分彰显。同时,促使教师对仪式活动进行总结和反思,激励其加强理论学习、细化实践操作,为其未来工作提供方向参考。

在大学生层面,反馈评价机制对高校仪式活动的开展起到优化作用,给予大学生更深刻的情感体验。同时,激励大学生发挥主观能动性、实现自我发展,自觉参与到高校仪式的设计与改进工作中。为此,一方面,要注重学生体验性反馈评价。仪式教育不同于其他价值观教育途径,虽然也包括特定的知识体系与价值目标,但它更倾向于侧重参与者的情感交流与切身体会,属于体验性的教育实践活动。高校仪式的主体参与者和体验者是大学生,价值观培育的主体更是大学生。因此,对高校仪式活动的反馈评价不应该仅仅局限于外在的场地布置与组织规模,而是更应该进行多元化反馈评价,即重视大学生的体验与感受、调查大学生的满意度。可以通过现场观察、问卷调查、座谈访问等方式了解大学生在仪式活动中的情绪变化、思想状况、意见反馈,了解仪式活动的优势与不足,进而有针对性地加以修正,确保学生情感共鸣的产生,促使仪式活动的价值观教育功能充分发挥。另一方面,大学生作为高校仪式活动的参与主体,要自觉参与到仪式的反馈评价中。一是要秉承真诚的态度,积极配合评估工作,对自身参与仪式过程展开自我反思、自我批评,并对仪式程序或内容设计作出客观如实的评价。二是大学生要树立权利意识,珍惜学校赋予其参与完善仪式过程的权利,认识到反馈评价过程的神圣性和严肃性,为自己争取更好的教育方式作出努力。三是大学生要运用课堂所学的理论,深入思考、科学分析仪式的形式和内容,勇于揭露现存仪式的缺陷,使反馈结果更具合理性。

(三)构建仪式教育监督机制,避免仪式教育形式化、功利化

为了保障仪式教育的顺利开展,避免仪式教育出现形式化、功利化、表面化、短期化的问题,需要构建有效的仪式教育监督机制,还原仪式本来的神圣性、庄严性。

首先,针对校领导在思想认识层面忽视仪式教育作用、在策划实施过程敷衍了事、在组织参与层面缺乏积极性等现象,一是国家应在巡视监督制度中加入相关内容,自上而下地对高校领导仪式教育的有关做法进行监督,在高校形成一种国家特有的震慑力和权威性,确保校领导严格履行开展社会主义核心价值观仪式教育的义务,彰显中国特色社会主义监督制度的特色和优势。二是国家应强化法治建设,将其作为社会主义核心价值观教育的根本保障。2023年3月,第十四届全国人民代表大会第一次会议审议通过的《中华人民共和国立法法(修正草案)》增加了一条,强调立法应当倡导和弘扬社会主义核心价值观,坚持依法治国和以德治国相结合。“要加强重点领域、新兴领域、涉外领域立法,注重将社会主义核心价值观融入立法。”[①]在社会主义核心价值观领域融入法治建设,有利于对组织主体的失范行为形成强有力的监督震慑作用。三是高校师生、社会大众、媒体舆论都应积极对校领导的不当做法予以曝光和揭露,维护大学生接受仪式教育的权利。特别是高校应设置配套的监管部门,加强对校领导在组织、策划、宣传、实施、管理、反馈等环节的监督,邀请学校党政干部、马克思主义学院教师、优秀辅导员等从旁指导。

其次,针对网络仪式中出现的泛娱乐主义、盲目主义、历史虚无主义等不良传播思想和行为,2021年6月中央网信办开展“清朗·‘饭圈’乱象整治”专项行动。2021年8月,中央网信办发布《关于进一步加强“饭圈”乱象治理的通知》,为进一步加大治理力度,压紧压实网站平台主体责任,切实突破重点难点问题,不断巩固和扩大专项行动成果,重拳出台解决“饭圈”乱象问题的十项措施。2021年9月,国家广播电视总局发布《关于进一步加强文艺节目及其人员管理的通知》,中央宣传部印发《关于开展文娱领域综合治理工作的通知》。这些举措都是从建立健全监督

① 《习近平谈治国理政》第4卷,外文出版社2022年版,第253页。

机制层面保证大学生社会主义核心价值观仪式教育的顺利推进。

最后,针对学生在仪式过程中擅自离席、交头接耳、走神、态度不端等不当行为,一方面,高校应加快完善相关规章制度,积极响应国家已出台的制度法律。参考已出台的《中华人民共和国国旗法》《中华人民共和国国徽法》《中华人民共和国爱国主义教育法》,以及2014年以来我国先后以立法形式规范党和国家的重大纪念典礼活动等,这些相继出台的政策法规对部分高校仪式的召开以及参与者的行为举止作出明确规定,甚至对仪式开展的时间、程序、参与者及其行为规范等都进行了详细的规定,为规范高校仪式活动提供良好的政策支持。另一方面,高校应结合自身情况建立和完善仪式监督制度,对仪式参与者的不当行为给予必要的处罚,将仪式教育纳入制度化建设的轨道。构建系统而完备的仪式监督制度是有效发挥大学生社会主义核心价值观仪式教育功能的前提。高校要通过构建仪式教育监督机制让学生意识到仪式的重要性,明白参与仪式的神圣性和严肃性,杜绝一切随便轻浮的言行举止。具体来说,高校可以成立由校领导、教师、辅导员和学生干部组成的仪式监督小组,监督参与者尊重仪式程序的要求和规定。“仪式的参与者必须遵循仪式所要求的礼仪规范,如穿着、言语、行为等,可以影响并指导学生日后在人际交往中的言行举止、穿着打扮、气质风度等。”[①]监督小组成员对违规者不能放任纵容,应给予一定处罚,让学生对学习仪式内容、接受仪式教育保持更为端正的姿态,避免仪式失去仪式感和教育性。

五、营造健康社会氛围,构建稳定的仪式教育环境

社会主义核心价值观内容包含三个层面,即国家、社会、个人,与之相对应的仪式为国家仪式庆典、地方性仪式活动、个人生活中的仪式,需要发挥国家、社会媒体、家庭三方面的作用,构建稳定的仪式教育环境。党的二十大报告指出,广泛践行社会主义核心价值观,要“把社会主义核

① 孙冬青:《试论新时期高校仪式活动的德育价值》,《学校党建与思想教育》2016年第8期。

心价值观融入法治建设、融入社会发展、融入日常生活"[①]。对于大学生社会主义核心价值观仪式教育来说,侧重于高校仪式教育的同时不能忽视国家、社会媒体、家庭对仪式教育的影响。引导大学生培育和践行社会主义核心价值观,仅仅依靠高校层面的仪式教育远远不够,要与国家、媒体、家庭仪式教育相结合,发挥国家、媒体、家庭仪式教育的力量,使仪式教育更加贴近学生的现实生活。

(一)国家方面:营造主流文化氛围

2014年2月24日,习近平总书记在中央政治局第十三次集体学习时强调:"要按照社会主义核心价值观的基本要求,健全各行各业规章制度,完善市民公约、乡规民约、学生守则等行为准则,使社会主义核心价值观成为人们日常工作生活的基本遵循。要建立和规范一些礼仪制度,组织开展形式多样的纪念庆典活动,传播主流价值,增强人们的认同感和归属感。要把社会主义核心价值观的要求融入各种精神文明创建活动之中,吸引群众广泛参与,推动人们在为家庭谋幸福、为他人送温暖、为社会作贡献的过程中提高精神境界、培育文明风尚。要利用各种时机和场合,形成有利于培育和弘扬社会主义核心价值观的生活情景和社会氛围,使核心价值观的影响像空气一样无所不在、无时不有。"[②]仪式具有互动性。人就其本质而言是一种关系性的存在。个人的发展既要实现个体人格与价值的发展,实现个体自身的价值,又要与他人、集体、社会交流互动,使之契合统一于"他者"。反过来看,社会的进步、社会共同价值的提高也需要个人的不断丰富与个人价值的完善。[③]仪式教育强调集体性互动,是通过形成集体记忆来强化认同的教育方式,"只有在共同体中,个人才能获得全面发展其才能的手段,也就是说,只有在共同体中才可能有个人自由"[④]。因而高校应探索国家、社会、学校、家庭的多维模式,形成大学生社会主义核心价值观仪式教育的合力。只有调动多方合

① 习近平:《高举中国特色社会主义伟大旗帜　为全面建设社会主义现代化国家而团结奋斗——在中国共产党第二十次全国代表大会上的报告》,人民出版社2022年版,第44页。

② 《习近平在中共中央政治局第十三次集体学习时强调:把培育和弘扬社会主义核心价值观作为凝魂聚气强基固本的基础工程》,《人民日报》2014年2月26日。

③ 参见鲁洁:《当代德育基本理论探讨》,江苏教育出版社2010年版,第47—73页。

④ 《马克思恩格斯文集》第1卷,人民出版社2009年版,第571页。

力，获得共同体的认可与配合，生活于其中的个体才能得到全面发展的机会。仪式教育传达的主流价值观只有融入全社会的各个环节，构筑主流价值观教育环境，生活于其中的个体才能受到仪式教育的影响。

就国家层面而言，依托高校思想政治理论课内容，在全社会树立主流价值观的仪式教育导向。2022年7月，教育部等十部门印发的《全面推进"大思政课"建设的工作方案》强调，"坚持开门办思政课，强化问题意识、突出实践导向，充分调动全社会力量和资源，建设'大课堂'、搭建'大平台'、建好'大师资'"[①]，这与高校仪式活动的教育目标、教育主体、教育内容、教育时间高度契合。

大思政课授予学生的教育内容内含社会主义核心价值观内涵，也是社会主义核心价值观功能发挥的重要基础，还是高校仪式活动承载的实质内核。新时代高校仪式活动要有效发挥主流价值观导向功能，需要以国家富强为新定位、民族复兴为新使命、学生发展为新需要。

一是仪式教育内容必须与思想政治理论课内容一脉相承，确保高校仪式活动围绕世界观、政治观、人生观、法治观以及道德观等内容展开。例如，高校周期性举行的升旗仪式，就是将思想政治理论课中的政治观内容纳入学生日常，培育大学生爱国主义情怀。

二是仪式教育内容必须随着高校思想政治理论课内容持续创新，确保高校仪式活动在新形势下不断融入新的时代元素。

三是仪式教育内容必须精准施力于学生需求，确保高校仪式活动能最大限度地传递思想政治理论课内容。例如，日常型高校仪式活动作为高校教育教学创新的内容载体，一旦获得合理运用，那么必然会增强其感染力、凝聚力和持久力。

四是仪式教育内容必须不断丰富育人价值。为此，党和国家必须发挥领导作用，出台相关政策方针，积极鼓励更多的学者进行高校仪式活动理论方面的探究，不断丰富充实仪式育人价值，为高校仪式活动的实践提供建设性的理论支撑。同时，国家也要积极组织开展激发大学生参与意识的国家仪式，如各类纪念仪式、节日庆典等，让大学生在参与过程中接受价值观教育并实现国家认同。例如，我国将12月13日设立为"南

① 《全面推进"大思政课"建设》，《中国教育报》2022年8月20日。

京大屠杀死难者国家公祭日”，当天在各地举行公祭仪式，为惨遭屠杀的群众默哀三分钟。国家发起的默哀仪式代表着对爱国主义精神的坚定态度，传递出民族最深刻的情感和对人民境遇的深切关怀，让参与纪念仪式的大学生感受到“以人民为中心”的理念，并将社会主义核心价值观烙印在心中，潜在地强化了国家认同与民族认同。

（二）媒体方面：营造健康舆论氛围

习近平总书记在党的二十大报告中指出，建设具有强大凝聚力和引领力的社会主义意识形态，巩固壮大奋进新时代的主流思想舆论。加强全媒体传播体系建设，塑造主流舆论新格局。[①]而这些主流思想、价值目标和教育内容都可以通过高校仪式活动这样一种教育载体传输到高校大学生中。新时代是互联网技术飞速发展的时代，也是全球信息共通共融的时代。互联网拉近了人与世界交流的距离，也将纷繁复杂的价值观遍布于世界的任何一个角落。要确保高校学生在多种意识形态的交流碰撞中、在多元价值观的激烈交锋中还能坚定政治立场不动摇，还能在思想上、政治上、行动上同党中央保持高度一致，就需要我们在开放性的社会场域中构建仪式教育体系，坚持社会主义核心价值观的前提下，接受多元文化共存的客观现象，同时优化媒体的舆论导向，营造健康的仪式教育氛围，确保高校仪式与社会多元文化的协同发展。

“讲故事，本质上是一种文化行为，它帮助讲述者建构真实，把秩序加诸世界之上，帮助人们思考和推论发生的事情以及事件之间的联系。”[②]媒体仪式作为一种实践性话语，本身具有描述客观事实、辨别多元信息、树立正确导向的功能，在传播主流价值观及其文化意义方面发挥着重要作用，承担着凝聚社会共识、促进社会和谐稳定的责任。为此，一方面，党和政府要营造风清气正的网络空间，传播好主流价值观。“有效的社会主义核心价值观培育阵地，绝不只是做好对社会成员的现场价值观教育问题，也是主动占领与守住新媒体的舆论阵地，在公共舆论平台

---

① 参见习近平：《高举中国特色社会主义伟大旗帜 为全面建设社会主义现代化国家而团结奋斗——在中国共产党第二十次全国代表大会上的报告》，人民出版社2022年版，第43—44页。

② 周鸿雁、刘溪：《从仪式的角度看新闻——评詹姆斯·W.凯瑞的新闻观》，《青年记者》2010年第32期。

上解疑释惑的价值评论与引导。”[①]当前，大学生容易受到社会不良风气的影响，党和政府务必要营造健康和谐的社会仪式环境，积极有效地做好正面宣传引导，并及时有效地化解、还击各类舆情事件、群体性事件，净化良莠不齐的舆论空间，引导高校仪式教育向良性的方向发展。习近平总书记指出：“对新媒体，我们不能停留在管控上，必须参与进去、深入进去、运用起来。”[②]习近平总书记强调：“网络空间是亿万民众共同的精神家园。网络空间天朗气清、生态良好，符合人民利益。网络空间乌烟瘴气、生态恶化，不符合人民利益。谁都不愿生活在一个充斥着虚假、诈骗、攻击、谩骂、恐怖、色情、暴力的空间……我们要本着对社会负责、对人民负责的态度，依法加强网络空间治理，加强网络内容建设，做强网上正面宣传，培育积极健康、向上向善的网络文化，用社会主义核心价值观和人类优秀文明成果滋养人心、滋养社会，做到正能量充沛、主旋律高昂，为广大网民特别是青少年营造一个风清气正的网络空间。”[③]

另一方面，“媒体仪式”作为高校仪式活动的新型教育工具，本身承担着传播社会主流价值观的重要责任，为此可以借助媒体仪式活动展开延伸性教育。媒体仪式作为传播社会主义核心价值观、引领社会思想动态的主渠道，种类繁多、覆盖面宽，在影响思想认知的同时，更影响社会的发展；不仅能够及时反馈社会环境状况，有助于促进大学生形成正确的价值认知与价值判断，还能在舆论监督的基础上进行价值观念的及时纠偏。特别是新媒体，更凸显了其多元、融合、交互、全覆盖传播的优势。“新媒体叙事集合了图片、声音、视频、文字、表格等多种形式，不断朝着个性化与立体化发展，这种叙事方式既符合年轻群体对于独立个性的追求，同时也抚平了各个年龄之间的知识语境鸿沟。”[④]媒体仪式由于有多样化平台的支持可以扩大受众范围。图文并茂、音视频结合、现场直播、实时互动、热

---

① 王淑芹、刘畅：《我国核心价值观培育成效的反思与超越》，《马克思主义研究》2017年第2期。

② 中共中央文献研究室编：《习近平关于社会主义文化建设论述摘编》，中央文献出版社2017年版，第46页。

③ 习近平：《在网络安全和信息化工作座谈会上的讲话》，人民出版社2016年版，第8—9页。

④ 赵会泽、张力：《新媒体叙事转向与社会主义核心价值观培育》，《中国高等教育》2019年第6期。

点跟踪等方式，都能以其不同的特点吸引受众的关注，并且收到实时反馈。组织好新媒体环境下的媒体仪式，利用微博、微信公众号、抖音、腾讯会议等媒体平台，借助颁奖典礼、模范评选仪式、庆祝典礼等活动走近民众，尤其是走入大学生脑中、心中，可以有效扩大社会主义核心价值观的宣传、普及覆盖面，并根据网民的接受逻辑，改革仪式宣传话语模式，增强仪式教育效果，从而进一步提升大学生对社会主义核心价值观的认同度。与此同时，由于媒体仪式教育兼具新闻事件特性和教育特性，因而它既能够吸引大众目光，作为话语体系凝聚社会共识，又能够引导价值走向，避免大学生受非主流价值观的恶意渗透和干扰。因此，媒体应发挥正确舆论引导作用，为大学生仪式教育营造积极健康的舆论氛围。

（三）家庭方面：营造良好的家庭氛围

美国著名教育学家杜威倡导“教育即生活，教育即生长”的教育理念，指出教育不仅来源于课堂理论疏导，还来源于生活和经验。因而，大学生仪式教育作为实践性、渗透性、隐性教育方式，融于人们的日常生活之中并受日常生活潜移默化的影响。然而，当前我国仪式教育主要侧重于高校仪式教育，采用一种正面的、直接的、校内的教育方式，强调社会主义核心价值观导向，而忽视了与家庭仪式教育相结合的渗透作用的发挥，导致仪式教育隐含一种强制性、压迫性色彩，致使大学生参与仪式活动的主动性趋弱。因此，高校应发挥家庭仪式对高校仪式教育的补充、强化、协同作用，让大学生轻松、自愿地接受仪式教育。

习近平总书记在全国教育大会上强调：“办好教育事业，家庭、学校、政府、社会都有责任。”[①]家庭是最小单位的共同体，家庭仪式教育就是借助家庭中特有的团聚活动或庆祝活动，在大学生成长环境中构建仪式教育氛围，不仅能够巩固高校仪式活动的教育效果，还能将家庭小集体的认同观念不断延伸到对社会大集体的认同，实现社会主义核心价值观内容的渗透。

具体来说，一方面，大学生可以通过家庭直接参与日常行为仪式活动，接受价值观教育。中国是礼仪之邦，在传统中国，礼部是国家治理结构的重要组成部分，中国也形成了丰富多彩的礼仪文化，足可见其重要

① 习近平：《论坚持党对一切工作的领导》，中央文献出版社2019年版，第280页。

性。比如,饮酒有饮酒礼、相见有相见礼,还有一些射礼、燕礼、祭祀礼等日常礼仪;在人生的成长之路上,有冠礼、笄礼、婚礼和丧礼等;在文化仪式中,有释奠礼、束脩礼、开学礼、释菜礼、视学礼等。这些礼仪都可以统称为日常行为仪式。然而,受西方文明的冲击,这些日常行为仪式逐渐从人们生活中淡化、消逝。日常行为仪式弥漫于日常生活中,容易被视作自然而然、理所应当的事,最后被熟视无睹。特别是近年来,随着学习节奏的加快、生活现代化程度的提高,思想的进一步解放,日常生活中的传统行为仪式已经不见了踪影,新时代的日常行为仪式还没有完全成型,呈现出传统与现代、中化与西化的对立和并存、现实与虚拟的冲突和融合,这是当前开展家庭仪式教育迫切需要解决的难题。换句话说,日常行为仪式应当被包含在大学生的整个受教育历程中,家庭仪式教育应充分挖掘中华传统礼仪文化,借助日常行为仪式营造良好的家庭教育氛围,在日常生活中对大学生进行潜在而持久的价值观教育。为此,家庭仪式必须重视日常行为仪式的构建与日常礼仪的习得,以习近平新时代中国特色社会主义思想为引领,营造积极、友善、文明、和谐的日常行为仪式情境。

另一方面,大学生可以通过家庭直接参与民间节日、人生礼仪、团聚仪式、寿诞仪式等活动,接受价值观教育。例如,在春节期间,让大学生回家与家人团聚,参与家庭放鞭炮、大扫除、贴春联等节日仪式活动,以此唤醒大学生对家人、朋友、社会、国家的情感,激励大学生珍视家庭生活、共创和谐社会。此外,家庭仪式的影响作用还体现在大学生很多阶段性仪式都是在家人的陪伴下完成的,因而家人对于提高学生对仪式内容的情感认知有一定引导作用。家人可以通过言传身教的方式将自身经验传授给大学生,引导大学生规范自身言行、树立良好品德,让大学生在寓教于乐的仪式活动中自愿将仪式内容内化于心。同样,家人可以陪伴学生参与社会仪式活动,例如,参与学生的成人礼、毕业典礼等通过型仪式,通过学生与家人的亲密互动使每名大学生都成为被关注的焦点,提升大学生的仪式体验感,增强其对家庭和学校的归属感和对新身份或新阶段的认同感,使社会主义核心价值观内容在代际不断传承和强化。

结　语

高校的核心使命就是培养社会主义建设者和接班人，在培养人的过程中我们必须让学生深刻感悟马克思主义真理的力量，为学生成长成才打下科学思想基础。要坚持不懈培育和弘扬社会主义核心价值观，引导广大师生做社会主义核心价值观的坚定信仰者、积极传播者、模范践行者。然而，我们必须认识到，当今社会进入了一个充分表达的时代，当代大学生有着更加鲜明的个性和更为独立的意识，传统培育践行社会主义核心价值观的方式方法已经不能充分满足新时代新要求。那么，如何将社会主义核心价值观“入脑、入心、入行”，就成为一个亟待解决的问题。

“道之以德，齐之以礼，有耻且格。”礼仪是宣示价值观、教化人民的有效方式，仪式教育作为培育和践行大学生社会主义核心价值观的方式，具有文化传承、情感升华、行为规范的功效。大学生通过参与仪式活动实现身份转变和集体认同，同时获得理论认知和情感归属。人不同于物，在追求物质需要的同时也想获得精神满足。然而，自进入全球化、信息化时代以来，多元社会思潮无孔不入地出现在大学生的学习生活中，致使很多大学生迷失了自我，让原本主流的价值观教育变得更加艰难。而仪式作为可以触及心灵的教育方式，通过象征性符号、集体性参与、神圣性场域、周期性表演，让大学生在参与活动的过程中潜移默化地接受主流价值的熏陶和正确方向的牵引。对于大学生来说，仪式教育使价值观说教变为了对真、善、美的追求。

在本书中，笔者从内涵阐释、理论溯源、历史考察、实证研究，总结出作用机理，进而初步构建了大学生社会主义核心价值观仪式教育的实现路径，并通过实践案例进行了解读。但通过研究发现，要真正实现或者达到理论的设计和实践的要求，还有若干命题需要我们持续地予以关注。

第一是大学生社会主义核心价值观仪式教育的时代性问题。当前学界的研究成果聚焦理论与现实层面，而探讨“大学生社会主义核心价值观仪式教育”概念本身的成果较少。研究大多停留在宏观理论建构与外围问题的探究，而忽视了社会主义核心价值观仪式教育本身这一理论层面的基础性变量和现实问题的核心，将其仅作为一约定俗成的概念，缺乏对社会主义核心价值观仪式教育内涵的理解、特征的分析、本质的把握。本书虽然竭力阐释，但社会主义核心价值观仪式教育关涉诸多学科领域，因而仍旧不免疏离和偏颇。未来的研究中还需要将大学生社会主义核心价值观仪式教育问题置于新时代的历史方位，特别是置于新时代爱国主义教育、置于新时代学校德育、置于“大思政课”，置于仪式助推铸牢中华民族共同体意识教育等方面，进行深入研究与实践，进而分析和揭示当前大学生社会主义核心价值观仪式教育的问题挑战，把握大学生的群体结构和时代特点及其动态变化，深刻理解新时代社会主义核心价值观仪式教育研究的学术和应用价值。

第二是大学生社会主义核心价值观仪式教育的操作性问题。近年来，大学生社会主义核心价值观仪式教育形式化、空泛化等问题，既有仪式组织者主观认识不足、宣传力度和组织参与不到位的原因，也有高校对仪式教育保障投入不够的原因，更有实践中的操作性难题。虽然本书已从“整合仪式教育资源、创设仪式教育情境、加强仪式宣传和组织、健全相关保障机制、构建仪式教育环境”等方面进行了探讨，但在具体操作中还要受到诸多限制，如时间、地点、组织、环境、经费、机制等，这些问题产生有其客观原因，也有主观认识因素，需要纵向、横向层面不断完善。

第三是大学生社会主义核心价值观仪式教育的有限性问题。仪式教育长期以不同形态存在并加以表现，涉及人类学、社会学、心理学、教育学、政治学等多个学科，涉及国家、高校、家庭、社会等不同领域，学界对其认识状况和理解程度存在差异，一般叙述性研究较多，而纵向比较性、批判性、系统性研究较少。研究大多对大学生社会主义核心价值观仪式教育的内容、任务、方式、问题等进行叙述性研究，少有将不同学科流派、不同历史时期的仪式教育进行梳理后的比较分析，由此总结出大学生社会主义核心价值观仪式教育的路径方法缺乏应有的深度。

综上，大学生社会主义核心价值观仪式教育的接续研究存在可探讨、发展或突破的空间，需要思考在现有研究"存量"基础上如何实现"增量"的问题。

参考文献

（一）经典著作类

1.《马克思恩格斯选集》第1—4卷，人民出版社2012年版。

2.《马克思恩格斯文集》第1—10卷，人民出版社2009年版。

3.《列宁选集》第1—4卷，人民出版社2012年版。

4.《列宁专题文集：论社会主义》，人民出版社2009年版。

5.《马克思恩格斯列宁论意识形态》，人民出版社2009年版。

6.《毛泽东选集》第1—4卷，人民出版社1991年版。

7.《毛泽东文集》第1—8卷，人民出版社1993—1999年版。

8.《邓小平文选》第1—3卷，人民出版社1994、1993年版。

9.《江泽民文选》第1—3卷，人民出版社2006年版。

10.《胡锦涛文选》第1—3卷，人民出版社2016年版。

11.《习近平著作选读》第1—2卷，人民出版社2023年版。

12.《习近平谈治国理政》第1—4卷，外文出版社2018、2017、2020、2022年版。

13. 习近平：《论党的宣传思想工作》，中央文献出版社2020年版。

14. 习近平：《论中国共产党历史》，中央文献出版社2021年版。

15. 习近平：《决胜全面建成小康社会　夺取新时代中国特色社会主义伟大胜利——在中国共产党第十九次全国代表大会上的报告》，人民出版社2017年版。

16. 习近平:《高举中国特色社会主义伟大旗帜　为全面建设社会主义现代化国家而团结奋斗——在中国共产党第二十次全国代表大会上的报告》,人民出版社2022年版。

17. 习近平:《在中国文联十大、中国作协九大开幕式上的讲话》,人民出版社2016年版。

18. 习近平:《在哲学社会科学工作座谈会上的讲话》,人民出版社2016年版。

19. 习近平:《在全国党校工作会议上的讲话》,人民出版社2016年版。

20. 习近平:《在庆祝中国共产党成立100周年大会上的讲话》,人民出版社2021年版。

(二)重要文献类

1. 中共中央文献研究室、中央档案馆编:《建党以来重要文献选编(1921—1949)》第1—26册,中央文献出版社2011年版。

2. 中共中央文献研究室编:《建国以来重要文献选编(1949—1965)》,中央文献出版社2011年版。

3. 中央档案馆编:《中共中央文件选集(1921—1949)》,中共中央党校出版社1989—1992年版。

4. 中央档案馆、中共中央文献研究室编:《中共中央文件选集(1949年10月—1966年5月)》,人民出版社2013年版。

5. 中共中央组织部、中共中央党史研究室、中央档案馆编:《中国共产党组织史资料:1921—1997》,中共党史出版社2000年版。

6. 中共中央文献研究室编:《十六大以来重要文献选编》(上、中、下),中央文献出版社2011年版。

7. 中共中央文献研究室编:《十七大以来重要文献选编》(上、中、下),中央文献出版社2013年版。

8. 中共中央党史和文献研究院编:《十八大以来重要文献选编》(上、中、下),中央文献出版社2018年版。

9. 中共中央党史和文献研究院编:《十九大以来重要文献选编》(上、中、下),中央文献出版社2019、2021、2023年版。

10.教育部思想政治工作司组编:《加强和改进大学生思想政治教育重要文献选编(1978—2014)》,知识产权出版社2015年版。

11.中共中央文献研究室编:《习近平关于社会主义文化建设论述摘编》,中央文献出版社2017年版。

12.中共中央宣传部编著:《中国共产党宣传工作简史》(上、下卷),人民出版社2022年版。

13.中央宣传部办公厅编:《党的宣传工作会议概况和文献:1951—1992》,中共中央党校出版社1994年版。

14.中央宣传部办公厅编:《党的宣传工作文件选编(1949—1966)》,中共中央党校出版社1994年版。

15.中共中央宣传部办公厅、中央档案馆编研部编:《中国共产党宣传工作文献选编:1915—1992》第1—4册,学习出版社1996年版。

16.中国社会科学院新闻研究所编:《中国共产党新闻工作文件汇编(1921—1949年)》,新华出版社1980年版。

17.中共中央党史和文献研究院编:《习近平关于网络强国论述摘编》,中央文献出版社2021年版。

18.中共中央党史和文献研究院编:《习近平关于注重家庭家教家风建设论述摘编》,中央文献出版社2021年版。

19.中共中央党史和文献研究院编:《习近平关于社会主义精神文明建设论述摘编》,中央文献出版社2022年版。

20.中共中央宣传部干部局组织编写:《新时代宣传思想工作》,学习出版社2020年版。

(三)理论著作类

1.徐光春编:《马克思主义大辞典》,崇文书局2018年版。

2.顾明远主编:《教育大辞典》,上海教育出版社1998年版。

3.龙新民主编:《中国共产党历史重要事件辞典》,中共党史出版社、党建读物出版社2019年版。

4.张启华主编:《中国共产党历史重要会议辞典》,中共党史出版社、党建读物出版社2019年版。

5.谷安林主编:《中国共产党历史组织机构辞典》,中共党史出版社、党建读物出版社2019年版。

6.黄小同主编:《中国共产党历史重要文献辞典》,中共党史出版社、党建读物出版社2019年版。

7.陈至立主编:《辞海(缩印本)》,上海辞书出版社2022年版。

8.侯惠勤主编:《马克思恩格斯列宁斯大林论意识形态》,中国社会科学出版社2012年版。

9.张耀灿:《思想政治教育学科建设研究》,中国人民大学出版社2017年版。

10.张耀灿等:《现代思想政治教育学》,人民出版社2006年版。

11.张耀灿、陈万柏主编:《思想政治教育学原理》,高等教育出版社2001年版。

12.梅荣政:《用马克思主义引领社会思潮》,武汉大学出版社2008年版。

13.教育部思想政治工作司组编:《思想政治教育原理与方法》,高等教育出版社2010年版。

14.沈壮海主编:《新编思想政治教育学原理》,中国人民大学出版社2022年版。

15.沈壮海:《论文化自信》,湖北人民出版社2019年版。

16.沈壮海:《思想政治教育有效性研究》,武汉大学出版社2016年版。

17.佘双好:《新时代思想政治教育创新发展研究》,人民出版社2023年版。

18.邱仁富:《价值的力量:新时代社会主义核心价值体系研究》,上海人民出版社2019年版。

19.邱仁富:《社会主义核心价值观培育研究》,上海大学出版社2015年版。

20.袁银传等:《培育和践行社会主义核心价值观研究》,人民出版社2019年版。

21.韩震:《高校思想教育的理论叙事》,外语教学与研究出版社2019年版。

22. 沈一之主编:《中国共产党宣传学概论》(上、下册),河北人民出版社 1988,1989 年版。

23. 冯刚等:《新时代高校思想政治教育学原理》,人民出版社 2021 年版。

24. 冯刚、张晓平、苏洁主编:《中国共产党高校思想政治教育发展史》,人民出版社 2021 年版。

25. 朱三平:《宣传思想工作方式与方法》,湖南人民出版社 2010 年版。

26. 李庆红等:《宣传思想工作的现代化》,河南人民出版社 2004 年版。

27. 杨耕、吴向东主编:《社会主义核心价值观:理论与方法》(上、中、下),四川人民出版社 2017 年版。

28. 王学俭:《思想政治教育理论与实践问题的研究视角》,中国人民大学出版社 2017 年版。

29. 段妍:《比较视域下当代大学生核心价值观培育研究》,人民出版社 2016 年版。

30. 荆云波:《文化记忆与仪式叙事:〈仪礼〉的文化阐释》,南方日报出版社 2010 年版。

31. 彭兆荣:《人类学仪式的理论与实践》,民族出版社 2007 年版。

32. 徐飞等:《文化的力量:中国大学文化建设的创新之路》,格致出版社、上海人民出版社 2012 年版。

33. 程天君:《"接班人"的诞生——学校中的政治仪式考察》,南京师范大学出版社 2008 年版。

34. 郭于华主编:《仪式与社会变迁》,社会科学文献出版社 2000 年版。

35. 赵跃先:《大学生政治心理发展研究》,人民出版社 2012 年版。

36. 董杰:《思想政治教育情境论》,湖北人民出版社 2013 年版。

37. 李光辉主编:《中国共产党宣传思想工作理论与实践研究》,中国方正出版社 2007 年版。

38. 王炎:《新中国思想政治工作制度史》,黑龙江人民出版社 2007

年版。

39. 王炎:《党内思想政治教育制度建设的历史进程与经验研究》,中央编译出版社2016年版。

40. 薛金华:《培育和践行社会主义核心价值观制度化研究》,中国社会科学出版社2021年版。

41. 萧放:《传统节日与非物质文化遗产》,学苑出版社2011年版。

42. 平章起:《成年仪式的德育功能研究》,南开大学出版社2012年版。

43. 刘晓春:《仪式与象征的秩序》,商务印书馆2003年版。

44. 任海涛:《思想教育与宣传艺术》,光明日报出版社2012年版。

45. 丁钢主编:《历史与现实之间:中国教育传统的理论探索》,广西师范大学出版社2009年版。

46. 闫伊默:《仪式传播与认同研究》,知识产权出版社2014年版。

47. 王霄冰主编:《仪式与信仰:当代文化人类学新视野》,民族出版社2008年版。

48. 杨志刚:《中国礼仪制度研究》,华东师范大学出版社2001年版。

49. 王红等:《高校校园文化活动创新研究》,江西人民出版社2012年版。

50. 鲁洁:《当代德育基本理论探讨》,江苏教育出版社2010年版。

51. 倪愫襄:《制度伦理研究》,人民出版社2008年版。

52. 徐斌:《制度建设与人的自由全面发展》,人民出版社2012年版。

53. 冯永刚:《制度道德教育论》,北京师范大学出版社2011年版。

54. 陈金龙:《中国共产党纪念活动史》,社会科学文献出版社2017年版。

55. 廖小东:《政治仪式与权力秩序:古代中国"国家祭祀"的政治分析》,中国社会科学出版社2014年版。

56. 张凤阳、王海洲主编:《政治仪式——权力生产和再生产的政治文化分析》,江苏人民出版社2016年版。

57. 陈来:《中华文明的核心价值:国学流变与传统价值观》,生活·读书·新知三联书店2015年版。

58. 陈来:《儒学美德论》,生活·读书·新知三联书店2019年版。

59. 楼宇烈:《中国文化的根本精神》,中华书局2016年版。

60. 林泰主编:《问道:改革开放以来的社会思潮与青年思想政治教育研究》,中国社会科学出版社2013年版。

61. 李德顺:《价值论——一种主体性的研究》,中国人民大学出版社2020年版。

62. 彭林:《礼乐文明与中国文化精神》,中国人民大学出版社2016年版。

63. 李文阁:《生活价值论》,云南人民出版社2005年版。

64. 司马云杰:《价值实现论》,安徽教育出版社2011年版。

65. 田海舰:《培育和践行社会主义核心价值观多维研究》,人民出版社2015年版。

66. 韩震:《社会主义核心价值观凝练研究》,北京师范大学出版社2012年版。

67. 林少雄、陈剑峰:《意识形态的形象展示——纪实影片发展与执政党的文化策略》,上海人民出版社2009年版。

68. 潘玉腾:《推进社会主义核心价值体系大众化研究》,社会科学文献出版社2012年版。

69. 孟华:《符号表达原理》,青岛海洋大学出版社1999年版。

70. 鲁杰、王逢贤主编:《德育新论》,江苏教育出版社2000年版。

71. 陈然兴:《叙事与意识形态》,人民出版社2013年版。

72. 吴辉、袁为海:《核心价值与共性要求》,陕西师范大学出版社2014年版。

73. 孙杰:《当代中国社会主义核心价值观研究》,人民出版社2016年版。

74. 陈明明:《历史、社会与制度变迁》,复旦大学出版社2020年版。

75. 刘海龙:《宣传:观念、话语及其正当化》,中国大百科全书出版社2013年版。

76. 陈力丹:《马克思主义新闻观教程》,中国人民大学出版社2011年版。

77. 陈力丹:《马克思主义新闻观思想体系》,中国人民大学出版社2006年版。

78. 方汉奇主编:《中国新闻事业通史》(1—3卷),中国人民大学出版社1999年版。

79. 韦冬主编:《中国共产党思想道德建设史》(上),山东人民出版社2015年版。

80. 辛向阳主编:《马克思主义视野下的国家治理》,广西师范大学出版社2014年版。

81. 王雪竹:《政治话语的影像呈现:中国共产党的电影宣传工作研究》,中国社会科学出版社2017年版。

82. 全国宣传干部学院编:《宣传思想文化工作案例选编》(2010—2017),学习出版社2010—2017年版。

83. 隽鸿飞、郭艳君:《文化与意识形态:论巩固马克思主义在意识形态领域的主导地位》,黑龙江人民出版社2016年版。

84. 吴兆雪、叶政等:《利益分化格局下我国主流意识形态建设研究》,合肥工业大学出版社2015年版。

85. 李素矿:《新时代高校宣传思想文化工作创新研究》,中国地质大学出版社2018年版。

86. 张昆:《传播观念的历史考察》,武汉大学出版社1997年版。

87. 裘正义:《世界宣传简史》,福建人民出版社1993年版。

88. [英]维克多·特纳:《仪式过程:结构与反结构》,黄剑波、柳博赟译,中国人民大学出版社2006年版。

89. [美]保罗·唐纳顿:《社会如何记忆》,纳日碧力戈译,上海人民出版社2000年版。

90. [英]维克多·特纳:《象征之林——恩登布人仪式散论》,赵玉燕、欧阳敏、徐洪峰译,商务印书馆2006年版。

91. [法]涂尔干:《宗教生活的基本形式》,渠敬东、汲喆译,商务印书馆2017年版。

92. [法]古斯塔夫·勒庞:《乌合之众:大众心理研究》,冯克利译,中央编译出版社2014年版。

93.[法]莫里斯·哈布瓦赫:《论集体记忆》,毕然、郭金华译,上海人民出版社2002年版。

94.[英]凯特·纳什、阿兰·斯科特主编:《布莱克维尔政治社会学指南》,李雪、吴玉鑫、赵蔚译,浙江人民出版社2007年版。

95.[德]洛蕾利斯·辛格霍夫:《我们为什么需要仪式》,刘永强译,中国人民大学出版社2009年版。

96.[德]兰德曼:《哲学人类学》,彭富春译,中国工人出版社1988年版。

97.[美]克拉克·克尔:《高等教育不能回避历史:21世纪的问题》,王承绪译,浙江教育出版社2001年版。

98.[法]阿诺尔德·范热内普:《过渡礼仪》,张举文译,商务印书馆2012年版。

99.[美]布鲁斯·兰尼斯·史密斯等:《宣传、传播和舆论指南》,王海、胡帆、宋长青译,中山大学出版社2008年版。

100.[美]李侃如:《治理中国:从革命到改革》,胡国成、赵梅译,中国社会科学出版社2010年版。

(四)期刊论文类

1.习近平:《各级党委要负起政治责任和领导责任　不断提高领导宣传思想工作能力和水平》,《党建》2013年第9期。

2.习近平:《把中国文明历史研究引向深入　增强历史自觉　坚定文化自信》,《求是》2022年第14期。

3.习近平:《加快推动媒体融合发展　构建全媒体传播格局》,《求是》2019年第6期。

4.习近平:《在中央人大工作会议上的讲话》,《求是》2022年第5期。

5.刘云山:《着力培育和践行社会主义核心价值观》,《党建》2014年第2期。

6.刘奇葆:《在全社会大力培育和践行社会主义核心价值观》,《党建》2014年第4期。

7.黄坤明:《以党内法规建设新成效　推动宣传思想工作开创新局面》,《思想政治工作研究》2019年第10期。

8.佘双好:《构筑国家和民族发展的精神支柱——学习习近平关于培育和践行社会主义核心价值观的论述》,《社会主义核心价值观研究》2017年第3期。

9.佘双好:《坚持“两个巩固”的根本任务》,《红旗文稿》2018年第22期。

10.佘双好:《打好宣传思想工作主动战的动员令——纪念习近平总书记8•19在全国宣传思想工作会议讲话五周年》,《思想政治教育研究》2018年第4期。

11.佘双好:《以文化人与社会主义核心价值观践行培育的方法研究》,《思想教育研究》2015年第12期。

12.佘双好:《推进习近平新时代中国特色社会主义思想深入人心的路径选择》,《马克思主义理论学科研究》2018年第1期。

13.佘双好:《习近平关于思想政治工作思想形成过程探析》,《思想政治教育研究》2016年第5期。

14.佘双好:《新时期思想政治教育学科建设的价值指针——学习习近平总书记关于思想政治工作的论述》,《马克思主义理论学科研究》2017年第1期。

15.佘双好、张琪如:《中国共产党思想政治教育方法的百年演进》,《思想理论教育导刊》2021年第5期。

16.佘双好、马桂馨:《推进社会主义核心价值观常态化和制度化建设的思想指导——党的十九大以来习近平总书记关于社会主义核心价值观的重要论述》,《社会主义核心价值观研究》2020年第5期。

17.佘双好、汤桢子:《中国共产党百年宣传思想工作发展历程与基本经验》,《江南大学学报(人文社会科学版)》2021年第6期。

18.陈占安、张雷声、钟明华等:《加强马克思主义理论学科建设,提升马克思主义理论学科的引领作用——学习贯彻〈关于进一步加强和改进新形势下高校宣传思想工作的意见〉笔谈》,《思想理论教育导刊》2015年第2期。

19.骆郁廷:《论社会主义的核心价值》,《马克思主义研究》2014年第8期。

20.沈壮海:《构筑社会治理创新的价值基础——当代中国的社会主义核心价值观建设》,《社会主义核心价值观研究》2016年第1期。

21.倪素香、梅荣政:《论社会主义自由价值观的内涵》,《思想理论教育导刊》2015年第6期。

22.王炎、王树荫:《党的思想政治教育目标任务理论的历史考察与现实思考》,《思想理论教育》2010年第21期。

23.徐艳玲、张琪如:《大学生社会主义核心价值观的仪式教育初探》,《思想理论教育导刊》2017年第7期。

24.万婷:《大型活动仪式教育的作用及启示》,《当代教育理论与实践》2012年第6期。

25.段慧丹、任园:《论仪式教育在高职院校思想政治教育中的运用》,《青年学报》2015年第2期。

26.张家军、陈玲:《学校仪式教育的价值迷失与回归》,《中国教育学刊》2016年第2期。

27.李红真:《学校常规活动仪式的文化解读》,《现代教育论丛》2008年第10期。

28.唐蓓芳:《"互联网+"时代的高校仪式教育》,《教育现代化》2016年第33期。

29.倪辉:《职业院校仪式教育的形态、特点及功能——基于道德教育的视角》,《江苏教育研究》2013年第4期。

30.程晗:《读懂仪式教育》,《中国德育》2012年第15期。

31.薛艺兵:《对仪式现象的人类学解释》(上),《广西民族研究》2003年第2期。

32.刘萍:《论仪式教育在高校思想政治工作中的作用》,《安徽农业大学学报(社会科学版)》2012年第3期。

33.杨巧:《道之以德、齐之以礼:传统社会的教化之道——中国古代思想政治教育仪式研究》,《西北民族大学学报(哲学社会科学版)》2013年第4期。

34.王荣:《论仪式教育在高校思想政治教育中的运用》,《学校党建与思想教育》2014年第9期。

35.邱叶:《高校校园文化中的仪式教育研究》,《教育探索》2014年第1期。

36.马红:《基于仪式教育的大学生思想政治教育刍议》,《德育创新》2009年第11期。

37.梁家峰、张杰、杨克:《以仪式教育促进高职学生价值观的养成》,《北京教育(德育)》2015年第12期。

38.张家军、陈玲:《学校仪式教育的价值迷失与回归》,《中国教育学刊》2016年第2期。

39.王宇:《仪式教育与大学生国家观念塑造探赜》,《学校党建与思想教育》2009年第11期。

40.胡宝国:《仪式教育在高校思想政治教育中的运用》,《思想理论教育》2009年第9期。

41.冯帮、陈娇娣:《素质教育背景下仪式教育实施的阻抗因素及实践对策》,《教学与管理》2013年第7期。

42.彭兆荣:《人类学仪式研究评述》,《民族研究》2002年第2期。

43.[法]范·根纳普、岳永逸:《〈通过仪礼〉第一章:仪式的类型》,《民俗研究》2008年第1期。

44.李荣华、田晓佑:《大学生思想政治教育中的仪式:价值与路径》,《思想理论教育导刊》2011年第2期。

45.杨未:《论仪式的思想政治教育功能》,《思想政治教育导刊》2010年第10期。

46.孙国宽:《试析学校仪式活动的德育功能》,《学校党建与思想教育》2013年第2期。

47.马家安:《仪式在学校教育中的价值及其实现》,《教育科学研究》2013年第2期。

48.秦文佳:《大学校庆:一种以文化人的仪式展演》,《思想理论教育》2013年第12期。

49.何茜:《文化育人的载体:校园仪式建设》,《思想理论教育》2012年第17期。

50.薛艺兵:《对仪式现象的人类学解释》(下),《广西民族研究》2003

年第3期。

51. 李宏伟:《仪式教育要彰显仪式特性》,《教育科学研究》2007年第1期。

52. 孙冬青:《试论新时期高校仪式活动的德育价值》,《学校党建与思想教育》2016年第8期。

53. 邹琼:《理解与解释:深描的文化观》,《青海民族研究》2007年第1期。

54. 梅琼林:《从文化人类学的角度开启传播学研究的新视野》,《南京社会科学》2007年第6期。

55. 韩雪青:《引领大学生践行社会主义核心价值观的路径探析》,《思想理论教育导刊》2014年第12期。

56. 王小凤:《仪式教育改革之路》,《中国德育》2012年第15期。

57. 周鸿雁、刘溪:《从仪式的角度看新闻——评詹姆斯·W.凯瑞的新闻观》,《青年记者》2010年第11期。

58. 鲁言:《意识形态工作关乎党和国家前途命运》,《红旗文稿》2016年第6期。

59. 周新城:《关于宣传思想工作的几个认识问题——学习习近平总书记在全国宣传思想工作会议上的重要讲话》,《思想教育研究》2013年第10期。

60. 韩强:《提高党的宣传思想文化工作能力:加强党的执政能力建设的基础》,《长白学刊》2010年第3期。

61. 郑保卫、尹延永:《论〈中国共产党宣传工作条例〉出台的背景及意义》,《新闻爱好者》2020年第1期。

62. 王永贵、路媛:《新时代宣传思想工作的意识形态逻辑——学习习近平在全国宣传思想工作会议上的重要讲话》,《当代世界与社会主义》2018年第6期。

63. 邢鹏飞:《论新时代提高党的意识形态领导能力的理论创新与实践路径》,《重庆大学学报(社会科学版)》2019年第6期。

64. 丁柏铨:《习近平对中国共产党新闻舆论观的继承与发展》,《福建师范大学学报(哲学社会科学版)》2019年第6期。

65. 朱庆跃：《马克思、恩格斯与列宁的宣传思想比较》，《理论探索》2010年第3期。

66. 刘宗发、张艳国、徐楚桥：《新时期宣传思想工作如何创新——关于当前宣传思想工作创新问题的调查与分析》，《中南民族大学学报(人文社会科学版)》2004年第1期。

67. 张智：《中国共产党百年思想政治工作制度建设的历程、经验与启示》，《马克思主义理论学科研究》2021年第5期。

68. 曹文泽、徐业坤：《新时代中国共产党宣传思想工作制度化探析》，《思想理论教育》2021年第7期。

69. 杨军、龚锦涛：《新时代党的宣传思想工作的鲜明特点》，《思想理论教育》2022年第1期。

70. 保虎：《中国共产党百年新闻宣传思想工作经验与启示》，《中国广播电视学刊》2021年第7期。

71. 张琪如：《建党百年视域下"党的宣传工作制度"历史演变》，《山东社会科学》2021年第3期。

72. 周建华：《党的早期文艺制度的生成及启示》，《毛泽东邓小平理论研究》2019年第8期。

73. 周政龙、徐志远：《论习近平意识形态工作方法的辩证性》，《新疆社会科学》2018年第6期。

74. 郭颖、王海军：《新时代中国共产党对外宣传话语创新的逻辑理路》，《山东师范大学学报(社会科学版)》2022年第4期。

75. 陶文昭：《科学认识历史文化与中国制度的关系——学习习近平总书记系列重要讲话的体会》，《教学与研究》2015年第4期。

76. 严隽琪：《促进"三个认同"做好新时期宣传思想工作》，《人民论坛》2014年第15期。

77. 黄蓉生、白显良：《社会主义核心价值观的提炼与表达》，《高校理论战线》2011年第11期。

78. 商志晓：《在广泛践行社会主义核心价值观上下功夫》，《红旗文稿》2022年第24期。

79. 祝大勇、王雯姝、杨增岽：《海外学者视野中的亚洲价值观与当代中国核心价值观》,《当代中国价值观研究》2017年第5期。

80.邓纯余:《论社会主义核心价值观传播的动力机制》,《社会主义核心价值观研究》2022年第1期。

81.韩震:《让文化灵魂驱动中国——积极培育社会主义核心价值观》,《人民论坛》2012年第33期。

82.李正华:《从“三个属性”入手培育践行社会主义核心价值观》,《人民教育》2022年第24期。

83.邱仁富:《发挥社会主义核心价值观的引领作用》,《党政论坛》2009年第7期。

84.刘建军、赵姗:《新发展阶段培育和弘扬社会主义核心价值观的新形势与新要求》,《社会主义核心价值观研究》2021年第4期。

85.刘建军:《社会主义核心价值观对思想政治教育的话语启示》,《当代中国价值观研究》2016年第2期。

86.田鹏颖:《社会主义核心价值观的存在形态》,《社会主义核心价值观研究》2021年第3期。

87.李忠军:《论社会主义核心价值观、中国精神与社会主义意识形态》,《社会科学战线》2014年第3期。

88.欧清华:《构建社会主义核心价值观传播体系初探》,《科学社会主义》2012年第3期。

(五)学位论文类

1.何继龄:《传统人生礼仪仪式与古代个体品德培育研究》,西北师范大学博士学位论文,2010年。

2.张燚:《宣传:政党领导的合法性建构》,复旦大学博士学位论文,2010年。

3.王爱祥:《高校思想政治教育仪式及其感染性研究》,东北师范大学博士学位论文,2018年。

4.张颖:《社会主义核心价值观形象化研究》,郑州大学博士学位论文,2021年。

5.傅薇:《政治仪式与马克思主义中国化》,华南理工大学博士学位论文,2016年。

6.许斯诺:《中国共产党思想政治教育动员的理论与实践研究》,兰州大学博士学位论文,2022年。

7.郭超海:《中国共产党执政能力建设与舆论引导机制研究》,中共中央党校博士学位论文,2010年。

8.田海舰:《社会主义核心价值观研究》,中共中央党校博士学位论文,2008年。

9.符勤:《习近平关于培育和践行社会主义核心价值观方法研究》,湖南科技大学博士学位论文,2019年。

10.孙杰:《当代中国社会主义核心价值观研究》,中共中央党校博士学位论文,2014年。

(六)报纸类

1.习近平:《在哲学社会科学工作座谈会上的讲话》,《人民日报》2016年5月19日。

2.习近平:《在国家勋章和国家荣誉称号颁授仪式上的讲话》,《人民日报》2019年9月30日。

3.习近平:《在中国文联十一大、中国作协十大开幕式上的讲话》,《人民日报》2021年12月15日。

4.《习近平在全国宣传思想工作会议上强调:胸怀大局把握大势着眼大事　努力把宣传思想工作做得更好》,《人民日报》2013年8月21日。

5.习近平:《在文艺工作座谈会上的讲话》,《人民日报》2015年10月15日。

6.习近平:《在"不忘初心、牢记使命"主题教育总结大会上的讲话》,《人民日报》2020年1月9日。

7.《习近平在北京师范大学考察时号召全国广大教师:做党和人民满意的好老师》,《人民日报》2014年9月10日。

8.习近平:《从小积极培育和践行社会主义核心价值观——在北京市海淀区民族小学主持召开座谈会时的讲话》,《人民日报》2014年5月31日。

9.《习近平在中共中央政治局第十三次集体学习时强调:把培育和弘扬社会主义核心价值观作为凝魂聚气强基固本的基础工程》,《人民日报》2014年2月26日。

10.习近平:《青年要自觉践行社会主义核心价值观——在北京大学师生座谈会上的讲话》,《人民日报》2014年5月5日。

11.《中共中央关于党的百年奋斗重大成就和历史经验的决议》,《人民日报》2021年11月17日。

12.《中共中央关于坚持和完善中国特色社会主义制度　推进国家治理体系和治理能力现代化若干重大问题的决定》,《人民日报》2019年11月6日。

13.《中共中央办公厅印发〈关于培育和践行社会主义核心价值观的意见〉》,《人民日报》2013年12月24日。

14.《中办国办印发〈关于进一步把社会主义核心价值观融入法治建设的指导意见〉》,《人民日报》2016年12月26日。

15.《习近平在中共中央政治局第三十七次集体学习时强调:坚持依法治国和以德治国相结合　推进国家治理体系和治理能力现代化》,《人民日报》2016年12月11日。

16.《全面提升新时代宣传工作的科学化规范化制度化水平——中央宣传部负责人就〈中国共产党宣传工作条例〉答记者问》,《人民日报》2019年9月1日。

17.《习近平在全国宣传思想工作会议上强调:举旗帜聚民心育新人兴文化展形象　更好完成新形势下宣传思想工作使命任务》,《人民日报》2018年8月23日。

18.本报评论员:《让党的旗帜在宣传思想战线高高飘扬——论学习贯彻习近平总书记在全国宣传思想工作会议重要讲话精神》,《人民日报》2018年9月3日。

19.《中共中央关于加强和改进新形势下党的建设若干重大问题的决定》,《人民日报》2009年9月28日。

20.《习近平在看望参加政协会议的民进农工党九三学社委员时强调:我国广大知识分子要主动担当积极作为　为国家富强民族振兴人民幸福多作贡献》,《人民日报》2017年3月5日。

21.《习近平在中共中央政治局第十二次集体学习时强调:推动媒体

融合向纵深发展　巩固全党全国人民共同思想基础》,《人民日报》2019年1月26日。

22. 李希:《切实负起抓好宣传思想工作的政治责任和领导责任——学习贯彻习近平同志在全国宣传思想工作会议上的重要讲话精神》,《人民日报》2013年9月30日。

23. 朱明国:《凝聚起推进宣传思想工作的强大合力——深入学习贯彻习近平同志在全国宣传思想工作会议上的重要讲话精神》,《人民日报》2013年10月9日。

24. 韩震:《创造性地提升对外文化传播能力》,《光明日报》2015年7月21日。

25. 王燕文:《把握新闻传播规律　壮大主流思想舆论——学习贯彻习近平同志在党的新闻舆论工作座谈会上重要讲话精神》,《人民日报》2016年4月1日。

26. 穆虹:《建立健全党对重大工作的领导体制机制——深入学习贯彻习近平新时代中国特色社会主义思想》,《人民日报》2018年4月18日。

27. 聂新鑫:《宣传工作科学化规范化制度化建设迈上新台阶》,《中国纪检监察报》2019年9月3日。

28. 王莉:《中国话语体系构建的基本维度》,《光明日报》2017年9月25日。

（七）外文类

1. Wilson F. *A Theory of Public Opinion*. New York: Routledge, 2013.

2. Ellul J. *Propaganda: The Formation of Men's Attitude*. Vintage, 1973.

3. Godwin C C. *Radical Change Through Communication in Mao's China*. Honolulu: University Press of Hawaii, 1977.

4. Glencoe F H. *To Change a Nation: Propaganda and Indoctrination in Communist China*. Michigan: The Board of Trustee of Michigan State University, 1961.

5. Adshead S A M. *China in World History*. Basingstoke and Lon-

don: The Macmillan Press, 1988.

6.Dirlik A. "Chinese History and The Question of Orientalism", *History and Theory*, Vol.35, No.4, 1996, pp.95-117.

7.Bryant J and Miron D. "Theory and Research in Mass Communication", *Journal of Communication*, Vol.54, No.4, 2004, pp.662-704.

8.West R, Turner L H. *Introducing Communication Theory: Analysis and Application*. New York: Mc Graw-Hill, 2010.

后 记

本书以“大学生社会主义核心价值观仪式教育”为主题展开，从基础理论研究的角度切入，同时注重理论与实践、历史与现实、主观与客观、国内与国际相结合，力图对社会主义核心价值观的理论研究与实践发展有所启发。本书自文稿初就至最终付梓，历时一年半，其间从选题方向拟定到行文布局再到文字内容时有增减与调整。如果说这本书有一定的创新之处的话，我觉得主要表现在以下三个方面。一是视角新。用仪式教育的视角看待大学生社会主义核心价值观教育的实效性问题，这是一个新的角度。社会主义核心价值观教育的目的是立德树人，引导大学生树立正确的世界观、人生观、价值观，通过对社会主义核心价值观的内涵认知上升为理想信念的树立。而传统的教育方式侧重让学生理解社会主义核心价值观的内涵，难以使学生产生情感上的共鸣。仪式教育则能够让大学生通过在仪式活动过程中的参与、互动、共享以至达成共识，使社会主义核心价值观成为大学生共享的主流价值观。二是方法新。主要采用了文献研究、比较研究、实证研究、交叉研究等方法，既有助于反映大学生社会主义核心价值观仪式教育的全貌，也有助于针对当代大学生的性格、行为特点，提高社会主义核心价值观仪式教育程序设计的系统性和针对性。三是观点新。以问题为导向，敢于直面现实境遇与挑战，根据大学生社会主义核心价值观仪式教育存在的问题提出有效对策，从仪式教育的资源、程序、宣传、组织、机制、环境等六个维度设计了大学生社会主义核心价值观仪式教育的路径方案，以推进常态长效为基本要求、深化宣传教育为有效路径、引导实践养成为价值旨归、完善体制机制为根本保障，从而提高大学生社会主义核心价值观教育的实效性。当然，提出新观点是一个问题，所提新观点是否周详、是否经得起检验是另一个问题。

围绕这个主题和方向，我在攻读博士学位以及在山东大学任教期间认真撰写并发表了《中国共产党思想政治教育方法的百年演进》（《思想理论教育导刊》2021年第5期）、《建党百年视域下"党的宣传工作制度"历史演变》（《山东社会科学》2021年第3期）、《高校思想政治理论课课程评价的特点及改革路径》（《思想理论教育》2021年第3期）、《新一轮"逆全球化"本质的多维反思》（《毛泽东邓小平理论研究》2018年第12期）、《对习近平关于中国特色社会主义文化建设重要论述的研究进展及走向——基于2013—2020年中国学术期刊网络出版总库的可视化分析》（《青海社会科学》2021年第2期）、《新中国成立以来中国共产党建设社会主义大学的探索与实践》（《西藏大学学报（社会科学版）》2021年第2期）、《五四精神是激励青年担当民族复兴大任的精神力量》（《学校党建与思想教育》2023年第9期）、《习近平总书记在学校思想政治理论课教师座谈会重要讲话研究透析》（《学校党建与思想教育》2020年第5期）、《发扬五四精神　担当复兴大任》（《湖北日报》2019年5月12日，被求是网、光明网、中国社会科学网等全文转载）等文章。在此基础上，成功立项教育部人文社科青年基金项目"新时代中国式现代化话语体系建构的逻辑理路与实践路径研究"（23YJC710121）、山东省社科规划项目"中国共产党百年宣传思想工作探索历程及其基本经验研究"（22DDJJ02）、山东大学人文社科研究项目"中国共产党百年奋斗中宣传思想工作历史经验研究"（22KWZX04）。这些鼓励和帮助也让我在紧张的工作生活中有所收获、顿悟和成长，更加坚定地想要把这项研究做下去。

本书有幸得以出版，离不开山东大学出版社、山东大学马克思主义学院、山东大学人文社科研究院的大力支持。谨在此表示衷心的感谢！

在这里，我还要感谢家人的无私付出与关怀，父母是我前行道路上最坚定的支持者，他们的陪伴、支持、守候、期许照亮了我前行的路，很幸运父母能够见证我的成长与蜕变。我谨以此书献给他们。

没有谁能够自诩通过一本专著解决某个重大的理论和实践课题,最好的结果是把这个问题的研究向前推进了一步。由于学识有限,本书难免存在疏漏错谬之处,恳请各位专家、学者批评指正。本书的出版,也是更深入、更持续的研究的起点——士不可以不弘毅,任重而道远,愿在研究的道路上永远热烈、永远赤忱!

2024年2月于山东大学